플러스 인생을 경영하라

플러스 인생을 경영하라

지은이 · 곽종운
초판 1쇄 찍은날 · 2002년 4월 22일
초판 1쇄 펴낸날 · 2002년 4월 29일
펴낸이 · 김승태
편집장 · 최창숙
편집 · 엄지연
표지디자인 · 황수진
등록번호 · 제2-1349호(1992. 3. 31)
펴낸곳 · 예영커뮤니케이션
　　　　110-616 서울 광화문 우체국 사서함 1661
　　　　출판유통사업부 T. (02)766-7912 F. (02)766-8934
　　　　　　　　E-mail: jeyoungsales@chollian.net
　　　　출판사업부 T. (02)766-8931 F. (02)766-8934
　　　　　　　　E-mail: jeyoungedit@chollian.net

ISBN 89-8350-653-9　　03100

값 10,000 원

플러스 인생을 경영하라

곽종운 지음

예영커뮤니케이션

This Book is dedicated
to the displaced people
in the Mae La Camp,
where they live in refugee belt
between Mianma and Thailand

이 책을 미얀마 국경에서 나라 없이 흩어져 사는
멜라캠프 난민촌 백성들에게 바친다

머리말

　　미국에서 이런 일이 있었습니다. 1912년도와 2001년도에 시가총액기준 10위권내의 기업체를 소개하였는데, 그 중 4개의 회사(GE社 액숀社, 셸社, 로열덧치社)가 90년간에 걸쳐서 상위 10위권을 유지하였습니다. 학자들의 분석에 의하면 이들 4개의 회사가 90년 동안 상위권을 유지한 비결은 첫째 수익의 사회환원, 둘째 탁월한 적응력, 셋째가 경쟁력 유지였다고 합니다. 수익의 일부를 이웃을 위해 사용하고, 시대변화에 따라 뛰어난 적응력을 발휘하고, 경쟁력유지를 위해 혁신 · 개발을 끝없이 추구한 것이 그들이 90년간 상위권을 유지한 비결이었습니다. 유사한 맥락으로 이것은 개인의 인생에도 그대로 적용이 된다고 생각합니다. 10시간 일한 노동자보다 1시간 컨설팅해주고 임금을 10배이상 더 받는 창조적 아이디어 시대에 이제 자기개발 · 혁신은 필수항목이라 아니할 수 없습니다.

왜 이 책을 썼는가?

많은 사람들은 풍부한 인생의 기회가 도처에 있는데도 활용하지 못하고 있습니다. 이 책은 독자에게 인생의 더 많은 도전의 기회를 주고자 함에 목적이 있습니다. 시대의 흐름에 따라 개인의 성공관도 바뀌어 가고 있습니다.

이 책의 특성은?

풍부한 세계적 유명인사들의 생생한 명언과 사례를 인용하여 독자에게 창조적 긴장감과 동기부여를 제공하고자 하였으며, "인생경영 키"란을 두어 각자의 인생경영에 적용되도록 하였습니다. 부록에 목표설정방법과 사례를 삽입하여 당신으로 하여금 글로 쓴 목표를 가질 수 있도록 하였습니다.

읽어야 할 대상은?

본 책은 인생을 보다 효율적으로 경영하려고 하는 사람에게 도전적인 책이 될 것입니다.
- 인생의 부가가치를 300%이상 끌어올려 보고자 하는 사람
- 나이를 불문하고 자기혁신·개발을 과감히 이루어 보고자 하는 사람
- 많은 부하직원을 거느리고 더 많은 일을 해보고자 하는 사람
- 내면적 변화를 추구하여 더 많은 인생의 기회를 추구하고자 하는 사람

이 책을 어떻게 활용하나?

본서로부터 충분한 효과를 이끌어내려면 몇 가지 단계를 밟아가는

것이 좋습니다. 2개월에서 3개월에 걸쳐서 생각하면서 기록하면서 학습하시기 바랍니다. 이제까지 여러분의 마음과 두뇌 속에 자리잡은 내면적 태도를 바꾸려면 11배의 노력이 필요하다는 사실을 먼저 인정하시기 바랍니다. 하루아침에 이 책을 다 읽는다고 결코 형성된 내면적 태도는 바뀌어지지 않습니다. 소리내어 읽으면 더욱 좋고 녹음을 해서 반복해서 들으면 더욱 좋습니다.

1단계 : 처음부터 끝까지 죽 읽는다(2~3일에 걸쳐서)
2단계 : 인생경영키에 당신의 생각을 적으면서 정독한다.
3단계 : 가장 자신없는 영역을 골라서 실천에 옮겨본다.
4단계 : 자기고유의 인생경영방법을 찾아내어 현실에 적용한다.

본 책을 학습한 후에는 당신의 내면적 태도가 변화될 것입니다. 예를 들면 아이디어 창출면에서 보면 하나의 생각이 여러분의 마음 속에 떠오르면 제 3의 다른 사물과 연결(connection)→발명(invention)→응용(application)과정에 익숙해질 것입니다.

이 책이 당신에게 주는 기대효과는?

앞서 기술한대로 학습하신다면 현재보다 인생의 가치를 300%이상 끌어 올려 줄 것입니다. 그리고 내면적 변화를 통하여 당신 인생의 전환점을 맞이하게 될 것이며, 그 결과 더 풍요로운 인생의 기회가 올 것입니다. 마지막으로 삶의 정확한 방향과 꿈과 목표를 가지게 될 것이며, 가치있는 사람으로 성장하게 되어 주위로부터 "성공한 사람"이라고 불려지게 될 것입니다.

글을 마치며

개발·혁신·응용을 좋아하여 1999년 신지식인으로 선정된 적이 있습니다. 2000년 "인생경영 키워드(국민일보)" 출간에 이어 금년에는 좀 더 현실적이며 학습적인 책을 집필하게 되어서 기쁘기 그지없습니다. 틈틈이 자료를 모아서 책을 내는데 거의 3년이 걸렸습니다.

이 책을 출판해주신 김승태 사장님, 표지그림을 기꺼이 선사한 강철호 사장님, 여러 가지 조언을 주신 유진희 사장님께 감사드립니다.

44세에 얻은 늦둥이 예림공주를 저녁마다 안아보는 재미가 솔솔하기 그지 없습니다. 사랑하는 아내와 두 아들 민수, 덕수도 성공한 사람보다 가치있는 인생을 살아가기를 바라마지 않습니다.

주님의 한량없는 자비와 긍휼이 이땅에 살 동안 끊이지 않기를 기도합니다.

오늘도 아름다운 나라를 잃어버린 미얀마 국경 난민촌 백성들을 긍휼히 여기며, 이 책을 하루에 두끼로 연명하는 멜라 난민촌 백성들에게 바칩니다.

2002년 설날
멜라 난민촌 캠프에서
곽 종 운

9

차 례

제1장 미개척의 길을 찾아라

- 위대한 일은 작은 것에서 출발한다
- 나만이 공헌할 수 있는 분야를 찾아라
- 엑설런스 기회
- 나만의 재능을 찾아라
- 돌아오지 않는 4가지
- 미개척의 길을 찾아라

위대한 일은 작은 것에서 출발한다

> "
> "위대한 사람이 될 수 있는 기회는 나이아가라 폭포처럼 급작스럽게 쏟아
> 지는 것이 아니라 한 방울 한 방울 떨어지는 물방울처럼 오는 것이다 "
> — 찰렌 큐렌
> "

　사람은 누구에게나 손안에 든 것이 있습니다. 당신의 손안에 있는
것은 미래에 당신이 원하는 것을 창조해 낼 수 있습니다. 돋보기로 종
이 위에 햇빛을 비춰 태워본 적이 있습니까? 광선 하나하나는 에너지
가 약하지만, 돋보기로 한 곳에 모으면 엄청난 힘을 만들어 냅니다.
물 한 방울은 힘이 없지만 모이면 엄청난 힘을 발휘합니다. 나이아가
라 폭포는 그런 작은 물방울들이 모여 이천 이백만 킬로와트의 전력
을 발생시킵니다. 그렇듯 재능은 눈에 보이지 않습니다. 그러나 찾으
면 우리의 몸에서 나오게 되어 있습니다. 인생의 기회도 힘을 모을 때
나타납니다.

　세상의 모든 것은 작은 것에서 출발합니다. 작은 생각이 모여서 큰
생각이 되고, 생각이 쌓이면 겉으로 드러나게 됩니다. 요셉은 노예로

팔려갔으나 이집트의 총리가 될 수 있었습니다. 다윗은 보잘것없는 물맷돌로 출발했으나 훗날에 왕이 되었습니다.

위대한 일 앞에는 사소한 작은 일이 있습니다. 애슐리 코완이라는 15세 소녀는 무릎과 팔꿈치 아래 사지가 완전절단된 소녀였지만 그는 매일 수영장에서 살다시피 했습니다. 손과 발이 없는 그녀로서는 정상인보다 몇 배나 힘이 더 들었습니다. 그러나 그녀는 수영에서 걸림돌이 되는 것을 하나하나 작은 것부터 해결해 나갔습니다. 마침내 그녀는 2001년 8월 런던에서 열린 수영대회의 배영 100m에서 은메달을 따며 정상인의 통념을 보기 좋게 깨뜨렸습니다. 2001년 9월 그녀는 보통사람도 상상하기 힘든 20km호수를 횡단하겠다는 목표를 세웠습니다. 100m에서 20km로 급상승한 것입니다. 주위의 만류를 뿌리치고 마침내 그녀는 "반드시 해 낼 거야" 다짐하며 미국쪽 이리호반에서 물 속에 몸을 담궜습니다. 그로부터 15시간이 지난 뒤 캐나다 이리호 연안의 크리스틸 비치에 그녀의 모습이 나타났습니다. 사람들도 그녀의 이름을 부르며 환호성을 올렸습니다. 재활치료로 지상에서는 걷기도 힘든 그녀가 물 속에서 수영한다는 것은 아무도 상상 못할 일이었습니다.

인 · 생 · 경 · 영 · 키

▶ 나를 둘러싸고 있는 환경을 때로는 과감히 벗어나 보십시오. 거기서 새로운 인생의 가치를 발견할 것입니다. 인생에서 할 수 있는데도 염려 때문에 이루지 못한 일들이 차곡차곡 쌓여간다면 우리는 삶의 많은 부분을 잃고 있는 것입니다.

▶ 자신을 변화시키는 전환점을 많이 만들어 보십시오. 우리에게 형성된

습관은 결코 쉽게 바뀌지 않습니다. 한번 형성된 습관을 바꾸기 위해서는 시간, 용기, 환경, 그리고 마음의 담대한 결정이 필요합니다. 한번 형성된 습관을 바꾸려면 11배의 노력이 필요합니다.

나만이 공헌할 수 있는 분야를 찾아라

> **"**
> 영국의 비평가인 존 러스킨이 제시한 행복한 일꾼에게 필요한 3가지.
> ─ 각자에게 알맞는 일이어야 한다.
> ─ 과도하게 일하지 말아라.
> ─ 성취감을 가지고 일해야 한다.
> **"**

　사람은 누구나 라디오 안테나가 공기 중에 소리를 잡아내는 것처럼 기회를 포착할 수 있습니다. 그 기회는 모든 사람들에게 평등합니다. 내가 가지지 못한 재능을 다른 사람이 가지고 있습니다. 아인슈타인은 과학의 천재머리를, 나폴레옹은 전쟁의 천재를, 다윗은 정치적인 천재를, 아브라함은 믿음을, 솔로몬에게는 지혜를…, 더 크게 보면 프랑스는 예술, 독일은 과학, 히브리는 종교, 헬라는 철학, 로마는 정치를….

　내가 잘 할 수 있는 일이 무엇입니까? 주위의 것은 나의 것이 아닙니다. 나 고유의 일을 창조하여야 합니다. 사람은 자기만이 할 수 있는 일이 있습니다. 그것을 찾아야 합니다.

　사람은 누구나 인생에서 값진 것을 추구합니다. 무언가 성취하려는 자신감 — 어느 누구도 당신의 그 자리에 설 수 없다 — 은 인생에서 가장 값진 것입니다. 인생의 백지 위에 화려한 물감을 칠하는 것도 바로 자신이요, 완성된 그림을 소유할 자도 바로 자신입니다. 레오나르도 다빈치처럼 걸작품을 그릴 수도 있고 아무도 보지 않는 졸작을 그릴 수도 있을 것입니다. 인생은 그리는 대로 그려집니다.

창조주는 우리를 거대한 인생 무대로 보냈습니다. 그 무대에서 각자 한 가지 재능을 발휘할 수 있도록 하였습니다. 그 무대에서 일생동안 주인공이 될 수 있는 공평한 기회를 주었습니다. 그런데 많은 사람들은 불행히도 조연만 맡다가 무대를 마감하고 있습니다. 아무것도 못한다는 생각을 가진 사람은 창조주가 감춰놓은 잠재력을 찾지 못한 것입니다. 그 감춰진 잠재력은 본인의 생각과 전혀 다른 것일 수가 있습니다. 코끼리는 말뚝에 메인 줄을 쉽게 끊을 수 있음에도 불구하고, 새끼 때부터 묶여 있었기 때문에 성장한 뒤에도 그대로 묶여 있습니다. 언제든 말뚝을 부러뜨리고 자유로워질 수 있는데도 습관 때문에 그러지 못하는 것입니다.

오늘날 많은 사람들도 코끼리처럼 말뚝에 매여 있습니다. 자신에게 얼마나 많은 능력이 있다는 것을 모릅니다. 그 잠재력을 구체적으로 발휘할 기회가 없었거나 관심조차 기울이지 않았기 때문입니다. 잠재력은 우리 몸 속에 뼈와 같아서 보이지 않습니다. 그러나 살 속에 파묻혀서 그 힘을 발휘하고 있습니다. 우리의 인생은 그 숨겨진 잠재력을 하나 하나 찾아가는 것입니다. 스스로 무한한 잠재력이 있다는 사실을 인정하고, 그것은 어느 누구에게도 없는 나만의 독특한 것임을 확실히 믿고 찾는 것을 잊지 마십시오.

마라톤을 보면, 처음엔 무리를 지어 달리다가 시간이 갈수록 거리차가 커집니다. 그 차이는 대부분 연습시간의 차이입니다. 열정, 자신감, 잠재력을 찾아내는 것, 이 모든 것은 바로 여러분 자신이 해결해야 할 몫입니다. 아직도 자신만이 공헌할 수 있는 분야를 못 찾고 있다면 서두르십시오.

인간의 두뇌는 계발하면 얼마든지 우수한 머리가 될 수 있습니다. '좋다', '나쁘다'는 스스로 그렇게 판단한 것일 뿐, 여러분 스스로 286컴퓨터라고 인정하면 언제나 286수준입니다. 그러나 팬티엄수준이라고 생각하면 우리의 두뇌는 거기에 맞게 상향조정하여 움직이기 시작할 것입니다. 그 누구도 여러분의 두뇌를 우수하게 만들어 줄 수 없습니다. 오로지 당신 자신만이 그렇게 할 수 있다는 것을 기억하십시오. 한 장의 백지 위에 아무도 모방할 수 없는 나만의 그림을 그려야 합니다.

일은 이 땅에 살 동안 우리에게 주어진 가장 큰 선물입니다. 가정을 꾸리고, 아이를 키우고, 자기 고유의 일에 이르기까지 그 모든 일들은 축복입니다. 영국 작가 토마스 칼라일(Thomas Carlyle)은 "자기 일을 찾은 사람은 행복하다"고 말했습니다. 이 광활한 지구촌에서 나만이 할 수 있는 일이 있다는 것은 참으로 즐거운 일입니다.

일을 즐겁게 하려면 일을 스스로 찾아서 해야 합니다. 누군가 당신에게 일을 시키면 그것은 끌려 다니는 것입니다. 미국의 정치가이자 과학자인 벤자민 프랭클린(Benjamin Franklin)이 "일에 지배당하지 말고 일을 지배하라"는 명언을 남긴 것처럼, 우리의 인생은 나 자신이 스스로 일을 찾아서 할 때 즐겁고 보람되게 할 수 있습니다. 지금이 시간 스스로 일을 만드십시오. 그것이 당신의 삶을 더욱 풍요롭게 할 것입니다. 그리고 일을 하다보면 반드시 어렵고 힘들 때가 있습니다. 그 때는 윌리엄 셰익스피어(William Shakespeare)가 남긴 말을 묵상해보십시오. 다시 힘이 솟을 것입니다. "그대는 가장 힘든 것을 부드럽고 수월케 하려고 애씀으로 어떠한 어려운 일도 잘 해낼 수 있을 것이다. 그러나 가장 힘든 일을 부드럽게 수월케 하는 것보다 더 힘든 일이 무엇이겠는가?"

 인·생·경·영·키

▶ 당신은 광활한 이 인생 무대에서 무슨 역할을 하고 싶습니까? 무대에서 나만이 기여할 역할(분야)이 무엇이라고 생각합니까? 어떻게 하면 내가 인생무대에서 남달리 많은 공헌을 할 수 있다고 봅니까?

▶ 내가 지금 하고 있는 일에 최대의 잠재력을 쏟고 있다고 봅니까? 그렇게 하기 위해서는 무엇을 해야 된다고 생각하십니까?

엑설런스 기회

> "천재란 99%는 땀이며, 1%는 영감이다"   - 과학자 알버트 아인슈타인
> "천재란 인내에 상응하는 위대한 능력이다"   - 프랑스의 철학자 뷔퐁
> "천재란 곧 노력이다"   - 러시아 극작가 안톤 체호프

목수를 채용할 때 연장통에 몇 개의 연장이 있는지, 어떤 종류의 연장이 있는지는 중요하지 않습니다. 연장을 얼마나 잘 다루는지가 중요합니다.

급변하는 21세기는 어느 때보다도 노력을 중요시하는 때입니다. '열심(熱心)'은 2개의 그리스 말 'en-theos'에서 유래된 말입니다. 문자 그대로 해석하면 "신이 있는 곳에"라는 의미가 담겨 있습니다. 기회는 노력하는 자에게 찾아옵니다. 노력은 기회를 만들어 내는 무대와 같습니다. 칼날이 반짝반짝해야 사용하지 녹슨 칼을 누가 사용하겠습니까? 칼날을 두 배 날카롭게 하면, 나무를 베는 속도는 4배로 빨라집니다. 노력은 곧 천재로 가는 이정표입니다.

- 성 베드로 대성전의 건축책임자로 부름을 받을 때 보나로티 미켈란젤로(Buonarroti Michelangelo)의 나이 72세였습니다. 성전의 건축이 마무리되어 갈 무렵 어두워진 눈 대신에 손끝의 촉감으로 동상 하나 하나를 살펴보면서 그는 이렇게 탄식했다고 합니다. "나는 아직도 배울 것이 많구나".

- 앤드루 카네기(Andrew Carnegie)의 개인도서실에는 다음과 같은 글이 쓰여져 있습니다. "사고의 능력이 없는 자는 바보이고, 더 이상 사고하지 않으려는 자는 고집불통이며, 과감히 사고하지 않는 자는 노예이다"

엑설런스(Excellence)란 자기가 할 수 있는 한도 내에서 최선의 것을 발휘하는 것을 말합니다.

예를 들면 마라톤 경기에서 1등도 자기의 엑설런스를 최대한 발휘한 것이고, 꼴찌도 자기한도 내에서 최선을 다한 것입니다. 인생에서 엑설런스를 발휘하는 사람은 주어진 인생을 가장 값지게 산 것입니다.

 인·생·경·영·키

▶ 내가 지금 가장 관심을 가지고 노력을 기울이고 있는 분야는 무엇입니까? 경제, 가정, 지식, 종교….

▶ 자기 계발을 위하여 하루에 얼마간의 시간을 투자하고 있습니까? 또 노력하고 있습니까? 노력하는 만큼 앞서가게 됩니다.

나만의 재능을 찾아라

> "
>
> 어느 소년이 부유한 건설업자에게 이렇게 물었습니다.
> "아저씨, 아저씨처럼 부자가 될 수 있는 방법을 제게 말씀해 주실 수 있나요?"
> 그는 소년의 야망적인 태도에 감명을 받고 이렇게 말했습니다.
> "간단해, 꼬마야. 붉은 셔츠를 사서 입고 모든 것이 네게 달려있는 것처럼 일해라."
> 그리고 그는 덧붙여 이렇게 말했습니다.
> "나는 건설업자란다. 땅을 사서 건물을 짓고 그것들을 팔지. 처음 일을 시작했을 때부터 조금 더 많은 일을 했고, 조금 더 일찍 일을 시작했으며, 조금 더 늦게까지 일했단다. 그리고 또한 내 노력이 다른 사람의 눈에 띄어야 한다고 생각해서 붉은 셔츠를 입었지. 다른 일꾼들은 모두 푸른 바지에 푸른 셔츠를 입고 있었거든. 꼬마야! 이것이 너에게 주는 내 충고란다."
>
> "

내가 할 수 있는 일이 무엇입니까? 주위의 것은 나의 것이 아닙니다. 나 고유의 일을 창조하여야 합니다. 창조적인 아이디어는 누구에게나 숨어 있습니다. 문제는 어떻게 그것을 찾아내느냐 하는 것입니다. 사람은 누구나 기회를 포착할 수 있습니다. 그 기회는 모든 사람들에게 평등합니다. 내가 가지지 못한 재능은 다른 사람이 가지고 있습니다.

- 외과수련의였던 로빈 쿡(Robin Cook)은, 100권의 베스트 셀러를 읽고 그 책들의 공통점을 찾아냄으로써 소설 쓰는 법을 배웠다고 합니다. 그는 "코마", "브래인", "스핑크슨" 같은 베스트 셀러를 잇달아 내놓았습니다.

● 남아프리카공화국을 세운 세실 로즈(Cecil John Rhodes)는 임종의 순간에 "이렇게 조금밖에 일을 못하다니, 많은 일을 할 수 있었는데…."라고 후회했다고 합니다.

미래는 현재 당신이 가지고 있는 것으로부터 출발합니다. 당신이 가지고 있는 것을 적어 보십시오. 현재 가진 것을 소중히 여기시고 중요하게 생각하십시오. 당신이 가진 것은 누군가 반드시 필요한 것입니다. 나만이 할 수 있는 일이란 한마디로 한 분야에 전문가가 되라는 말입니다. 한 분야에서 전문가가 되기 위해서는 내가 현재 내 손에 무엇을 가지고 있는지 그리고 그것을 누구를 위해 쓸 수 있는지를 찾아 보시기 바랍니다.

 인 · 생 · 경 · 영 · 키

▶ 내가 가진 재능 한 가지만 적어 보십시오. 없으면 개발하십시오. 피아노를 잘 치면 아름다운 선율이 흐르지만, 못 치면 소음이 됩니다. 중요한 것은, 소음도 연습으로써 아름다운 음악으로 변화시킬 수 있다는 것입니다.

돌아오지 않는 4가지

> 66
>
> 우리 인생에서 돌아오지 않는 것 4가지
> - 입으로 한 말
> - 날아간 화살
> - 지나간 생
> - 놓쳐버린 기회
>
> 99

　세상에는 기회를 만드는 사람, 기회를 잡는 사람, 그리고 기회를 놓치는 사람이 있습니다. 성공하기를 바란다면 기회를 부지런히 찾는 사람이 되어야 하며, 또 기회를 스스로 만들어 내야 합니다. 꽃은 벌을 찾아갈 수 없습니다. 벌이 가만히 있으면, 꽃은 꽃이요 벌은 벌일 뿐입니다. 기회란 다시 되돌릴 수 없는 순간입니다. 똑같은 번개가 그 자리서 다시 치지는 않습니다. 기회는 협곡을 흐르는 계곡의 물처럼 잠시도 나의 때를 기다려주지 않고 가버립니다. 미루어 두었다가 잡을 수 있는 것도 아닙니다. 기회가 왔을 때 "이것이 기회구나!"라고 판단할 안목을 가지고 있어야 합니다. 그 안목이란 미래를 바라보는 눈입니다.

　기회는 찾아야 합니다. 꿀을 많이 채취하려면, 어디에 꽃이 많으며, 또 어떤 꽃에 꿀이 많은지를 알아야 합니다. 그렇듯 내가 하고 있는 일에 대해 많이 알고 있어야 합니다. 모르면 기회가 왔다해도 바람처럼 스쳐가 버립니다. 기회를 잡으려면 꿀벌이 꽃을 찾아가듯 해야 합니다. 길을 걷다가 우연히 마주치는 돌멩이가 진주가 될 수 있겠습니까?

● 제2차 세계대전 중 메이브램 장군과 부대원 전원이 포위되었습니다. 이때 장군은 이렇게 외쳤습니다. "여러분! 이 전쟁이 시작된 이래 우리는 처음으로 사방을 공격할 수 있는 절호의 기회를 맞이하였습니다. 자 사방에 아무 데로나 사격합시다". 먼저 장군이 앞장서서 지휘하여 공격하여 결국 승리로 이끌었습니다. 놓칠 뻔한 기회가 살아난 좋은 사례입니다.

● 황진이의 시 중에 다음과 같은 구절이 있습니다.
"청산리 벽개수야 쉬이 감을 자랑 말라
일도 창해하면 다시 돌아오기 어려우니…….

윌리엄 보엣커(W.J.H. Boetcker)는 인간 유형을 다음과 같이 4가지로 나누었습니다. 자신의 유형을 골라보십시오.
■ 주어진 일보다 적게 하는 사람들 : 사원이나 말단 사원감
■ 주어진 일만을 하는 사람들 : 대리감
■ 필요한 일을 스스로 찾아서 하는 사람들 : 간부감
■ 자신의 일은 물론이고 다른 사람에게 동기 부여를 주는 사람들 : 사장감

기회는 필요한 일을 스스로 찾아서 하는 사람에게 나타납니다. 그러면 어떻게 하면 기회를 찾아낼 수 있습니까?

● 내가 현재하고 있는 일에 대해 많이 알도록 노력하십시오. 벌은 꽃에 긴 침을 꽂고 꿀을 빨아올리는 특별한 기술을 가지고 있습니다. 엄청난 노하우를 갖고 있는 셈입니다. 알아야 판단할 힘이 생깁니다. 학생이면 많은 지식을 쌓을 것이요, 직장인은 자기 일에 능통한 사람이 되어야 합니다. 꿀도 없는 꽃에 앉아서 허송하면 안 됩니다.

● 많은 사람들과 교류를 해야 합니다. 벌은 잠시도 가만히 있지 않습니다. 수많은 꽃에서 꿀을 조금씩 얻습니다. 교류는 나의 재능을 알리는 좋은 기회입니다. 사람을 통해, 성공하는 데에 필요한 정보가 흘러 들어오기 때문입니다.

● 기회가 오면 떠나기 전에 나의 것으로 만드십시오. 쇠는 달았을 때 칩니다. 벌은 꿀을 빨아올리다가 중간에 포기하지 않습니다. 번갯불은 구름으로부터 갑자기 나타날 수가 있으나, 태양은 동쪽 하늘로부터 밝은 여명을 보내옵니다. 기회는 신호를 보내면서 다가오는 법입니다.

● 기회는 손님처럼 찾아올 수도 있지만 대부분은 스스로 창출하는 것입니다. 남이 기회를 줄 때까지 기다리지 마십시오. 먼저 성(城)을 점령해야 합니다. 수소 가스가 든 풍선은 잡지 않으면 공중으로 사라져 버립니다.

- 자신의 고유한 분야를 개척하십시오. 길가의 코스모스는 가을이면 누구나 볼 수가 있습니다. 떼를 지어 헤엄쳐 다니는 작은 물고기는 잡으려 하지 않습니다. 낚시꾼은 큰놈만 골라잡습니다. 나만이 할 수 있는 일을 만들어 가는 사람에게는 더 많은 인생의 기회가 기다리고 있습니다.

- 자신의 일에 대하여 기록하십시오. 기록은 기회를 낳는 암탉입니다. 특허는 그 중 한 예입니다. 여기 저기 좋은 기록을 게재하십시오. 진짜 홍보는 남이 하는 것이 아니고 본인이 하는 것입니다. 인터넷은 좋은 홍보 매체입니다.

- 자신의 인생에 대하여 늘 이런 생각을 가지십시오. "나는 이 길을 오직 한 번 지나칠 뿐 다시 지날 수가 없다."

- 물은 아래로 모입니다. 위쪽 계곡에서 물을 취하지 말고, 낮은 위치에서 저수지가 되십시오. 그러면 기회의 물이 흘러 모일 것입니다. 산꼭대기에서 물을 구한다면, 내리는 비로 겨우 몸만 적실 뿐입니다.

- 마지막으로 인생을 겸허하고 충실히 사십시오. 기회는 자석과 같아 충실하게 사는 사람에게 자석처럼 끌려가기 때문입니다.

 인 · 생 · 경 · 영 · 키

▶ 많은 사람들은 버드나무 가지는 아무 쓸 데 없다고 할지 모릅니다. 그러나 재목을 묶는 데는 쓸 수가 있습니다. 기회란 찾고 찾으면 반드시 나옵니다.

▶ 인생의 기회를 찾아내는 것은 중요합니다. 위에 적은 것을 기초로 하여 기회를 찾아내시기 바랍니다. 기회를 맞이하려면 먼저 준비하십시오. 많이 준비할수록 기회가 많이 옵니다. 우연이란 없습니다. 우연이라고 생각되는 일도 뒤돌아보면 자신의 노력의 결과입니다.

미개척의 길을 찾아라

"
"지구상에서 가장 개발이 늦는 암흑 지대는 아프리카나 시베리아가 아니라 바로 당신 모자 밑" 이라는 말이 있습니다. 머리속이야 말로 가장 낙후된 개발 지역입니다.
"

강철왕 카네기는 "성공에는 어떠한 속임수도 필요 없다. 다만 나에게 주어진 일을 위해 피와 땀을 흘려 일할 따름이다. 그리고 성공하기를 원하거든 다른 사람들이 아직 관심을 두지 않은 미개척 분야의 사업을 개척해야 한다."고 했습니다. 여기서 미개척 분야를 알려면 미래의 눈을 가져야 한다는 것입니다.

사람은 무한한 재능을 가지고 있습니다. 켄터키에 있는 맘모스 동굴에는 에코 강이 흐르고 있는데 소경 딱정벌레, 소경가재, 눈없는 물고기 등 기괴한 생물들이 서식하고 있다고 합니다. 왜 그들은 보지 못할까요? 그 이유는 동굴 안이 어두워 하나님이 태초에 그들에게 준 눈을 사용하지 않았기 때문입니다. 우리 몸 속에 재능은 사용하지 않으면 녹슬거나 퇴보됩니다.

적극적이 되어야 합니다. 그냥 있으면 안 됩니다. 어떤 양반이 괜찮게 살다가 그 가정이 어려워져서 논밭을 다 팔고 식생활이 어려워졌습니다. 할 수 없이 새우젓 장사를 하게 되었는데 서민들이 사는 마을에 가서 새우젓을 사라고 하면 팔리지 않을 것이고, 양반이 쌍놈들에게 높여 말하기는 싫어서 엿장수 뒤를 따라가면서 엿 장사가 "엿 사세요!" 하면 "새우젓도!" "엿 사세요!" "새우젓도!" 장사가 될 리가 없습니다. 무엇이든지 적극성을 가지고 새로운 일을 개척해야 합니다.

창조적인 사람이란 이미 입증된 원리를 새로운 곳에 활용하는 사람입니다. 클리멘트 스톤(Clement Stone)은 "성공의 비결은 원리를 관찰하고 그것을 새롭고 혁신적인 분야에 적용하는 것이다."라고 했습니다. 그렇습니다. 성공의 원리는 이미 우리 도처에 흩어져 있습니다. 오래된 원칙을 새로운 분야에 적용하는 것이 미래를 개척하는 태도입니다.

인 · 생 · 경 · 영 · 키

▶ 작가 멘켄(H.L.Mencken)은 "평범한 사람은 결코 자기 인생의 시종에 대하여 생각하지 않는다. 80% 이상의 사람들이 창의적인 생각을 가져보지 못한 채 생을 마감한다" 고 했습니다.

▶ 로드 피어스턴은 이렇게 이야기했습니다. "성공하기를 원하는가? 그렇다면 이미 개척해 놓은 길이 아닌 그 누구도 가지 않은 새로운 길을 개척해야만 한다". 인류 역사상 뒤돌아보면 큰 업적을 이룬 사람은 한결같이 미지의 길을 개척해 나간 사람들입니다. 우리 주위를 살피면 아직도 가지 않은 길이 무수히 많다는 것입니다. 생각의 길과 속도를 바꾸어 보십시오.

▶ 청소년 지도자 마크 무어헤드(Mark Muirhead)는 "과거는 나의 역사 선생이다. 그것은 미래로 쏘는 총과 같다"고 했습니다. 예수께서도 "손에 쟁기를 잡고 뒤를 돌아보는 자는 하나님의 나라에 합당치 아니하니라"고 했습니다. 그러나 과거를 거울로만 활용하고 얽매이지 마십시오.

▶ 당신의 미개척 분야는 미래의 눈으로만 볼 수가 있습니다. 당신의 미래에 누구도 하지 않은 개척할 일 세 가지를 적어 보십시오.

크레비즈 9대 키워드

21세기 인생 경영 가이드를 제시한 크레비즈의 9대 키워드 (Crebis=Creative+business)를 소개합니다(서울경제 1999. 12).

- **학습**: 끊임없는 "지식 무장"을 뜻한다. 기본에 충실하는 것으로 비즈니스 상대나 목적을 파악하고, 이길 수 있는 객관적인 기준을 마련할 수 있다. 지식은 변화한다. 따라서 지속적인 학습이 필요하다.

- **건강**: 건강한 사람은 늘 새롭다. 건강한 사람은 늘 창조적이다. 생존이 아니라 질 높은 삶의 추구에 따른 "나의 건강"이 필요하다. 최근의 "용모자본"과 함께 "젊어지기 경향 (down aging)"은 그 결과다.

- **컬처테인먼트(Culturetainment)**: 문화(Culture)와 오락 (Entertainment)의 합성어. 학습의 효과를 높이며, "나"가 아닌 "우리"의 네트워크를 구축하는 계기가 된다. 또 지식

의 생소함과 배타성(排他性)을 극복해 준다.

● **우리**: 다양한 소규모 동아리의 활성화를 뜻한다. "나"의 편협성을 극복하면서 공통의 아이디어로 승화, "나눌수록 커진다"는 불변의 원칙을 확인시켜 준다. 새 천년은 소규모의 "우리"라는 네트워크로 거미줄처럼 얽히게 되고, 여기서 공동의 카테고리를 개념화할 때 비즈니스에서 성공할 수 있다.

● **여성**: 새로운 천년은 여성의 시대다. 남성과 여성을 비교했을 때 "감성적", "관계지향적"이라는 형용사는 여성의 "성"에 무게 중심을 두고 있다. 즉 남성은 거래가 성사되는 것에 관심을 갖고, 여성은 구매를 통한 관계 구축에 관심을 갖는다는 것이다. 이제 비즈니스가 경쟁을 물리치고 이겨야만 하는 전쟁의 성격을 지니는 시대가 아니라, 한 번에 하나씩 관계들의 조각을 함께 맞추어 가는 모자이크식 비즈니스의 시대다. 여성적(감성적) 사고가 효과적이라는 뜻이다.

● **개성**: 튀는 인재가 일낸다. 개인의 독특한 개성이 무차별적 정보의 공유화, 상향 평준화의 시대를 앞서갈 수 있는 무기가 되고 있다. 창조적 천재의 보유가 조직의 승패를 가른다. "나 주식회사(Me, INC.)"의 독특함이 성공적인 비즈니스의 출발점이다.

● **컨셉화**: 톰 피터슨은 뉴 아메리칸 프로페셔널(NAP)의 5대

원칙의 하나로 "프로젝트가 삶이다"를 주장했다. 이는 부정형의 사물과 관계를 프로젝트화할 수 있어야 한다는 뜻이다.

● **열정**: "-holic"이라는 접미사는 "집착"을 뜻한다. 즉 "열정"은 집착으로 산발적인 아이디어에 힘을 실어준다는 뜻이다. 열정은 적극성과 몰입을, 진실과 진취성을 요구한다. 열정은 열정을 낳는다.

● **모험**: 남이 가지 않은 곳에 길이 있다. 시장을 선점함으로써 후발자가 도저히 누릴 수 없는 혜택을 확보하게 하는 지름길이 있다. 그 자체의 브랜드명이 보통 명사가 되어버린 "제록스", "크리넥스", "스카치 테이프", "포스트잇"이 그 예다. 모험은 마지막 순간, 아이디어를 뒤집을 수 있는 "역발상"을 뜻한다. 비즈니스의 끝이 보이지 않을 때 구사할 수 있는 가장 즐거운 크레비즈 키워드다.

21세기 중 중요한 흐름 중의 하나는 여성이 중요해진다는 사실입니다. 우선 여성은 남성보다 이미지 감각이 뛰어나고 정서가 풍부합니다. 이제까지 여성들을 무시해 왔거나 관심을 주지 않았습니다. 여성의 힘은 점차적으로 강해지고 있으며 의사 결정에 여성의 힘이 점점 강해지고 있습니다. 그것은 여성이 사회를 지배하는 정도가 점차적으로 확대되고 있다는 의미입니다. 아이디어나 재능은 정서가 풍부한 여성에게서 더 잘나온다는 사실을 알아야 합니다. 다양성과 유연성은 어떤 조직에서도 강점입니다. 상상력을 마음껏 펼치는 미래는 여성편에 서 있습니다.

인 · 생 · 경 · 영 · 키

▶ 여성의 아이디어를 적극 활용해야 할 때입니다. 남성들보다 정서가 풍부하므로 상상력 또한 뛰어납니다. 지식은 상상력에서 시작합니다. 조직에서 여성의 힘을 활용하시기 바랍니다.

촛불은 눈을 감는 밤을 위해서 있다

92년 봄, 《Chemical Week》지 모퉁이에 수처리 관련 조그마한 기사가 하나가 눈에 띄었습니다. 열 줄도 안 되는 토막기사였습니다. 프랑스 기업과 스웨덴 기업이 합작을 한다는 기사였는데, 우리 나라와도 한번 짝을 이루어 볼까하는 아이디어가 떠올랐습니다. 나는 한 가닥 상상의 나래를 펴고, 보이지 않는 새로운 제품이 우리 나라에서 생산되는 모습을 꿈꾸며 그 일을 시작하였습니다. 접촉한 지 6개월만에 스웨덴 방문길에 오르게 되었습니다. 그렇게 구체적인 기술협의가 이루어지기 시작한 지 10개월, 드디어 계약을 했습니다. 한 토막의 기사가 약 10개월만에 결실을 물고 온 것입니다.

나는 종종 그 짧은 기사를 생각합니다. 가로 5센티, 세로 4센티 되는 짧은 기사 하나가 나의 삶을 크게 바꾸어 놓았습니다. 그로부터 10년 뒤에 필자는 750쪽이나 되는 수처리 관련 책을 저술하게 되었습니다. 그것 때문에 수처리 분야에서 적어도 한 발 앞서갈 수 있었습니다. 그 뒤로 나는 잡지를 볼 때마다 항상 목표를 가지고 바라보는 습관이 생겼습니다. 내 삶의 영역에 필요하다고 생각되는 모든 것을 메모하고 반드시 나의 것으로 만드는 것입니다. 미래를 개척한다고 하는 것은 결코 우연이 아니며 그렇게 하겠다고 하는 노력이 있을 때 일어나는 것입니다.

인·생·경·영·키

▶ 촛불은 눈을 감는 밤을 위해 있지만 미래의 개척은 눈을 뜬 사람에게 있습니다. 사소한 정보라도 잡고 보면 엄청난 고구마가 달린 줄기일 수도 있습니다. 보이지 않는 미지의 세계는 종종 우리가 보고도 스쳐간 것이 대부분입니다. 미지의 세계는 저 멀리 있는 것이 아니라 바로 내 주위에 언제나 산재해 있다는 사실입니다. 지금 주위를 둘러보십시오. 고구마 줄기가 있지 않은지?

▶ 미래는 계속 반복되는 생활 속에서 찾아야 합니다. 우리의 반복되는 생활 습관을 벗어나서는 미래가 나올 수가 없습니다. 여러분의 생활 속에서 미래에 일어날 일을 찾아보십시오. 세계 석학자 30명이 쓴 "미래는 어떻게 오는가?" 라는 책이 있습니다. 30명이 적은 미래에 일어날 일들은 반복되는 우리의 생활 속에서 나타납니다. 그것이 한 가지 공통점입니다. 오늘부터 당신의 생활 속에서 당신의 미래를 찾아보십시오. 당신의 미래는 당신의 습관을 바꿀 때 나타납니다.

▶ 책을 볼 때에는 분명한 목표를 가지고 보십시오. 그냥 읽는 것보다 더 많은 유익한 정보를 쉽게 얻어 낼 것입니다. 신문이나 잡지를 볼 때 그냥 보는 사람은 가장 한가한 사람입니다.

어느 인생의 4개의 헌법

에디 켄토(Eddie Cantor)는 4개 인생조항을 수첩에 적어놓고 스스로 삶의 발걸음을 조절하는 사람이었습니다.

첫째, 나는 맹목적인 야심을 위해 달리고 있는가? 보다 높은 가치를 위해 달리고 있는가?

둘째, 나는 나의 경력을 쌓기 위해 달리고 있는가? 나의 가족의 행복을 위해 달리고 있는가?

셋째, 나는 물질적인 성공을 위해 달리고 있는가? 인생의 참다운 보물을 위해 달리고 있는가?

넷째, 나는 나 자신을 위해 달리고 있는가? 이웃을 위해 달리고 있는가?

종종 우리는 말을 타고 너무 빨리 인생길을 달립니다. 그러면 아름다운 경치를 보지 못하고 갈 때가 너무 많게 됩니다. 때로는 멀리서 산을 보며 달리기도 하지만 내려서 숲도 보고 지저귀는 새도 보는 여유가 필요합니다. 새로운 일을 개척하는 데 종종 위의 4가지 조항을 기억하시고 수시로 점검하시기 바랍니다.

 인·생·경·영·키

▶ 우리가 잘 아는 「천로역정」을 저술한 존 번연은 형무소에서 복역이 끝난 후 이렇게 말했습니다. "감옥에서 그 많은 세월을 허비한 후에야 비로소 성경 안에 이 모든 것이 들어있었다는 것을 알게 되었습니다. 그 동안 나는 끊임없이 새로운 보물을 찾아다녔으니 말입니다." 새로운 미지의 세계를 개척하시기 바랍니다.

▶ 진정한 발견이란 새로운 땅을 찾는 데 있는 것이 아니라 새로운 눈을 가지고 바라보는 데 있는 것입니다. 미지의 개척을 찾으려면 새로운 눈으로 바라보는 연습을 하십시오. 독수리 눈을 가지기 위해서는 위로 올라가야 합니다. 새로운 눈은 무엇입니까?

▶ 일을 저지르고 실패하는 사람이 아무것도 하지 않고 성공하기를 바라는 사람보다 훨씬 낫습니다. 새로운 개척에는 먼저 저지르는 습관도 중요하게 작용합니다.

제2장 나만이 할 수 있는 일을 찾아라

- 글로 쓴 목표를 세우는 사람
- 삶의 방정식을 가진 사람
- 창조적인 꿈의 방정식
- 자신감의 방정식을 찾아라
- 다짐하는 사람
- 자발적 동기 부여를 창출하라
- 시간 도둑을 잡는 사람
- 이제 통밥은 통하지 않는다
- 책장 속에 숨은 지혜를 찾아내라
- 역동적인 지식을 창출하라
- 연습만이 가치있는 사람을 만든다

글로 쓴 목표를 세우는 사람

우리의 삶은 목표를 어떻게 세우고 사느냐에 따라 좌우됩니다. 사
실 목표를 세우는 것은 허허 들판에 말뚝박기보다 더 쉽습니다. 그러
나 실천하기는 맨손으로 시멘트에 박힌 철근을 빼내는 것보다 더 어
렵습니다.

목표를 설정해서 실천하지 못하는 경우는 대부분 계획을 무리하게
잡았거나 할 수 없는 것을 목표로 삼았기 때문에 그렇습니다. 들판에
서 피는 꽃도 나름대로의 노하우를 가지고, 하나의 목표를 가지고 피
우게 됩니다. 목표를 심어야 꽃이 피게 됩니다.

목표를 세운 사람들

● 일본 최고의 벤처사업가 손정의는 일찌감치 인생의 목표를 정한 사람 중의 한 사람입니다. 그의 운명을 바꾸어 놓은 것은 고교 1학년 때 떠난 미국 서부의 배낭 여행이었습니다. 드넓은 땅과 자유로운 공기 속에서 손 씨는 세계 일류 기업가를 자신의 목표로 삼았습니다. "20대에 이름을 얻고, 30대에 1천억 엔 이상을 모아 40대에 정면승부를 건다. 50대에 사업을 마무리짓고, 60대에는 미련 없이 후계자에게 기업을 물려주겠다"는 인생 목표가 세워진 것도 이 때였습니다.

● 심리학자 지그문트 프로이트(Sigmound Freud)는 "목표 설정은 위험한 것이다. 왜냐하면 목표 달성이 안 되면 자존심이 상하기 때문이다."라고 했습니다. 그러나 유명한 정신과 의사인 빅터 프랭클(Victor Frankl) 박사는 "목표 설정을 하지 않는 것이 목표 달성이 안 되는 것보다 더 위험하다."고 했습니다.

● 폴 마이어(Paul Meyer)는 "모든 것을 실현시키고 달성시키는 열쇠는 목표 설정에 있다. 나의 성공의 75%는 목표 설정에 있었다고 단언할 수 있다. 꿈은 정적인 생각이고, 목표는 움직이는 행동이다."라고 했습니다.

꿈을 목표화해야 합니다. 환상과 꿈을 목표 설정으로 옮겨야 이루어집니다.

인·생·경·영·키

▶ 목표가 없으면 일의 우선 순위를 매길 수가 없습니다. 그렇게 되면 항상 바쁘다고 말합니다. 대개 목표가 분명하지 못한 사람들은 일의 우선순위가 없어 바쁘다는 이야기를 많이 합니다.

한 거지의 1불짜리 사업

미국의 적극적 사고 훈련자 지그 지글러(Zig Ziegler)가 뉴욕의 한 지하도를 지날 때 한 거지가 연필을 팔고 있었습니다. 그는 1불을 주면서 연필은 받지도 않고 발걸음을 재촉하였습니다. 얼마동안 가다가 불현듯 방향을 돌이켜 그 거지에게로 다시 돌아왔습니다. 그리고 "아까 1불을 드린 대가로 연필을 주십시오" 라고 하자 그 거지는 "예, 연필 여기 있습니다." 하고 연필을 내밀었습니다. 그리고 지글러는 거지에게 "당신도 나와 똑같은 사업가입니다." 라는 말을 남기고 돌아왔습니다. 그 거지는 그 말에 용기를 얻어 훗날 위대한 사업가가 되었다는 것입니다. "할 수 있다."는 태도는 사람의 마음을 바꾸는 힘이 있습니다.

그래서 사람은 할 수 있다는 자세가 중요합니다. "할 수 있다"라는 신념을 가진 자에게는 세상이 길을 비켜주지만, 언제나 부정적인 말을 하는 사람에게는 아무도 길을 비켜주지 않습니다. 긍정적 태도란 것이 무엇이든지 마음만 먹으면 다 된다는 것은 아닙니다. 예를 들면 옷걸이가 없는 벽에다 옷을 걸면서 "걸릴 줄로 믿습니다."라고 외치는 것은 긍정적인 태도가 아닙니다.

주위의 성공하고 있다는 사람들의 습관을 들어보십시오. 그리고 그런 사람과 같이 있으면 이미 당신은 반은 성공한 것입니다. 왜냐하면 훌륭한 사람의 습관을 따라가면 당신도 모르게 그렇게 되기 때문입니다. 목표를 그저 생각만 하고 지금까지 인생을 살아왔다면 이제까지의 인생은 많은 것을 잃고 살아온 것입니다. 그 목표를 적어놓고 늘 바라보았다면 현재보다 훨씬 더 풍요로운 인생을 살았을 것이며 더 많은 인생의 기회를 얻었을 것입니다. 기회는 우리 주위에 곳곳에 가득 차 있습니다.

인 · 생 · 경 · 영 · 키

▶ 목표 설정에는 "동기"라는 상품이 반드시 필요합니다. 부지런히 동기 부여를 찾으십시오. 많은 사람들을 만나다 보면 자극 받을 일이 많아집니다.

어느 달팽이의 거대한 목표

어느 이른 봄, 달팽이가 사과나무를 기어오르고 있었습니다. 그가 느린 속도로 조금씩 위를 향해 올라가고 있을 때 나무껍질 틈새에서 벌레 한 마리가 나와서 달팽이에게 물었습니다.

"너는 쓸데없이 힘을 낭비하는구나. 저 위에는 사과가 하나도 없단 말이야." 그러나 달팽이는 계속 기어오르면서 말했습니다.

"내가 저 꼭대기에 도착할 쯤 사과가 열릴 것이야."

목표는 한꺼번에 이루어지지 않습니다. 중요한 것은 나에게 목표가 있느냐 없느냐입니다. 달팽이로서는 참으로 거대한 목표를 설정하고 일을 벌리고 있는 것입니다.

나는 젊은 남녀가 결혼하기 전에 종종 이렇게 충고합니다. 배우자 될 사람을 만나거든 이렇게 물어보라고 합니다. "당신의 인생의 목표가 무엇입니까? 그리고 꿈이 무엇입니까?" 대답이 거침없이 바로 술 술 나오면 그 사람은 미래가 있는 사람입니다. 그렇지 않고 머리나 긁 적거리고 대답이 끊어지면 목표도 꿈도 생각지 못한 사람입니다. 그 런 사람은 다시 한번 배우자로 낙점할 것인지를 재고해야 합니다.

인·생·경·영·키

▶ 사람은 목표가 있을 때 생기가 납니다. 달팽이와 같은 크고 위대한 꿈을 정하고 거기에 맞는 목표를 정하십시오. 목표를 세우면 수많은 벌레들이 괴롭히나 달팽이는 잘 익은 사과 하나를 따먹기 위하여 극복할 수가 있습니다.

목표 추적 장치

목표를 세웠으면 그 다음에는 목표에 맞는 계획을 세워야 합니다. 그리고 목표 기한도 정하는 것이 좋습니다. 이 말은 가장 구태의연한 말인지 모릅니다. 그러나 사람의 특성은 잘 아는 것을 실천하지 못하는 경우가 허다하다는 것입니다.

학생인 경우 내가 갈 대학을 미리 정하는 것이 좋습니다. 그리고 먼 훗날 그 학교에서 다니는 모습을 꿈꾸기 위하여 하루 날 잡아서 사진기를 들고 가 정문에서 멋있게 사진 한 장을 찍어와 책상에 붙여놓고 늘 바라봅니다. 사진관에 가서 큼직하게 뽑아 방에서 가장 잘 보이는 곳에 걸어 두십시오. 그리고 하루에 한 번씩 그 사진을 보고 또 보시기 바랍니다. 잠들기 전에 또 한 번 그 사진을 바라보는 것을 잊지 마십시오. 그 사진이 무슨 마력이 붙어서 당신을 그 학교에 가게 하는 것이 아닙니다. 그것을 바라봄으로써 여러분의 마음속에 동기를 유발시킬 뿐만 아니라 빛쟁이처럼 그 사진이 여러분의 마음을 그쪽을 향하여 자꾸 몰아붙이는 것입니다. 마치 돛단배가 바람에 이끌려 가는 것과 유사합니다.

꿈은 여러분의 마음이 노는 거대한 바다입니다. 목표는 여러분의 마음속에 강력한 엔진 하나를 설치하는 것입니다. 엔진이 있으면 가파른 언덕도 거친 들도, 거친 풍랑도, 어디든 갈 수 있습니다.

라디오는 방안의 소리를 잡아내도록 만들어져 있고 TV는 방안의 공기 속에 떠도는 온갖 그림들을 잡아내어 한 폭의 화면을 만들도록 고안되어 있습니다. 하고 싶은 것, 갖고 싶은 것, 되고 싶은 것 — 이 모든 것을 이룰 줄 믿고 바라보십시오. 우리의 머리는 바라보면 자극을 받아 컴퓨터가 돌아가는 것처럼 반응을 하게 되어 있습니다. 그러면 태도가 변하고 생각이 달라질 것입니다. 목표란 꿈을 이루어 가는 이정표인 것입니다.

식물학자인 윌리엄 클라크(William Clark)는 젊은이들에게 유명한 말 하나를 남겼습니다.

"소년들이여, 꿈을 품으라(Boys, be ambitious)"

그는 일본 삿포로 대학에 교환 교수로 갈 때, 생물학책보다 성경을 더 많이 가져갔습니다. 그때 삿포로 대학측에서는 생물학 교수에게 그렇게 많은 성경책이 왜 필요하냐고 하면서 성경을 가르칠 수 없다고 했습니다. 그래서 그는 다시 미국으로 돌아가겠다고 했습니다. 결국 수업 시간 외에 성경을 가르치는 것을 허락 받게 되었습니다. 교환 교수 임기가 끝나고 고국으로 돌아갈 때 수많은 그의 제자들이 그를 전송하려고 몰려들었을 때, "소년들이여, 꿈을 품으라"고 외쳤습니다. 목표는 꿈이 있을 때 나옵니다. 마치 배가 물위에 있어야 떠오를 수 있는 것처럼 말입니다. 목표만 있고 꿈만 있으면 바다는 있되 건너

갈 배가 없는 꼴이 되고 맙니다.

인·생·경·영·키

▶ 사람의 머리에는 누구도 알 수 없는 목표 추적 장치가 하나씩 설치되어 있습니다. 문제는 목표 자체를 머리 속에 설정해 놓지 않았다는 것입니다. 여러분의 머리 속에 오늘부터 크고 작은 분명한 "목표"를 설치해 놓으십시오. 그러면 추적 장치가 가동됩니다.

▶ 목표를 정해 놓고 실패하는 것은 목표 없이 그냥 있는 것보다 낫습니다. 목표 설정은 여러분의 마음을 들뜨게 하는 자극제입니다.

▶ 목표를 설정하실 때에는 SMART를 꼭 기억하시기 바랍니다.
　S (Specific)
　M (Measurable)
　A (Attainable)
　R (Realistic)
　T (Timely)
목표를 세울 때에는 구체적이고, 측량가능하고 이룰 수 있으며, 현실적이고, 시기적절하여야 합니다.
예) 나는 내년 생일 때까지 5kg의 살을 빼겠다.

목표는 계획(planning)을 낳는다

24명의 아이들을 낳은 흥부는 무계획적인 삶의 극치를 이룬 소설 속 인물입니다. 흥부전의 한 구절을 인용하면 재미있습니다.

　　"낫 한 자루 지게에 꽂아지고

　　묵은 밭을 쫓아 다니며

　　수숫대와 뺑대를 베어가지고 돌아와서

비스듬한 언덕 위에

집터는 괭이로 깔아 다지고

말직으로 얼기 설기 엮어

한나절도 안 걸려서 다 지어 놓았더라"

대충 대충 짓다보니 집 한 채가 우뚝 섰습니다. 집 한 채를 짓는 시작과 결말은 있지만 과정은 하나도 없습니다. 계획이란 일의 시작과 끝을 가장 효율적으로 마무리하는 과정을 기술한 것입니다.

계획의 3대 원리는 아래 그림과 같이 일의 우선순위와 자원의 균형적 배치 그리고 결과지향성을 포함하고 있습니다.

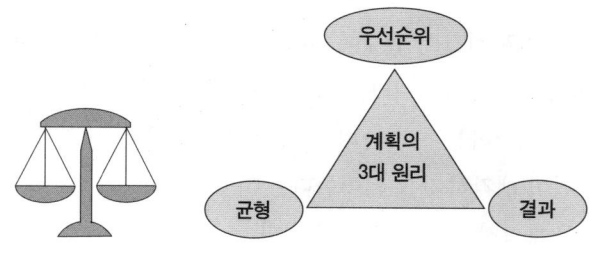

[그림1] 계획의 3대원리

- **우선순위의 원리**: 중요한 소수(critical few) 의 원리를 적용합니다. 가장 중요한 일의 20%에 시간을 집중하면 기대효과의 80%를 취득할 수 있다는 것입니다.

- **균형의 원리**: 인력, 시간, 금전, 정보, 물건 등을 적절히 잘 배열하는 것을 말합니다. 이를테면, 오케스트라 지휘자는 단원들을 가장 적절한 위치에 배열하여 가장 아름답고 가장 조화를 잘 이루는 음을 내도록 지휘합니다.

- **결과중심의 원리**: 계획은 미래에 일어날 일을 미리 글로 적어놓은 것입니다. 미래에 일어날 일을 글로 적어놓으면 동기부여를

주게되며 자발적 노력이 파생됩니다.

　그리고 계획을 세울 때에는 미래지향적으로 독수리눈을 뜨고 세워야 합니다.

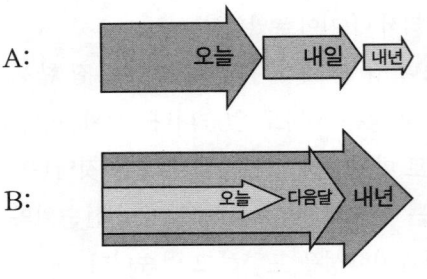

[그림2] 계획의 유형

　A형 계획은 시간이 갈수록 계획이 쭈그러들고 B형은 갈수록 뻗어나가는 계획의 유형입니다. 당연히 B형이 되어야 합니다.

　계획을 싫어하는 사람들의 특성을 보면 다음과 같습니다.

　　― 깊이 생각하기를 싫어한다.

　　― 무계획적 습관에 젖어서 산다.

　　― 조속한 시일 내에 결과를 도출한다.

　　― 계획의 중요성을 깨닫지 못한다.

　　― 미래에 대한 관심이 없다.

　그렇다면 어떻게 하면 계획능력을 습득할 수 있을까요？

　첫째, 인생의 분명한 목표(혹은 업무의 분명한 목표)를 가져야 합니다.
둘째, 변화에 대한 극복정신을 확연히 가져야 합니다. 부적당한 계획을 세우면 실패를 계획한 것입니다. 변화는 새로운 습관을 형성하는 과정이기 때문에 초기에는 어마어마한 인내가 필요합니다.

　셋째, 아무리 사소한 것이라도 계획을 세워서 추진하는 습관을 들여야 합니다.

삶의 방정식을 가진 사람

> 66
>
> 인생의 가치는 내가 가진 것(시간, 힘, 물질, 유무형 지식 등)을 누구와 얼마
> 만큼 나누어 가졌느냐는 것입니다. 그것이 인생의 질(質)을 결정 짓는 가장
> 큰 요소라고 할 수 있습니다.
> ∴ 1차 삶의 방정식 = 인생 목표 × 자기 영역의 삶
> ∴ 2차 삶의 방정식 = 인생 목표 × 자기 영역의 삶 + 타인 영역의 삶
> ∴ 3차 삶의 방정식 = 인생 목표 × 자기 영역의 삶 × 타인 영역의 삶
> ∴ 4차 삶의 방정식 = 인생 목표 × 타인 영역의 삶 + 자기 영역의 삶
>
> 99

사람마다 머리 속에 고유한 삶의 방정식을 하나씩 가지고 있습니다. 어떤 일이 하나 터지면 그 사람의 방정식에 따라 풀어가게 됩니다. 어떤 사람은 가시줄에 연줄 걸린 듯이 어려운 식을 적용하여 살아가는가 하면, 어떤 사람은 지극히 간단한 삶의 방정식을 가지고도 잘 삽니다. 수학에서 보면 1차 방정식, 2차 방정식, 3차 방정식, 4차, 5차도 있습니다. 사람도 수학의 1차 방정식 삶, 2차 방정식 삶 등으로 딱 나눌 수 있다면 얼마나 좋을까요?

사람은 나이가 들수록 점점 복잡한 삶의 방정식을 추구하게 됩니다. 스스로 문제를 만들고 스스로 그 삶의 방정식을 풀지 못하는 사람이 바로 우리들 자신입니다. 유치원 때 배운 것만 적용해도 충분히 풀수 있는 문제인데 수많은 밤을 끙끙거리며 고민하고 괴로워하며 풀

어야 할 문제가 얼마나 많습니까?

필자는 이제 우리 인간 삶의 방정식을 4개로 나누어 생각해 보고자 합니다. "사람이 무슨 수학 공식입니까? 고귀한 사람을 어떻게 방정식에 비교하다니!"라고 말할 수도 있겠지만, 사람을 알려면 계량화를 해야 가능합니다. 지식의 양도 수치화하고 있는 판국에 인생도 수치화해 보아야 하지 않겠습니까? 더 이상 안개 속의 인생을 살지 않기 위해서는 뭔가 분류된 기준이 있어야 하지 않겠습니까? 분명한 자신의 삶의 방정식을 한번 찾아보십시오. 이렇게 삶을 분류하는 것은 이제 인생도 뭔가 계량화하여 살아보아야겠다는 생각에서입니다.

이제 다음에 제시하는 인간 삶의 4가지 방정식을 보고 분명한 자신의 삶의 방정식을 한번 찾아보십시오.

● 1차 삶의 방정식

1차 삶의 방정식을 가진 사람은 자기 주관적으로 사는 사람입니다. 남의 사정을 전혀 신경 쓰지 않고 오로지 자기가 가고 싶은 길을 가며 주위의 권유나 비판의 소리에 귀를 기울이지 않는 사람입니다. 평생 고집을 꺾지 않으며 주위에 독불장군처럼 남아 있는 사람입니다. 이런 사람 역시 자기 판단에서 성공한 사람이고 타인의 기준에서 보면 삶을 외골수로 산 사람입니다.

또한 외나무다리에서 혼자만 걸어가려고 하는 사람입니다. 이 사람은 타인과의 정보 교환이 일어나지 않아 발전이 없으며 역시 내일의 비전이나 꿈이 없습니다.

· 인생관: 한번 정하면 자신을 위해서 끝까지 버티며 간다.

· 봉사관: 나만을 위해 산다.

· 세계관: 동서남북을 바라볼 생각을 않는다.

　　∴ 1차 삶의 방정식 = 인생 목표 × 자기 영역의 삶

● 2차 삶의 방정식

　자기의 수준을 인정하고 타인의 정보나 지식 또는 사물의 좋은 점 등을 활용하려고 합니다. 여기까지는 좋습니다. 그런데 남의 것은 부지런히 챙기고 자기 것은 보따리 근처에도 못 오게 하는 것입니다. 자기의 발전은 있을지 모르나 종국적으로는 크게 될 사람은 아닙니다. 기껏해야 평면 위에서 사는 삶입니다. 항상 지렁이처럼 땅에만 기어다니고 공중을 날지 못합니다. 병아리와 같이 집 뒤뜰이나 서성거리고, 나들이한다고 해야 앞집 돌이네 집 대문이 고작입니다.

· 인생관: 자기 중심으로 적절히 변화시키며 자기만 잘되면 된다.

· 봉사관: 생각은 있되 실천에 옮기기 어렵다.

· 세계관: 나라 안에서 맴돈다.

　　∴ 2차 삶의 방정식 = 인생 목표 × 자기 영역의 삶
　　　　　　　　　　 + 타인 영역의 삶

● 3차 삶의 방정식

　3차 방정식을 가진 인생들은 어떤 삶을 사는 사람들일까요? 내가 인생에서 얻은 것을 어느 정도 여유가 생기고 기회가 주어지면 남에게 주는 데 힘을 기울이는 삶의 방정식입니다. 요즘 용어로 신지식인(新知識人)입니다. 2차 삶을

사는 사람과는 상당히 차이가 있습니다. 인생에서 기쁨을 누리는 방정식의 삶입니다. 지구촌에서 이렇게 사는 사람 역시 흔치는 않습니다. 이 정도만 되어도 상공을 날아다니며 하늘을 맛보고 지구촌이 어느 정도 넓은지도 알게 되고 이 땅에 호흡하고 살 동안 내가 할 일이 많구나 하는 생각을 할 정도로 기름진 삶을 사는 사람입니다. 지구촌 어느 곳에서 나의 도움이 필요하다고 생각되면 기꺼이 가려고 힘쓰는 사람입니다.

- 인생관: 자기 중심에서가 아닌 이웃 중심에서 살려고 노력한다.
- 봉사관: 누구를 도우며 사는 것을 상당히 가치 있게 생각한다.
- 세계관: 지구촌 어디라도 손길이 필요하면 가려고 힘쓴다.

  ∴ 3차 삶의 방정식 = 인생 목표 × 자기 영역의 삶
  × 타인 영역의 삶

● **4차 삶의 방정식**

이런 인생은 있되 드뭅니다. 지극히 헌신적인 인생을 사는 사람들입니다. 처음부터 인생의 목표를 남을 위해서 사는 사람들입니다. 그들은 가졌다 하나 헐벗은 사람이요, 없다고 하나 많은 것을 가진 사람입니다. 이 땅에서 가장 가치 있는 삶의 방정식은 바로 내가 죽고 남이 살게 하는 삶인데 그러한 인생을 사는 사람이 바로 4차 삶의 방정식을 가진 사람들입니다.

4차 방정식을 가진 인생은 하루가 지극히 짧습니다. 이런 사람은 집이 없어도 행복하며 아침에 먹을 것이 없어도 고민하지 않는 사람들입니다. 이 지구는 모두 그들의 것이며 하늘도 땅도 바다도 그들의 편입니다. 이런 사람은 수십 년 세상에 드러나지 않으나 이 세상을 떠날 때쯤 보석처럼 빛을 내게 되며 나이가 들수록 수많은 사람들이 존경하고 위대한 사람으로 기리게 됩니다.

- 인생관 : 100% 남을 위해 사는 사람
- 봉사관: 이 땅에 태어난 목적이 남의 인생을 돕기 위함 이라고 담대히 고백하는 사람
- 세계관: 나의 도움이 필요한 곳이 자기가 살 땅이라고 생각하는 사람

$$\therefore \text{4차 삶의 방정식} = \text{인생 목표} \times \text{타인 영역의 삶} + \text{자기 영역의 삶}$$

　이 4차 방정식은 아무나 할 수 있는 것은 아닙니다. 알버트 슈바이처 박사나 마더 테레사 수녀, 마틴 루터 킹과 같은 위대한 인물이 여기에 해당됩니다.

　인생의 가치는 결국 내가 가진 것(시간, 힘, 물질, 유무형 지식 등)을 누구와 얼마만큼 나누어 가졌느냐는 것입니다. 그것이 인생의 질(質)을 결정짓는 가장 큰 요소라고 할 수 있습니다. 자신의 인생 방정식을 찾아내야만 인생이 분명한 선을 그리며 나아갈 수 있게 됩니다.

 인 · 생 · 경 · 영 · 키

▶ 당신의 삶은 몇 차원에 속합니까? 이제 인생의 차원을 조심스럽게 한 번 선택하여 보십시오. 당신이 꿈꾸는 삶을 계획하여 보십시오.

▶ 당신이 원하는 삶의 방정식을 정했으면 거기에 맞는 목표를 정하여 여러분 고유의 인생 방정식을 만들어 보십시오. 그리고 목표 추적 장치도 설계하시기 바랍니다.

창조적인 꿈의 방정식

> "
> "세상에서 이루어지는 모든 일은 소망에 의해서 이루어집니다. 만일 씨앗
> 이 자라나서 열매를 맺을 것을 소망하지 않는다면 어느 농부라도 단 한 톨
> 의 옥수수 씨앗도 뿌리지 않을 것입니다. 이익을 남길 소망이 없다면 상인
> 이나 장인도 그 일을 시작하지 않을 것입니다."
>   - 마르틴 루터
> "

소망이 장래에 있다면 큰 꿈을 꿀 수 있는 힘은 현재에 있습니다. 중요한 일을 성취하기 위해서는 큰 꿈이 필요합니다. 꿈이란 그냥 잠 잘 때 마음의 눈을 통해서 생기는 그림들이 아니라, 우리의 상상력을 한껏 자라나게 하며 미래를 향해 간절히 소망하게 하는 비전(vision)입니다. 그래서 꿈을 붙잡는 것은 땅속 깊은 곳에서 금을 파내는 것과 같습니다.

꿈은 생동감이 넘쳐나는 것이며 우리가 꿈을 어떻게 키워나가느냐에 따라 성장하든지 쇠퇴하든지 둘 중의 하나가 됩니다. 그렇기 때문에 꿈은 우리를 가동시키는 공장과 같습니다.

꿈을 세워라. 그러면 꿈이 당신을 세울 것이다

사람은 태어날 때 여러 가지 모양으로 서로 다른 환경에서 태어나지만 생각할 수 있는 능력은 모두 다 동일합니다. 그러니 얼마나 공평하게 태어납니까? 생각이라는 자원은 모두 다 똑같이 가지고 있는 셈입니다. 그 자원을 잘 활용하는 사람은 이 땅에서 성공하고 그냥 아무렇게나 두면 뽑아놓은 파처럼 시들어 버릴 것입니다.

생각의 힘 ─ 미래의 결정은 바로 이 힘에 달려 있으며, 우뇌는 곧 우리 인생을 책임지고 운영하는 총사령부라고 할 수 있습니다. 마음이 엔진이라면 우뇌는 점화 불꽃을 튀기는 장치입니다. 아무리 좋은 엔진이라도 점화하지 않으면 차가 갈 수 없습니다. 화려한 인생길로 가려면 우리 뇌 속의 총사령부를 적극 활용하여야 합니다.

미래를 생각하고, 장래 일이 이루어질 것을 꿈꾸고, 그것이 이루어지기를 기대하고, 그 일어날 일을 간절히 사모하고, 바라고 믿고 나아가면 총사령부의 역할을 다하는 것입니다.

세계는 아무 것도 보이지 않는 것으로 이루어져 있다

보이지 않는 것을 바라보는 자는 인생 경영에서 반드시 성공합니다. 공기는 보이지 않지만 우리의 생명을 유지하고 있는 것으로 보아 공기 속에 산소가 들어있다는 것을 알 수 있습니다.

만물은 우리 눈에 보이나 만물을 구성하는 미세한 것들(분자 혹은 원자)은 결코 우리 눈에 보이지 않습니다. 흙만 보면 흙에 불과하지만, 흙 속에 있는 온갖 구성 성분을 잘 이용하면 과일도 나오고 약도 나오고 비행기도 나오고 탱크도 나오고 기차도 나옵니다. 또 한 그루의 나무는 흙 속의 성분을 적절히 조합하여 탐스러운 열매 하나를 창조합니다. 구성 성분들이 우리 눈에 보입니까? 그렇지 않습니다. 원자나 분자를 연구하는 사람들이 지구상에 보이는 것은 아무 것도 없다고 이야기하면, 현상학자들은 그들을 미치광이라고 할지도 모릅니다. 그러나 그들 이론은 맞습니다.

미래 역시 우리 눈에 보이지 않습니다. 인류 역사를 되돌아보면 한결같이 미래를 개척하는 눈을 가진 사람들이 있었습니다. 미래를 바라보는 사람은 무(nothing)에서 유(something)를 창출하는 사람입니다. 지구촌에는 수많은 미래학자들이 있는데 그들 가운데는 미래에 일어날 일을 맞추는 사람도 있고 그렇지 못한 사람도 있습니다. 미래학자라고 다 맞추어 버리면 지구촌에는 미래가 없을 것입니다.

개인의 인생에서 미래에 일어날 꿈을 어떻게 바라보겠습니까? 눈에 보이는 이쪽 절벽과 보이지 않는 미지의 저쪽 절벽을 연결하려면 풍부한 상상력을 펼쳐야 하며, 군데군데 다리가 지나갈 말뚝도 박아야 할 것입니다. 어디쯤에 다리를 놓을 것인지, 어디쯤 가면 목표 지점이 보이는지, 어디쯤 가면 나의 인생 그림이 나타나는지……. 그 모든 것은 가상이며 우리 눈에 보이지 않습니다. 귀에 들리는 것도 없고 손에 잡히는 것 역시 없습니다. 그러나 꿈은 현실을 장래의 것으로 바뀌게 하는 힘이 있습니다. 절벽 저 너머에 우리의 꿈을 끌어당기는 보이지 않는 거대한 장치 하나가 있습니다. 그것이 우리의 모든 열정과 노력과 기대를 매일 밤 자석처럼 흡인하고 있는 이상, 그 꿈은 반드시 이루어지는 것입니다. 그래서 꿈을 가지면 사람은 창조적 긴장(creative tension)을 가지게 되는 것입니다.

보이는 것은 꿈이 아닙니다. 현실의 눈으로 아무리 보아도 보이지 않는 것이 꿈입니다.

이루어질 꿈을 미리 상상하라

우리의 머리는 화학적 반응 같은 것을 합니다. 보면 즉각 반응을 하는 것입니다. 슬픈 것을 보면 즉각 눈물샘에 연락하여 눈물을 흘리게 하고, 너무 기쁠 때도 마찬가지입니다. 우리의 머리는 기록된 글을 보는 것보다 그림을 보면 더욱 강력한 반응을 하게 됩니다. 듣는 것보다는 기록한 것을 보는 것이 낫고, 기록한 것보다는 그림을 보는 것이 보다 강력한 영향을 줍니다. 좌뇌의 질서정연한 논리적 사고와 합리적인 생각은 우리가 만든 사회나 조직으로부터 오늘도 융단 폭격을 받으며 지탱하고 있습니다. 그러나 우리에겐 그 누구에게도 영향을 받지 않고 나만이 누릴 수 있는 우뇌를 제각기 하나씩 가지고 있습니다.

꿈은 바로 우뇌에서 출발합니다. 우뇌는 많은 그림을 통하여 더욱 활성화됩니다. 시각과 감각은 우리의 우뇌를 활성화시키는 진원지입니다. 그림을 보면서 꿈에 초점을 맞추면 더욱더 자극적이며 꿈은 역동적으로 살아납니다. 우리의 우뇌는 풍부한 생각과 아이디어를 만들어 냅니다. 대통령이 되고 싶으면 대통령의 사진을 구해서 바라볼 것이며, 대법관이 되고 싶으면 법관복을 입고 사진을 찍어 매일매일 그 사진을 바라보면 되는 것이며, 치과의사가 되고 싶으면 치과병원에 가서 가운을 입고 사진 한 장을 찍어 보십시오. 그 그림들을 바라볼 때마다 우리의 뇌는 활성화되고 그 꿈을 이루기 위해 동기 부여가 형성되어 의욕과 용기가 생겨나는 것입니다.

창조적인 꿈의 방정식을 가져라

꿈은 저 구름 위에 머리를 올려놓고 바람 부는 대로 흘러가는 것이 아닙니다. 분명하고 구체적이며 실질적인 꿈을 꾸어야 합니다. 꿈의 방정식을 표현해보면 다음과 같습니다.

[꿈의 방정식] = [재능] × [소명] × [준비] + [기회] + [열정]

꿈의 성취(dream accomplishment)에 있어서 재능은 타고 난 사람도 있으나 후천적인 것이 대부분입니다. 소명은 원하는 쪽으로 밀고 가면 됩니다. 준비와 기회, 그리고 열정은 꿈을 이루고자 하는 강력한 소망이 있을 때 생깁니다.

● **재능(talent)**

꿈의 동역자에게 물어보십시오(부모님, 친구, 선생님 등). 당신이 좋아하는 것, 더 좋아하는 것을 선별하는 데 주위에 도움을 구하십시오. 대개는 자신이 관심이 많고 하고 싶거나 자주자주 생각나는 것이 재능과 관련이 있습니다. 자신만의 독특한 재능을 발견하는 것은 나이가 어릴수록 더욱 중요하고 가능하면 젊은 시절에 찾으면 좋습니다. 당신의 재능을 찾았다면 그 다음에는 재능을 발휘할 기회와 방법을 찾으십시오. 기회를 찾았으면 행동에 옮기고 그 다음 냉철하게, 그리고 정직하게 평가해 보십시오. 계속해서 반복의 기회를 가지고 노하우를 개발해 나가십시오. 연습만이 천재를 낳습니다.

● **준비(preparation)**

꿈을 좇아갈 때 무슨 일이 일어날 것이며 그것을 어떻게 준비할 것인가를 미리 예상하는 것입니다. 그 세 가지 본질적인 요소는 지식, 경험적 도구, 잠재력(potential)입니다. 그러기 위해서는 자신의 꿈과 관련 있는 잡지를 정기 구독하고 읽으십시오. 꿈과 관련된 각종 세미나, 교육, 심포지엄

에 참석하여 시대 감각을 잃지 마십시오. 그리고 많은 경험
자들을 만나고, 일어난 일은 기록하는 습관을 가지십시오.

준비는 일시적이어서는 안 되고, 지속적이며 끊임없이 자
신을 변화시키고 발전시키는 방향으로 이루어져야 합니다.
하나의 꿈을 세울 때에는 보완적인 계획도 함께 세우십시
오. 어느 정도 자란 나무가 뿌리를 내려 새로운 환경에서 자
랄 때까지 넘어지지 않도록 삼각대를 세워 주는 것과 같은
원리입니다. 그리고 꿈을 지속적으로 개선하십시오. 개선
을 하려면 지속적인 평가가 있어야 가능합니다.

● **열정(passion)**

열정은 끝없이 도전하는 힘입니다. 마음 속 깊은 곳에서
터져 나오는 강력한 힘의 근원입니다. 열정은 한번 실패했
다고 해서 사그라지지 않습니다. 더 좋은, 최상의 것으로 만
드는 힘이 들어 있습니다. 열정은 위대한 꿈을 따라 다니는
한 마리 나비처럼 역동적입니다.

데어로어 루즈벨트(Theodore Roosevelt) 대통령은 사회
적 지위와 물질적 풍요 등 인생의 성공을 모두 누렸으나 휴
양 중에 소아마비에 걸렸습니다. 그러나 각고의 노력 끝에
그는 네 번이나 대통령의 자리에 올랐습니다. 휠체어를 타
고 다니면서도 세계 최고의 지도자가 된 것입니다. 루즈벨
트 대통령이 고난을 극복하게 된 것은 그의 꿈을 향한 굳은
믿음과 열정 덕분이었습니다.

● 기회(opportunity)

광활한 지구촌에서 인생의 기회는 누구에게나 오게 되어 있습니다. 이와 관련해서 성경에 나와 있는 구절이 있습니다.

"구하라 그러면 너희에게 주실 것이요, 찾으라 그러면 찾을 것이요, 문을 두드리라 그러면 너희에게 열릴 것이니" (마태복음 7:7)

"구하라(seek), 찾으라(find), 두드리라(knock)"는 지속적인 행위를 뜻합니다. 그리스 원어로 보면 이 말들은 현재 명령형으로 되어 있습니다. 기회를 얻을 때까지 계속 구해야 합니다. 기회를 발견할 때까지, 그리고 열릴 때까지 계속 두드려야 한다는 것입니다.

인생의 기회는 때로 우연히, 그리고 뜻밖에 발견(serendipity)되기도 합니다. 그런 뜻밖의 발견도 무슨 일을 꿈꾸고 마음속에 강렬한 소망이 있을 때 일어나는 것입니다. 사람들은 기회를 보고도 놓치는 경우가 있습니다. 무지하거나, 그릇된 신념에 싸여 있거나, 자만심과 두려움, 낮은 자존감을 가지고 있을 때 그러하다고 합니다. 준비가 철저히 되어 있는 사람에게 기회가 주어질 확률이 더 높다는 것입니다.

알렉산더 플레밍(Alexander Fleming) 박사가 박테리아를 연구하다가 곰팡이가 있는 곳에서는 박테리아가 자랄 수 없음을 보고 페니실린을 발견한 것은 순간의 기회를 잘 포착한 예입니다. 다른 과학자 같으면 배양체가 오염되었다고 파기해버렸을 텐데 말입니다. 3M에서 나온 '포스트잇'은 고분자 합성 실험의 실패로 생겨났습니다. 그 고분자 실패 작품이 오늘날 전 세계에서 사용되고 있는 것입니다. 종이끼리 완전히 붙지 않고 적절히 붙어 있어 언제라도 서로 떼어낼 만한 힘으로 있게 하는 고분자를 합성한 결과가 '포스트잇'을 낳은 것입니다. 기회는 열심히 하는 자에게 다가옵니다.

이제까지 언급한 것 중에서 어느 하나도 삐꺽거리면 꿈의 방정식은 성립하지 못합니다. 꿈이 중도에서 포기된다든지 실패로 간다든지 하는 것입니다.

꿈을 잡아내는 4단계

꿈을 잡아내기 위해서는 우선 꿈 잡는 그물 한 개를 준비하십시오. 촘촘한 그물 말고 넓게 짠 그물을 준비하십시오. 그래야 송사리는 빠져나가고 큰 물고기를 잡을 수가 있습니다

● **1단계: 관심을 쏟아라**

지금 이 시간에 기초를 놓으십시오. 머릿돌을 놓으십시오. 결연히 첫걸음을 옮길 때 일은 시작됩니다. 비범한 일은 평범한 사람이 저지를 때 일어나는 것입니다. 믿음은 일을 저지르는 것이며 관찰하며 분석하면서 일을 일으키지 않습니다.

꿈을 가진 자는 '가장 쉬운 것'을 취하지 않고 '가장 최선의 것'을 취하여 도전하는 사람이요, 끝없이 그러한 일에 관심을 가지는 사람입니다.

● **2단계: 도전하라**

스코트 맥(Scott Mac)은 "나를 끊임없이 놀라게 하는 몇 가

지 주의 가운데 하나는, 어떻게 해서 극히 소수의 사람만이 용기가 무엇인지 이해하는가 하는 점입니다. 많은 사람들은 용기란 두려움이 없는 상태라고 합니다. 두려움이 없는 것은 용기가 아닙니다. 두려움이 없는 것은 일종의 뇌 손상의 증거입니다. 용기란 두려움 혹은 고난에도 불구하고 전진하는 능력입니다."라고 했습니다.

그렇습니다. 용기란 '전진하는 능력' 입니다. 불길 속에 엄마가 아들을 구출하기 위해 어떤 고난도 무릅쓰고 뛰어 들어가는 것이 '전진하는 능력' 의 결과입니다. 불에 그을리는 고통은 사람이면 누구나 느끼지만, 그럼에도 불구하고 나아가는 것이 용기입니다.

도전적인 정신으로 꿈을 실현하려면 아래 다섯 가지를 기억하면 좋을 것입니다.

· 결정(determination): 꿈은 결정입니다.
· 위험(risk): 어떤 꿈도 위험은 있습니다.
· 기대(expectation): 꿈은 기대를 가져옵니다.
· 갈망(aspiration): 꿈은 갈망하게 합니다.
· 자발적 동기 부여(self-motivation): 꿈은 동기를 부여합니다.

● 3단계: 준비하라

어찌 보면 가장 기초적인 이야기입니다. 이것은 우리가 너무나 잘 아는 사실입니다. 그물을 가지고 있을 때 물 속에 든 고기를 잡을 수가 있는 것처럼 고기를 잡는 것이 꿈이라면 그물이나 초망이나 낚시 같은 도구를 가지고 있어야 합니다. 공기 중에 그림이나 소리를 잡아내는 것은 라디오나 텔레비전만이 할 수가 있습니다. 대상이 무엇이든지 거기에 맞는 준비를 하여야 합니다. 준비는 일시적이어서는 안되고, 지속적이며 끊임없이 자신을 변화시키고 발전시키는 방향으로 이루어져야 합니다. 하나의 꿈을 세울 때에는 보완적인 계획도 함께 세우십시오. 어느 정도 자란 나무가 뿌리를 내려 새로운 환경에서 자랄 때까지 넘어지지 않도록 삼각대를 세워 주는 것과 같은 원리입니다. 그리고 꿈을 지속적으로 개선하십시오. 개선을 하려면 지속적인 평가가 있어야 가능합니다.

● 4단계: 공유하라

이제 개인의 꿈을 성취하려면 혼자 힘으로는 어렵습니다. 관련된 사람에게 나의 꿈을 설명해 주시기 바랍니다. 나의 꿈을 가능하면 많은 사람들에게 알리십시오. 그리하면 그들이 나에게 필요한 것을 도와 줄 것입니다. 나의 꿈을 알리면 동료의식 또는 연결의식이 형성됩니다. 꿈을 나눈다는 것은 자신과 타인의 정보를 공유한다는 것입니다. 많은 네트워크를 가지고 있으면 연결 고리가 형성되어 보다 효율적으로 분명한 꿈을 잡아낼 수가 있습니다.

다른 사람들과 꿈을 이야기하면 할수록 그 꿈을 성취해 내는 더 많은 기회를 가질 수가 있습니다. 꿈을 서로 나누는 과정에서 여러 가지 유익한 정보도 얻고 그 꿈을 이루었을 때 더 많은 기쁨을 누릴 수도 있습니다.

다른 사람과 당신의 꿈을 네트워크하면, 새로운 꿈을 자극

해주며, 꿈의 기초를 확장시켜 놓습니다. 한 사람이면 패하지만 두 사람이면 능히 이기며 삼겹줄은 쉽게 끊어지지 않습니다. 또한 네트워크는 꿈을 달성시키는 힘을 주며, 꿈의 방향을 잡아줍니다.

꿈의 프리즘 모델

나의 꿈을 정확하게 이루어 나가기 위해서는 나의 꿈이 프리즘을 관통한다고 생각하고 아래 6가지를 분석하십시오.

Where : 나의 꿈은 어느 곳으로 향하고 있는가? 목적지를 분명히 하라.

Why : 내가 왜 이 꿈을 가져야 하는가? 왜 이 꿈이 나에게 중요한가?

What : 나의 꿈에서 중요한 것이 무엇인가?

Who : 누구를 위해 이 꿈을 가져야 하는가?

How : 나의 꿈을 어떤 방법으로 실현시킬 것인가?

When : 나의 꿈은 언제 성취될 것인가?

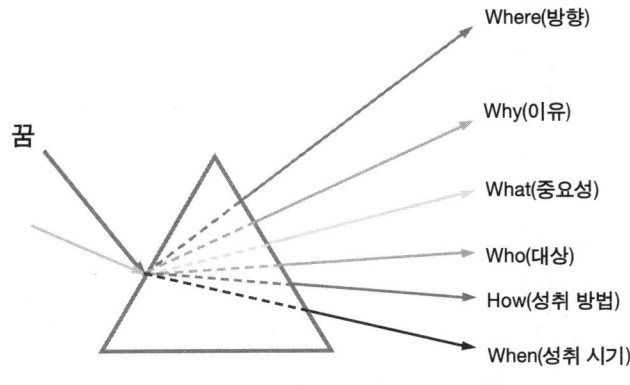

[그림3] 꿈의 프리즘 모델(2000, KWAK)

빛은 열매를 자라나게 하는 힘이 들어 있습니다. 꿈은 당신의 인생 목표를 이루게 하는 빛입니다. 발전기는 기계 에너지를 전기 에너지로 바꾸어 놓습니다. 우리의 꿈은 전기 에너지와 같은 것이어서 언제라도 기계 에너지로 바꾸어 역동적인 힘을 만들어 낼 수가 있습니다. 역동적인 사람은 아이디어를 강력한 행동으로 바꿉니다.

꿈의 동역자를 찾아라

꿈을 혼자서는 이룰 수가 없습니다. 큰 배를 혼자 움직일 수 없는 것처럼, 원대한 꿈을 이루기 위해서는 꿈의 동역자를 찾아야 합니다. 평생에 걸쳐 꿈의 모험을 나누기 위해서 최고 10명의 꿈 동역자를 구하십시오. 벤처 꿈을 가진 사람끼리 모이는 것은 바람직한 현상입니다.

- 일생 동안 만나는 사람도 결코 꿈의 동역자는 아닙니다.
- 함께 노는 친구 역시 꿈의 동역자는 아닙니다.
- 한 배를 타고 가지만 직장의 친구라고 역시 꿈의 동역자는 아닙니다.
- 영혼의 친구가 모두 꿈의 동역자는 아닙니다.
- 당신의 꿈의 동역자는 아래와 같은 일에 관심을 가지고 도전하는 사람입니다.
  - 당신의 성공만이 아니라 당신에게 의미 있는 일에도 과감히 초점을 맞춘다.
  - 당신의 아이디어를 존경하는 반응을 보인다.
  - 당신이 하는 일에 최선을 기대한다.
  - 당신의 재능과 능력에 활력을 불어넣는다. 꿈이 점화되면 엔진을 꺼뜨리지 않고 계속 가동시킨다.
  - 당신의 꿈을 실현시키기 위해 배움과 성장의 기회를 극대화

시킨다.

- 실수와 실패를 전화위복의 기회로 삼는다.
- 탁월함만을 받아들인다.
- 시간을 내어서 바람직한 피드백을 주고받는다.
- 어려움을 견디어 내도록 아무 조건 없이 그리고 무비판적으로 격려해 준다.
- 당신에게 정직한 충고를 해준다.

꿈의 물레방아를 얼어붙게 하는 요소들

겨울에 물레방아는 물이 계속 안 흐르면 얼어 버립니다. 얼면 물레방아의 역할은 끝입니다. 소망이 장래에 있다면 큰 꿈을 꿀 수 있는 힘은 현재에 있습니다. 꿈을 가지고 살아가면 반드시 저항하는 방해세력이 있습니다. 연은 바람과 함께 추락할 수 있지만 바람을 맞서면 높이높이 올라갈 수 있습니다.

꿈을 방해하는 요소들은 너무나 우리가 잘 아는 것들입니다. 이것들은 마치 돌멩이 하나로 나는 참새를 팔매질하여 떨어뜨리는 것만큼이나 잡기가 어려운 것들입니다. 당신이 꿈을 세우면 반드시 꿈을 훼방놓는 무리들이 주야로 찾아들 것입니다. 당신의 약점을 강화시켜 주시기 바랍니다. 대부분의 약점은 당신의 현재의 습관을 고침으로써 얼마든지 바꿀 수가 있습니다.

창조력을 잃게 하는 5가지 요소는 다음과 같습니다.

- **타성에 젖는 것**: 아인슈타인이 말한 것처럼 한 번 형성된 습관을 바꾸려면 11배의 나은 습관이 있어야 합니다. 친숙한 길은 꿈을 일찌감치 퇴출시켜 버리고 맙니다. 실수는 많은

것을 배우게 하는 학습 제공자입니다. 사람의 하루 중 90%는 습관에 따라 움직입니다. 틀에 박힌 것을 깨야 꿈을 소생시킬 수가 있습니다.

- **안락함에 빠지는 것**: 안락함은 추진력을 떨어뜨리는 맞바람입니다. 강한 잠재력을 가진 자의 꿈은 멀리 지평선 넘어 불어오는 거센 바람을 미리 예상합니다. 안락함은 사람의 꿈도, 꿈을 꾸는 사람도 추운 겨울 물레방아 얼듯이 얼어 버리게 합니다.

- **비판하는 것**: 잘 돌아가는 물레방아도 비판으로 멈추게 할 수 있습니다. 물레방아는 에너지가 부족하면 멈추게 됩니다. 흐르는 물이 적어도 그렇고, 얼어버려도 멈추게 됩니다. 비평의 소리에는 돌아갈 에너지를 앗아가는 마력이 들어 있습니다.

- **피로에 빠지는 것(weariness)**: 피로는 물레방아 돌아가는 속도를 떨어뜨리는 요소 중의 하나입니다. 전기 에너지가 떨어지면 모터를 천천히 돌게 만드는 것과 같습니다. 짐이 누적되면 현실과 꿈 사이의 갭(gap)이 점점 커집니다.

- **외로움에 젖는 것(loneliness)**: 외로움은 꿈의 추진력, 생산성, 창조성 등 모든 것을 앗아갑니다. 외로움에서 빠져 나오기 위해서는 당신의 역동적인 꿈을 계속 바라보고 생각하고 흠모하십시오.

잠자는 꿈을 다시 깨우기

어느 큰 배에서 한 사람이 발을 잘못 내딛는 바람에 바다로 떨어졌습니다. 그러나 어느 누구도 뛰어들지 않았습니다. 사람들은 배를 관리하는 사람들을 원망하며 쳐다보고 난리가 났습니다. 물에 빠진 사람이 힘이 거의 다 빠져 허우적거리는 순간 선원 중 한 사람이 비호같이 물 속으로 뛰어들어 그를 건져냈습니다. 힘이 있을 때 잘못 들어가면 구조자도 함께 죽을지 모릅니다. 힘이 다 빠질 때까지 기다렸다 물에 빠진 사람을 건져냈듯이, 우리의 꿈이 도저히 가망 없다고 생각될 때 그때 우리의 꿈은 시작됩니다.

소망은 우리를 꿈으로 끌어당기는 자석이요, 꽃이 나비와 벌을 초청하는 것과 같습니다. 가장 절망스러운 환경에서, 도저히 일어설 수 없는 환경에서 손을 뻗으십시오. 식어가는 꿈은 대개 꿈의 방해 요소들이 지나치게 진쳤기 때문에 나타납니다. 당신의 꿈을 방해하는 핵심 요소를 찾아서 몰아내야 합니다. 꿈을 가지는 날부터 방해꾼들이 훼방놓기 시작한다는 사실을 잊지 마십시오.

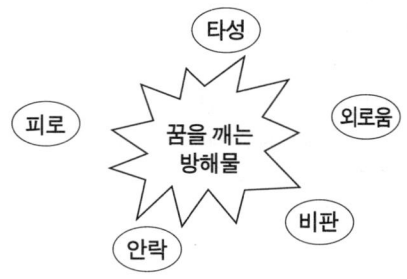

[그림4] 꿈을 방해하는 요소들

꿈을 품은 채 죽지 말고 꿈을 위해 죽으십시오. 충만한 삶이란 꿈속에서 살고 꿈속에서 먹고 꿈속에서 자는 것입니다. 우리가 가진 최고의 것을 최고로 높으신 분을 위해 드리는 것입니다. 기도는 우리의 꿈을 현실로 바꾸어 줍니다. 우리를 위하여 준비된 모든 것은 눈으로 보지 못하고 귀로도 듣지 못하고 사람의 마음으로도 생각지 못하나 꿈은 그것을 믿게 하는 힘이 있습니다.

 인·생·경·영·키

▶ 어떻게 당신의 꿈을 찾아내겠습니까?

    -아래 10가지를 잘 생각하면서 적어보십시오.

① 당신이 최선을 다해 하는 일이 무엇인가?

② 당신은 무엇을 가장 많이 생각하고 몽상에 잠기는가?

③ 당신이 되고 싶은 것, 하고 싶은 것, 이루고 싶은 것을 다 적을 수 있는 가?

④ 당신의 감정에 가장 큰 영향을 주는 것은 무엇인가?

⑤ 이제까지 당신이 이룬 최고의 업적은 무엇인가?

⑥ 현재 더 공부하거나 습득하고 싶은 것은 무엇인가?

⑦ 지구촌에서 어느 성공인을 가장 존경하는가?

⑧ 당신의 일 중에서 가장 큰 특징은 무엇인가?

⑨ 당신의 가장 큰 장점은 무엇인가?

⑩ 당신의 목숨과 바꿀 수 있는 것이 있다면 무엇인가?

    (월트 캘스태드(Walt Kallested)의 『Wake up your dream』에서)

▶ 그 꿈이 나를 위한 것입니까? 아니면 내 이웃을 위한 꿈입니까? 앞에서 배운 것처럼 당신의 꿈을 방향(where), 중요성(what), 성취 방법(how), 성취 시기(when), 성취 이유(why), 그리고 누구를 위함(who)인지를 분명하게 쓸 수 있어야 당신은 진짜 돼지꿈을 확실하게 가진 것입니다.

▶ 나의 꿈을 방해하는 가장 큰 요소를 아래에 우선 순위에 따라 적으십시오. 세 가지만 적으십시오. 그리고 그 방해 요소들을 극복할 방법을 반드시 적으십시오.

▶ 이제 당신은 분명한 꿈도 가졌고, 꿈이 나아갈 분명한 방향과 길도 잡았습니다. 더구나 방해 요소까지 물리칠 대안도 마련하였습니다. 이제 그 꿈을 가슴에 품을 차례입니다. 자나깨나 그 꿈을 생각하는 꿈을 이루기 위한 "다짐"을 세 가지 이상 적으시기 바랍니다. 내면적인 변화를 이루려면 많은 노력이 필요합니다.

자신감의 방정식을 찾아라

"

《뉴욕타임즈》에서 '당신은 무엇을 가장 두려워하십니까?' 라는 질문의 설문조사가 있었습니다. 죽음에 대한 공포가 가장 높으리라는 상상을 깨고, 놀랍게도 사람들이 가장 두려워하는 것은 대중 앞에서 연설하는 것으로 나타났습니다.

그 다음 순서가 높은 곳, 곤충이나 거미, 경제적 어려움, 깊은 물, 질병(죽음)의 순서로 나타났다고 합니다.

∴ 자신감 방정식 = 나의 생각 × 경험 × 경험의 기록 + 정보의 공유

"

어떤 사람이 에이브러햄 링컨(Abraham Lincoln)에게 물었습니다. "당신은 어떻게 해서 이렇게 존경받는 사람이 되었습니까? 그 비결이 무엇입니까?" 그러자 링컨은 "제가 다른 사람보다 더 많은 실패를 경험했기 때문입니다."라고 대답했습니다. 많은 실패는 자신감을 줍니다.

롱펠로(Henly W. Longfellow)는 가치 없는 종이 위에 시를 쓰고 6천불의 가치가 있게 하였습니다. 미술가는 수백 원짜리 캔버스 위에 그림을 그려 수천 달러의 작품을 만들며, 수백 원짜리 쇳덩어리를 기계공은 잘 가공하면 수십 배에서 수천 배의 가치를 창출할 수가 있습니다. 생각 속의 아이디어가 옷을 입으면 말이나 글이 되고, 말이나 글을 행동에 옮기면 습관이 되고, 습관이 쌓이면 운명이 바뀌게 됩니다. 자신감은 아는 것이나 생각하고 있는 것을 경험에 옮기는 힘입니다.

1954년까지만 해도 1마일을 4분 내에 질주할 수 있는 사람은 아무도 없었습니다. "불가능"이라고 못박았습니다. 그러나 그해 5월 의사인 베니스터(R. Bannister)는 "불가능"을 "가능"으로 생각하고 마의 장벽을 3분 59.4초에 주파해 사람들을 놀라게 했습니다. 그 다음달, 호주의 랜디(J. Landy)에 의해서 기록이 깨어졌고, 그 뒤로 20,000명이 넘는 사람들에 의하여 기록이 무너졌습니다. 선수들에게 "불가능"이라는 생각이 사라졌을 때 마의 장벽은 허물어진 것입니다.

폴 마이어(P. Myer)는 개인의 리더십을 "당신의 사고를 구체화할 수 있는 자신감(self-confident ability)"이라고 정의하였습니다. 자신감은 내가 아는 것을 경험할 때 얻어지는 독특한 것입니다.

독수리 새끼의 비행 연습

독수리 새끼는 어떻게 나는 것을 배울까요? 비행기는 활주로가 있어 띄우지만, 독수리 새끼는 날다가 떨어지면 끝장입니다. 비행기는 지상과 교신하여 자동으로 활주로에 안착하지만, 독수리 새끼가 안착할 때는 누구도 도와주지 않습니다. 오로지 양쪽 날개로 속도를 조절해야만 합니다. 운이 좋아 공중에 뜨기도 하겠지만 앉을 때가 더 문제입니다. 감으로 나는 거지요.

그런데 독수리는 아주 독특한 방법을 이용해 새끼 독수리에게 나는 방법을 가르친다고 합니다. 어느 정도 크면 데려다가 겁에 질려 있는 새끼를 비정하게 공중낙하시켜 버리는 것입니다. 필사적으로 새끼는 날개를 움직일 것입니다. 날개가 제대로 작동이 안 되는 새끼들은 엄마 독수리가 다시 채어 또다시 낙하시킵니다. 이렇게 여러 번 반복되는 훈련을 거쳐 새끼 독수리들은 나름대로 비행에 필요한 에너지를 만들어 냅니다. 그 에너지를 발생시키는 원동력이 바로 자신감입니다.

늙은 말은 길을 잃지 않는다

미국의 고속도로에서 두 청년이 차를 고치고 있었습니다. 늙은 노신사가 차를 멈추고 두 청년이 차 고치는 것을 한참 보더니

"어디가 고장난 것이요?"

"모르겠습니다."

"나에게 맡겨 보겠소?"

"좀 부탁합니다."

"기계를 뜯어 분해해도 괜찮겠소?"

서로 눈을 마주치고는

"선생님 좋습니다."

그 노신사는 한참 이리저리 고치더니

"자, 이제 자네 올라가 시동을 걸어보시오."

청년이 운전대에 올라가 시동을 걸어도 발동이 되지 않았습니다. 노신사는 알았다며 자기 차에서 무언가 하나를 가져와 바꿔 끼우고 시동을 거니 발동이 걸렸습니다.

"선생님은 누구세요?"

"이 차가 포드 회사 차가 아닙니까?

내가 그 회사 일등 기사입니다. 이 차는 내가 만들었소."

경험이 있을 때 자신감을 가지고 "나에게 맡겨보겠소?"라고 그 노신사는 말할 수가 있었던 것입니다. 한번 해 본 일을 통해서 우리는 자신감을 배우는 것입니다.

옛 격언에 "늙은 말은 길을 잃지 않는다."는 말이 있습니다. 그 만

큰 경험이 중요하다는 이야기입니다. 자신감은 경험에서 나옵니다. 백문불여일견(百聞不如一見)이라는 말이 있듯이, 보면 생각이 달라지게 됩니다.

자신감이 쌓이면 곧 전문가가 됩니다. 전문가가 된다는 것은 어떻게 해야 하는가를 아는 것, 언제 해야 하는가를 아는 것, 그리고 그것을 실행하는 것입니다.

여기에서 한 걸음 더 나아가 자기 고유의 경험을 글로 남겨두면 금상첨화입니다. 그 기록을 다른 사람이 활용하게 해 줄 정도면 그 일에 관한 한 상당한 자신감을 가지고 있는 것입니다. 결국 자신감은 3단계의 과정을 거치면서 성장하는데, 위의 방정식처럼 3단계로 성숙됩니다. 여기서 3단계는 자신감의 꽃입니다. 자신감이 성숙되지 않으면 결코 경험을 기록하여 남에게 줄 수가 없습니다.

· 1단계: 내가 알고 있는 것을 생각해 내는 단계
· 2단계: 머리 속의 생각을 행동에 옮기는 경험 단계
· 3단계: 기록하여 남에게도 주는 단계

자신감을 키우는 방법

경제학자인 폴슨 박사는 "당신의 생애에 있어서 내리게 될 모든 결정의 95%는 고등학교 2학년 정도의 지능이면 내릴 수 있는 결정이다. 문제는 나머지 5%다."라고 하였습니다. 그 나머지 5%는 바로 자신감과 연결되어 있습니다.

"태조 왕건"의 대본을 쓴 이환경 작가는 초등학교 졸업이 최종학력입니다. 82년 KBS 'TV문학관'으로 작가 데뷔를 하기까지 구두닦이, 중국집 배달원, 막노동 등 안 해본 일이 없었습니다. 지금은 내노라하는 역사학자들도 인정하는 최고의 사극작가가 되었습니다. '용

의 눈물'로 한국 사극의 새 장을 열었던 이환경 작가는 자신감으로 똘똘 뭉친 사람입니다.

자신이 자신감을 갖게 하려면 무엇보다 어떤 사물에 대하여 스스로 의문을 가져야 합니다. 한 아이가 "왜 그럴까? 이상하다. 생각 같아서는 아닌데 …" 이런 생각을 자꾸 가지면 반드시 본인 스스로 한번 해보고자 하는 동기 유발을 하게 되는 것입니다. 수많은 의문을 가지면 그 아이는 자꾸 생각하게 되고 확인 과정의 하나로 일을 저지르는 것입니다. 아이에게 카메라를 사주고 어른이 계속 찍어 주기만 하면 그 아이는 사진 찍는 방법을 모를 것이며 관심도 가지지 않을 것입니다. 그러나 그에게 맡겨 보십시오. 이렇게도 찍고 저렇게도 찍다보면 자기만의 찍는 노하우가 쌓여갈 것입니다. 해보지 않으면 사고의 발전이 없습니다. 해보면 반드시 우리의 뇌 속에 기록으로 남아있게 됩니다. 하나의 일을 저지르는 자신감은 머리 속 세포에 저장됩니다. 세월이 흘러도 그 일만 떠올리면 자동으로 지난날 다녔던 세포의 오솔길을 찾아내어 기억나게 하고 그때의 감각을 생각나게 하는 것입니다.

자신감 방정식

자신감은 남의 글을 읽음으로써 얻어지는 것이 아닙니다. 나의 생각은 자신의 머리 속 세포에 안전하게 저장되어, 나중에 금방 머리 속에 깃발을 들고 나타납니다. 그러나 남의 글이나 영화 등에서 본 것은 세월이 지나면 잊혀집니다.

자신감은 아는 것을 경험하는 것입니다. 자신감은 자기가 아는 것을 경험하였을 때 축적되는 자기 고유의 재산이며, 권력 이동처럼 이동될 수 있는 것도 결코 아닙니다. 어떤 일이든 내가 알고 있는 것을 실행에 옮기려면 어려움이 뒤따르는데, 그 어려움이 크면 클수록 더 큰 자신감이 필요합니다. 미꾸라지를 잡아본 사람만이 미꾸라지를 맨손으로 잡기가 어렵다는 것을 알 것입니다.

좋은 상황에서는 누구나 자신감 있는 말을 할 수 있습니다. 그것은 엄밀한 의미에서 자신감이 아니라 자만심입니다. 결국 자신감은 이상의 3단계 과정을 거치면서 성장하고 성숙됩니다. 이 생각을 버리지 마십시오. 내가 가지고 있는 것은 누군가에게 꼭 필요한 것이라는 것을 말입니다. 자신감이란 나의 생각을 경험에 옮기고, 기록하고 그리고 기록한 것을 이웃과 공유하는 것이라고 말할 수 있습니다.

∴ 자신감 방정식 = 나의 생각 × 경험 × 경험 기록 + 정보 공유

자신감이 쌓이면 전문가

자신감이 있는 사람은 누가 알아주든 말든(WOWSE : With Or Without Someone Else), 목표를 바라보고 나아갑니다. 자신감은 곧 리더를 생산하며, 진정한 리더란 홍수 뒤에 재수가 없어 길바닥에 갇힌 애처로운 고기의 신세를 위로하는 사람이 아니라, 잘만 뛰면 얼마든지 다시 강으로 들어갈 수 있다는 자신감을 불어넣는 사람입니다.

자신감은 당신을 전문가로 만들 것입니다. 프로란 다음과 같이 5P로 표현할 수 있습니다.

- 자신만의 실력을 가진 사람 (professional)
- 유익을 주는 사람 (profit)
- 추진력이 있는 사람 (progress)
- 힘과 능력을 소유한 사람 (power)
- 고통을 분담하는 사람 (pain)

오늘부터 5P의 전문가가 되십시오. 자신감은 당신을 반드시 전문

가로 만들 것입니다.

자신감 키우기 사례

저는 종종 일을 저지르는 편입니다. 실패도 많이 했지만 그를 통해 얻은 것이 더 많았습니다. 아래의 것들은 몸소 경험한 것들과 다른 사람이 체험한 것들입니다.

● 사례1 - 모험을 통한 자신감

저는 오랫동안 대학에서 환경 공학을 강의하면서, 우리 나라 환경과 관련하여 대학 교재를 한 권 써야겠다는 생각을 해오고 있었습니다. 환경과 관련한 책이 대부분 외국 서적을 번역한 것이고 그것도 여러 사람이 번역한 책들이라, 내용 이해가 매끄럽지 않을 뿐더러 미국 아니면 유럽에서 나온 책이어서 우리 나라 환경 여건과 거리가 있는 것이 많았습니다.

어느 출판사가 과연 나의 책을 만들어 줄까. 내가 저술하는 책이 대학에서 반드시 쓰일 것이라는 것을 어떻게 설득할 것인가…….

그러나 나는 결심했습니다. 마음의 결정을 하고서는 종이 한 장을 꺼내서 나의 목표와 다짐을 기록하였습니다. 누가 출판해 줄지 모르지만 한판 승부수를 던지기로 한 것입니다.

· 목표 : 대한민국 환경인들과 정보 공유
· 출판사 이름 : 미래 출판사
  (미리 정한 이름. 그런 출판사가 있는지는 모름)

· 내 책을 사용해 줄 고객 : 한국에 있는 모든 대학과 환경 관계자
· 원고 완성시기 : 1997년 12월~98년 5월 (약 6개월)
· 책의 부피 : 700면 이상
· 다짐 : 나는 정보를 공유한다! 나는 게으름을 싫어한다!
  (이것이 매일 부르짖은 나의 다짐이었습니다).

이것이 내가 그 방대한 책을 집필하는 데 필요한 전부였습니다.

드디어 1997년 12월 중순. 대장정의 집필 기차를 탔습니다. 집필 기간이 길면 길수록 늘어져서 늦어지기 때문에 기간도 좀 팽팽하게 잡았습니다. 집필 기차를 탄 지 6개월이 지난 1998년 5월말쯤 집필을 마쳤습니다. 그러나 출판사 문제는 여전히 남아 있었습니다. 그러던 어느 날 나와 잘 아는 교수가 우연찮게 집필 이야기를 꺼내며 마침 자기가 잘 아는 출판사 사장이 좋은 책을 저술할 분을 찾고 있다고 하였습니다. 일이 되려니 출판사 문제가 쉽게 풀렸습니다. 출판사 관계자를 만나 이제까지 없었던 획기적인 책이라고 소개하면서 많은 대학과 관계자가 사용할 책이니 빨리 서둘러 가을 학기 수업에 맞추어 출판하자고 제의했습니다. 그것은 순전히 나의 믿음이었고, 열정을 다해 집필했기 때문에 무엇보다 자신감 하나는 있었습니다. 그렇게 하여 집필을 시작한 지 약 8개월만인 1998년 8월 30일에 725면의 책 「물리화학적 수처리 원리와 응용」(예지각 발행)을 펴내게 되었습니다.

나중에 어떤 사람은 어떻게 그렇게 부피 있는 책을 계획대

로 낼 수 있었냐고 물어왔습니다. 그럴 때마다 나는 종이 한 장 위에 적은 200자도 안 되는 글을 이야기해주곤 했습니다. 내가 책을 저술하기 전, 종이 한 장 위에 목표와 완성 시기, 사용해 줄 대상자, 그리고 책의 부피를 적어 놓지 않았다면 집필 도중에 길을 몇 번이나 잃었을지 모르고, 그로 인해 많은 시간을 소비했을 것입니다. 종이 위에 적힌 목표와 다짐을 매일 바라보고 새 힘을 얻었으니, 적어놓고 바라보는 것 자체가 엄청난 에너지 저장고였습니다. 분명한 목표를 세울 때 일의 추진력은 가속화되는 것입니다.

● **사례 2 - 실패를 통한 성공**

1992년 봄이라고 기억되는데, 기존의 약품을 신규 약품으로 바꾸어 현장 적용 테스트를 해 보는 일의 총책임을 맡은 적이 있었습니다. 처음으로 개발된 약품이라 사장도 큰 기대를 하고 주시하는 듯하였으나, 사실 나는 현장 테스트의 경험이 한 번도 없었습니다. 오랜 시간과 노력 끝에 한국에서 몇 번째 가는 수처리 공장에서 현장 테스트의 기회를 얻을 수 있었습니다.

그런데 현장 테스트를 시작한 첫날부터 문제가 터졌습니다. 개발 약품을 집어넣고 나서 점심을 먹고 와보니, 약품이 전혀 안 들어가고 있었습니다. 약품이 안 들어가니 물빛은 엉망이었습니다. 그 물이 수도꼭지로 그대로 간다고 가상해 보십시오. 수처리가 제대로 되지 않은 물이 가정으로 들어가면 어떻게 되겠습니까? 현장 테스트의 성공은 고사하고 이제 쫓겨나는 일만이 남았다는 생각이 순간 스쳐갔습니다. 6개월간 실험 테스트만 하다가 우여곡절 끝에 얻은 현장 테스트의 기회가, 시작한 지 겨우 몇 시간만에 도루묵이 될 판이었으니…….

그날 이후부터는 약품이 제대로 들어가는지를 확인하기 위해 수시로 잠을 정수장에서 잤습니다. 성공적인 테스트보다 약품을 제대로 투입하는 것이 우선이었고, 그를 위해서는 토끼잠을 자는 것도 불사하였습니다. 박사 학위까지 받고 이런 고생을 하다니, 스스로 생각해도 한심하다는 생각이 들었지만, 실패는 사람을 긴장하게 했고 성공을 향한 불타는 마음을 더 촉진시켜 주었습니다.

그러나 온갖 방법을 다 동원했음에도 불구하고 3개월간의 현장 테스트는 결국 실패로 끝나고 말았습니다. 그때의 비통함은 이루 말할 수 없이 컸고, 동료와 함께 눈물을 머금고 그 동안 정들었던 정수장을 떠나야 했습니다. 어렵게 얻은 현장 테스트의 기회가 강 건너가던 날. 수십 억을 들여 시작한 사업이 그 테스트 여부에 따라 이렇게 끝나는구나 생각하니 잠을 이룰 수가 없었습니다.

그때부터 실패의 결과를 가지고 원인을 분석하기 시작했습니다. 물의 특성과 정수장 시설의 특성, 그리고 개발 제품의 특성을 원점에서 다시 분석하였습니다. 수처리 공부를 다시 하면서 약품의 투입 방법을 대폭 개선하고 기존의 투입 장치는 무시하고 새로운 투입 라인을 설치하였습니다.

대책을 확실히 세웠을 때는 벌써 가을이었습니다. 동료와 함께 이번에 실패하면 회사를 떠나자는 무언의 다짐을 하고, 제 2의 현장 테스트 길에 올랐습니다. 결과는 대성공이었고, 그 짧은 3개월 여의 기간 동안 3년간 평범하게 배운 것보다 더 많은 것을 배우고 터득할 수 있었습니다.

그때 실패를 하지 않았다면 나는 수처리 공부를 제대로 하지 못했을 것입니다. 실패는 성공으로 가는 지름길임을 다시 한 번 확인한 사건이었습니다.

● 사례 3 - 발표는 자신감의 표출

어느 날 미국에서 논문 한 편을 발표해 달라는 초청장을 받았습니다. 수처리와 관련해서 논문 한 편을 발표해 주면 참가비 1,000달러는 받지 않을 뿐더러 600달러 짜리《프러시딩》지도 공짜로 주겠다는 인센티브도 입맛을 돋구었습니다. 약 200명의 외국인들이 모이는 학회인데 꼭 아시아 대표로 논문 한 편을 부탁한다는 초청장이었습니다.

그런데 문제는 영어로 발표해야 한다는 것이었습니다. 영어로 하는 발표 기회를 가져 본 적이 없었던 나는 30분짜리 발표를 두고 고민하였습니다. 그 전에 간간이 비공식적인 미팅에서 발표할 기회는 여러 번 있었지만, 수백 명 앞에서 영어로 발표한다는 것은 상당히 부담스러운 일이었습니다. 마침내 일주일 뒤에 결심하고, 무조건 하겠다는 통보를 발표 제목과 함께 보냈습니다. 나 스스로 거기에 얽매이고 싶었습니다. 어찌하든 프로그램에 넣어 놓으면 하게 되어 있다는 평소의 신념에 따라 그렇게 했습니다. 3~4개월의 시간이 있어 틈틈이 준비를 했습니다.

마침내 1998년 6월 덴버에서 열린 Intertec Conference에 참가하게 되었습니다. 초행길에 오르면서 동양인으로 발표

하러 간다는 자부심도 생겼고, 거대한 미국에서 나를 불러 주었다는 긍지도 느꼈습니다. 발표를 잘하고 못하는 것은 내 마음에 달려 있다고 보고 정성을 다하여 많은 준비를 하였습니다. 내가 가장 많이 안다고 우선 생각하고 나만의 독특한 방법으로 발표를 준비하였습니다. 발표는 워낙 많이 해본 터라 자신이 있었습니다.

마침내 나의 발표시간. 눈동자도 틀리고 대부분 등치가 큰 그들 앞에서 나는 자신감 하나로 발표를 하였습니다. 논문 발표 후에 그 회의를 주관한 매니저가 이런 말을 해 주었습니다. "당신의 발표는 아주 뛰어났습니다." "신통치 않은 영어였는데요." 처음에 나는 그들이 인사치레로 격려차 하는 말이라 생각했습니다. 그러나 그는 진심이라고 이야기해 주었습니다. OHP 준비를 가장 시선 끌게, 그리고 핵심적인 것만 잘 설명해 주었다는 것이 그의 평가였습니다. 그 뒤로 나는 자신감이 더욱 붙었습니다. 어차피 대화란 나의 생각을 상대에게 전하는 것이므로 굳이 말을 많이 해야 할 필요는 없고, 적게 하면서도 상대방이 잘 이해할 수 있도록 하면 되는 것이라고 생각합니다.

발표란 내가 가진 정보를 상대방과 공유하는 과정입니다. 사람은 발표를 통해 성숙되므로 어떤 사람에게든 발표의 기회가 오거든 거절하지 말기를 당부합니다.

● **사례4 - 어느 병사의 자신감 예**

나폴레옹(Bonaparte Napoleon)을 태운 말이 갑자기 이리 뛰고 저리 뛰었습니다. 생명의 위협이 있었습니다. 아무도 선뜻 나서지 못했습니다. 그런데 한 병사가 목숨을 걸고 달려가 그 말을 진정시켰습니다. 나폴레옹은 안도의 한숨을 쉬며 "너는 장교다."라고 선포하였습니다. 그 병사는 장교석에 가서 앉았습니다. 한 대위가 "너는 사병이니 사병석으로 가라."고 꾸짖었습니다. 그때 그는 "난 장교입니다."라고 소리질렀습니다. "누가 그러더냐?"고 물었습니다. "황제가 그랬습니다." 라고 대답했습니다. 황제가 장교라 인정해 주셨는데 누가 무어라고 말하겠습니까? 한 병사의 자신감이 신분을 바꾼 좋은 실례입니다. 여기서 병사가 자기가 경험한 자신감을 기록한다면 다른 사람이 활용하는 데 도움이 될 것입니다.

또 다른 예를 소개하겠습니다. 전쟁 중이었습니다. 전선이 폭탄으로 1m 가량 끊어져 통신이 두절되었고 거의 전멸 상태에 놓이게 되었습니다. 한 병사가 끊어진 양끝을 각각 손으로 붙잡았습니다. 전기가 몸으로 통하며 새까맣게 몸이 탔습니다. 그 시간 동안 전선이 연결되어 구조 신호(SOS)를 보낼 수 있었고 모두가 구출되었습니다. 자신감의 극치를 보여준 모습입니다. 보통 사람에게는 이런 자신감은 쉽게 나오지 않을 것입니다.

미국사업가들은 입버릇처럼 3C — 기회(chance), 선택(choice), 도전(challenge) — 의 구호를 외칩니다. 위의 병사는 기회를 잡았고, 선택도 도전도 했습니다.

● 사례5 - 100m 미터가 100km 같더라

2000년 시드니 올림픽 경기에서 기니의 무삼바니 선수가 수영 남자형 100m에 출전했습니다. 그는 올림픽 정신에 따라 수영 불모지인 기니에서 특별 초청 받아 2000년 1월에 수영을 배워 9월에 선수 자격으로 나온 것입니다. 100미터 최고 기록이 48초 64였는데 그는 장장 1분 52초 72나 걸렸습니다. 그는 "당신들은 금메달을 위해 헤엄치는가? 나는 익사하지 않기 위해 팔을 휘둘렀다."고 했습니다. 그는 경기가 끝난 후 "태어나서 50m 이상 헤엄친 것은 오늘이 처음이었습니다. 여러분의 뜨거운 갈채가 없었더라면 끝까지 헤엄치지 못했을 것입니다. 호주 관중들에게 포옹과 키스를 보냅니다."고 감격해 했습니다.

인·생·경·영·키

▶ 불가능은 있는 것이 아니라 자신이 만들었다는 것을 먼저 인정하십시오. 그리고 자신감은 어디서 오는지 자신의 생각을 한번 적어 보십시오. 그리고 내가 지금까지 두려워서 이루지 못한 일이 무엇인지 적어 보십시오.

▶ 자신감은 대부분 자신의 경험에서 옵니다. 당신이 한 일 가운데 자신감을 키운 사례가 있으면 아래에 적어 보시기 바랍니다. 찾아보면 반드시 나옵니다.

▶ "무엇이든 가능하게 만드는 것(possibilization)"을 당신 고유의 인생 무기로 삼으십시오. 이제 당신이 하고 싶은 것, 되고 싶은 것, 이루고 싶은 것, 가지고 싶은 것을 모두 적으십시오. 인생은 그림 그리는 대로 된다는 것을 믿으십시오.

▶ 자신감의 방정식을 하나 작성하십시오. 지금은 아닐지라도 먼 후일 당신 고유의 자신감 키우기 방정식을 작성하여 자녀에게 물려주시기 바랍니다.

▶ 성공인은 3V 3단계를 지킬 줄 압니다.
· 제1단계: verbalize (말로 표현하십시오. 말은 행동을 낳습니다. 선포는 굉장한 힘을 발휘합니다.)
· 제2단계: visualize (시각화시키십시오. 다짐은 성공을 미리 그려보는 것입니다.)
· 제3단계: vitalize (이제 그렇게 된 줄로 알고 행동하고 말하십시오.)

다짐하는 사람

> "
> 인생의 큰 기쁨이란 결코 아래로 침몰하지 않는 데 있는 것이 아니라, 침몰
> 하는 매 순간을 위로 들어올리는 데 있다.
>
> - 공자
> "

    사람은 누구나 성공을 원합니다. 성공을 간절히 원하면서도 성공하는 방법을 아는 데에는 너무 인색합니다. 왜 그럴까요? 성공은 땀을 요구하기 때문일 것입니다. 원두막 위에 앉아 참외 따서 먹으라면 코흘리개 유치원생도 내려가 누렇게 익은 참외 하나를 따올 수 있습니다. 그러나 처음부터 씨앗을 뿌리고 거름을 주고 가꾸라면 보통내기가 아니고는 어렵습니다. 다짐을 하는 것은 결코 쉽지 않습니다. 프랑스의 에밀쿠에 박사가 자기 계발의 방법으로 "나는 날마다 향상되고 있습니다."고 외친 것은 결코 허공에 뜬 이야기가 아닙니다. 우리 인간은 마음먹은 대로 됩니다.

정서와 "다짐(affirmation)"

어린아이가 아무리 꾸중을 들어도 돌아서면 또 꾸중들을 일을 합니다. 이전에 한 일에 대하여 쉽게 잊어버리기 때문일 것입니다. 사람은 누구나 시간이 지나면 다 잊어버리고 맙니다. 사랑도 미움도 시간이 지나면 안개처럼 걷히는 것입니다. 한 번 생각했던 것도 돌아서면 잊어버리는 것이 우리의 뇌의 특성입니다. 빨간 앵두알보다 더 정열적으로 시작했던 일들이 시간이 지나면서 하나 둘 사라집니다. 그래서 우리에겐 무슨 일을 할 때마다 "다짐"이 필요합니다. 다짐은 곧 우리가 잊지 않고 무슨 일을 하도록 해주고 힘을 주는 것입니다. 우리의 머리속 생각은 언제나 물거품처럼 생겼다가 자고 나면 언제 그랬냐는 듯이 흔적도 없이 까마득하게 잊어버리기 때문에 하나의 계획을 보다 빠르게 성취하려면 다짐과 시각화가 필요하다는 것입니다.

단순히 적어 놓는 것보다 여러 가지 다짐을 사용하면 목표 성취가 그만큼 빠르게 이루어질 수 있습니다. 대개 목표 기간이 길면 초기의 열정이 식기 십상입니다. 다짐은 그러한 무기력해지는 것을 사전에 막고 지속적으로 이루고자 하는 에너지를 창출하는 샘물입니다. 많은 사람들이 근사한 목표를 세워 놓고 중도에 포기하거나 열매를 맺지 못하는 것은 지속적인 자신감의 결여와 나중에 얻는 열매에 대한 뜨거운 동경이 빈약했기 때문입니다.

다짐이 주는 무기

우리가 목표를 설정하면 거기에 맞는 "다짐"을 하여야 가속도를 붙일 수가 있습니다. 궁극적으로 다짐을 하면 우리 인생에 큰 변화를 가져올 수 있습니다. "밤마다 돋아날 수염 생각에 행복하게 잠든다."라고 한 뷔페 사장의 다짐은 우리에게 많은 것을 생각나게 하는 것입니다. 수염은 자고 나면 또 자라니 면도날이 필요할 수밖에 없습니다. 돋아날 수염만 생각하면 면도날 개발 의욕이 항상 넘쳐나는 것입니다. 그것은 엄청난 자발적 동기 부여입니다.

골프를 좋아하는 사람들은 골프장에서 항상 머리 속에 멋진 샷과 스윙을 시각적으로 그리고, 그가 친 공이 하늘 높이 치솟으며 목표 지점으로 날아가는 마음속 그림을 그려보는 것입니다. 멋진 시각화 구상입니다. 그러한 시각화를 가진 사람은 평상시에 연습을 게을리할 일이 만무하고 언제나 그 멋진 샷을 위해서 노력하는 것입니다. 그냥 아무 생각 없이 막무가내로 노력하면 재미도 없고 의욕도 생기지 않습니다. 푸른 잔디 위에 펼쳐지는 그의 공이 멋지게 날아가는 모습을 연상하면서 연습하면 스스로 동기 부여를 가져오고 기막힌 원동력이 생각나는 것입니다.

"언제나 수학 시험만 보면 힘이 솟는다."

"영어 공부만 하면 시간가는 줄 모르고 공부한다."

"영어 시험만 보면 90점 이상 맞을 생각에 시험이 기다려진다."

"나의 짝을 만날 생각만 해도 하루가 즐겁다."

"그녀를 만날 생각만 해도 배가 부르다."

"그 차를 생각만 해도 신난다."

이러한 다짐은 곧 우리의 마음을 움직이기 시작하고 그 다짐을 통하여 인생의 변화가 서서히 다가옵니다. 새벽이 가고 동해에 태양이 떠오르듯이 밝아오는 것입니다. 하루 이틀…, 1년 2년이 지나면 그 "다짐"은 현실이 되어 다가오는 것입니다.

다짐은 이렇게 하라

개미의 허리를 가지고 싶은 여성은 개미를 확대하여 벽에다 붙여 놓고 개미처럼 잘록한 허리가 되도록 마음속 다짐을 늘 하여야 합니다. 개미처럼 허리가 짤룩짤룩 되려면 개미를 밤마다 연상하면 그렇게 되기 위해 노력하는 마음이 생기게 될 것입니다. 개미의 허리가 그렇게 하는 것이 아니라 개미의 허리를 바라보면 그렇게 가늘어져야 겠다는 뜨거운 마음이 생긴다는 것입니다. 개미가 무슨 마력이 있어 통나무형 일자허리를 가늘게 하는 것이 아니라 개미를 늘 바라봄으로써 그렇게 되고 싶은 동기를 부여한다는 것입니다. 동기가 부여되면 곧 허리 군살빼기운동을 실천에 옮긴다는 것입니다.

키가 작은 사람은 키 큰 사진을 벽에 붙여 놓고 늘 키 큰 사람을 바라보는 것입니다. 키가 커지려면 무엇을 해야 되는지에 대한 열정이 생길 것입니다. 하다못해 자면서도 머리와 다리를 아래위로 잡아 스프링을 걸어 당겨 놓고 잠을 잔다든지, 아쉬운 대로 발에 비료를 넣고 다니든지, 혹은 매일 길고 긴 콩나물을 먹는다든지 등등 거기에 맞는 계획을 세운다는 것입니다. 그리고 키 큰 사람 사진에 잘 생긴 자기 얼굴을 짜깁기해서 갖다 붙여 놓고 밤마다 그렇게 커 가는 꿈을 가지는 것입니다. 그것이 곧 인생의 다짐인 것입니다. 성공하기를 원하는 사람은 성공에 걸맞는 시각화를 하고, 연구하는 사람은 거기에 맞는 시각화를 구상하고, 이를테면 10년 뒤 노벨상을 받겠다고 하면 노벨상 받는 훗날의 모습을 미리 생각하는 것입니다.

구체적으로 다짐의 몇 가지 형태는 다음과 같이 정리할 수 있습니다.

● **숫자로 표시되는 다짐**(number affirmation) – 수치화
   예) 10-10-5-30
   이 숫자는 매일 10개의 영어 단어를 외우고, 10개의 영어 숙

어를 기억하고, 5개의 영어 독해 문제를 해석한 다음, 하루에 30분 회화를 들으면 영어 성적이 95점이 된다는 의미입니다. 숫자가 무슨 힘을 발휘하느냐고 반문할지도 모르는 일이나, 머리 속에 그 숫자가 석류알처럼 박히다보면 영롱한 꿈의 성취를 위해서 지칠 줄 모르고 영어 공부를 하는 것입니다.

● 눈으로 보는 다짐-시각화(visual affirmation)

'백문이 불여일견' 이란 말이 있듯이 보는 것은 여러 가지로 유익합니다. 우리의 눈은 읽는 것보다 보통 10배 빠르다고 합니다. 백화점에 갔다가 계획도 없던 물건을 사는 일이 허다한데 그만큼 보는 것은 강렬한 욕구를 유발시킨다는 것입니다. 따라서 가지고 싶은 그림을 그려놓거나 원하는 목표물의 사진을 바라보는 다짐은 마음을 움직이는 엄청난 자극 역할을 하는 것입니다. 시각화를 계속하면 꿈이나 목표가 구체적이 됩니다.

우리의 결심이나 의지력만으로는 성공한다는 것이 결코 쉽지 않다는 것입니다. 분명한 목표, 분명한 마음속의 다짐, 그리고 끝으로 수정 같은 시각화는 성공으로 가는 열쇠입니다. 시각화는 우리의 목표를 성취하는 데 보다 확고히 해주는 주춧돌과 같습니다. 원하는 자동차를 가지고 싶으면 사진 하나를 구해서 벽에 잘 보이는 곳에 붙여 놓고 늘 바라보는 것입니다. 일종의 바라봄의 법칙입니다.

● 말하는 다짐(oral affirmation)

이것은 큰 소리로 외치는 것입니다. "나는 위대한 과학자다!", "내가 하는 일은 항상 잘 된다." 등의 말을 되뇌이는 것입니다. 이것은 마음속의 생각들을 청각적으로 받아들이는 과정입니다.

이상과 같은 다짐을 하면 우리의 목표는 보다 강렬하게 가속도가 붙어서 이루어집니다. 단순한 목표와 꿈은 한시적이나 다짐과 시각화는 엄청난 동기 부여를 주는 자극제입니다.

 인 · 생 · 경 · 영 · 키

▶ 당신의 인생에 필요한 다짐 세 가지를 적어 보십시오. 반드시 "나는......"으로 시작하여 주시기 바랍니다.

_____

_____

_____

_____

▶ 다짐의 힘은 입으로 외칠 때 나타납니다. 우리의 뇌에다 다시 한 번 반복의 길을 지나가게 하는 행동의 결과입니다. 당신 고유의 인생 다짐을 기록해 놓고 하루에 3번씩 외쳐 보십시오. 1년 뒤에는 그 다짐이 당신을 이끌어 갈 것입니다.

▶ 당신의 다짐을 수치화하여 적어 보십시오. 다른 사람은 몰라도 당신은 압니다.

▶ 다짐은 당신의 설정한 목표가 이루어질 때까지 외쳐야 합니다.

자발적 동기부여를 창출하라

"

자발적 동기 부여를 갖기 위해서는 스스로 다음과 같이 물어 보십시오.
- 나의 꿈은 무엇을 해결해 줄 것인가?
- 나의 꿈은 다른 사람들의 꿈을 실현하는 데 도움이 될 것인가?
- 나의 꿈은 필요를 채워줄 것인가?
- 나의 꿈은 건전한 쪽인가, 아니면 해를 주는 쪽인가?
- 나의 꿈은 실현 가능한 것인가?
- 나의 꿈은 시기 적절한 것인가?

"

인생은 스스로 동기를 부여하는 데서 시작됩니다. 누군가가 하라고 해서 하는 것과 스스로 나서서 하는 것은 엄청난 차이가 납니다. 지구촌에서 이제까지 나온 훌륭한 아이디어 창조는 모두다 자발적인 동기 부여에서 나온 것입니다. 그러면 자발적 동기 부여를 가지기 위해서는 어떻게 해야 하겠습니까? 우선 나의 목표를 구체적으로 적어야 합니다. 구체적으로 적어야 자발적 동기 부여가 싹트는 것입니다. 목표란 스스로 가치 있는 것을 정해 놓고 점진적으로 그 방향을 향해서 나아가는 것입니다. 그러니까 목표가 있을 때 동기 부여가 형성되는 것입니다.

목표를 세울 때는 반드시 구체적으로 적어야 합니다. 구체적이지 못하면 힘을 분산시키게 되어 일의 능률이 오르지 않기 때문입니다.

수학에서 10을 만드는 방법은 여러 가지가 있습니다. 5 더하기 5도 되고, 3 더하기 7도 되고, 9더하기 1도 됩니다. 소수점까지 포함한다면 그 방법은 무한대로 많은 것입니다. 그 선택은 우리가 하는 것입니다. 누가 대신해 줄 수가 없습니다

어느 누구도 여러분의 꿈을 대신 싹이 터지게 할 수는 없습니다. 옆에 있는 감자가 싹이 터진다고 아무리 발버둥쳐도 눈이 없는 감자는 싹이 트지 않습니다. 여러분의 머리 속에 나중에 일어날 일을 미리 넣어 놓으면 그것이 곧 여러분에게 자발적 동기 부여를 강렬하게 심어줄 것입니다.

계획 없이 인생을 살아가는 것은 올가미 없는 개장사와 같은 것입니다. 인생에서 계획을 세우고 사느냐 그냥 사느냐의 차이는 당장은 차이가 나지 않지만, 10년 뒤에는 바닷물과 강물, 동산과 백두산의 차이처럼 크게 납니다.

내가 수학을 못하면 어떻게 하면 수학을 잘 할 것인가에 대하여 구체적으로 계획을 세워야 합니다. 꿈을 세웠으면 반드시 꿈에 맞는 행동을 해야 합니다.

"나의 수준은 이 정도인데 아무래도 의대는 안 '되겠다."라는 생각을 가지고 있다면 그것은 여러분 자신의 능력을 과소 평가한 것입니다. 우리 인간은 마음먹은 대로 되도록 창조되었습니다.

엔진에 시동을 걸지 않으면 아무리 좋은 기름을 넣고 차를 번지르르하게 빛을 내도 아무 소용이 없습니다.

감성은 동기 부여를 생산하는 공장

인생 경영의 성공을 결정짓는 지수는 IQ (intelligence quotient)만이 아닙니다. 빛을 분석하면 빨, 주, 노, 초, 파, 남, 보 ― 7가지색으로

되어 있습니다. 그중 어느 하나도 없어서는 안 됩니다. 우리의 인생 경영도 아래의 7가지 지수를 가져야 빛처럼 환하게 됩니다. 21세기는 머리가 팽팽 돌아가는 사람보다 가슴이 닭이 알을 품듯이 따뜻해야 합니다. 아래 지수를 갖추면 인생 경영에 빛이 날 것입니다.

▲ 개발지수(TDQ: training and developing quotient): 항상 자신을 개발해나가는 노력을 말합니다.

▲ 목표 설정-동기부여지수(MQ: goal setting-motivational quotient): 자기가 가지고 있는 것을 사용하려고 하는 동기, 욕구, 노력을 말합니다.

▲ 노동지수(WQ: work quotient): 개미가 되십시오. 게으른 자는 하나님께서 미워하십니다.

▲ 열정지수(PQ: passionship quotient): 가슴속에서 하고자 하는 열의, 믿음, 소망입니다.

▲ 감성지수(EQ: emotional quotient): 사물을 보면 생각하고, 느끼고, 만져보며, 풍부한 정서를 가지십시오. 감성은 기억력, 계산력, 추리력을 발휘하게 하거나 그런 능력을 억압하기도 합니다.

▲ 동반자지수(PQ: partnership quotient): 사람은 인생 길에서 누구를 만나느냐가 중요합니다.

▲ 영적지수(SQ: spiritual quotient): 위를 바라보고 사는 사람을 말합니다. 영이 깨어 있으면 됩니다. (2002, KWAK)

감성은 무언가 할 수 있는 힘이 들어 있습니다. 인간이 논리와 이

성만 따지면 사막 같은 삶일 것입니다. 그러나 사람에게는 감성이라는 아름다운 것이 누구나 가슴속에 숨어 있습니다. 우리에겐 논리를 따지는 이성도 있지만 감성은 동기 부여에 있어서 핵심적인 존재입니다.

감성은 사랑을 할 때나 기쁨이 넘치거나 하면 비호처럼 나타납니다. 감성은 우리로 하여금 꿈과 상상력을 가지게 하므로 우리 인간에게는 전파 탐지기와 같은 것입니다. 슬픈 소식을 들으면 즉시 슬퍼할 줄 알고, 누가 때리면 미워할 줄 알고, 누가 죽으면 슬퍼할 줄 알아야 합니다. 아무리 이성이 중요하여도 감성이 사라지면 우리의 삶은 아무 것도 아닙니다. 동기 부여에 감성이 빠지면 쭉정이만 남습니다. 남이 성공하면 왜 그 사람이 성공했을까? 나도 저처럼 되고 싶다라는 마음이 가슴에 사무치게 생겨야 합니다. 남들 모두 눈물 흘리는데 혼자 웃는다거나 시무룩하다면 우리의 감성은 어딘가 고장 나 있는 것입니다. 감성은 동기 부여를 생산하는 공장입니다.

건전지에 화학 약품이 반응하면 전구에 불이 들어오는 것처럼, 감성은 배터리처럼 에너지를 가지고 있습니다. 그 힘을 잘 이용하면 사람은 엄청난 일을 할 수 있습니다. 많은 사람들은 그 힘을 잘 끄집어 내지 못하고 있습니다. 감성은 석류알이 가득 차서 벌어지듯이 여러분의 인생을 터뜨릴 것입니다. 감성은 다음과 같은 힘을 생산하는 노하우를 가지고 있습니다.

- 자발적 동기 부여를 하고 잠재 능력을 발휘하는 힘(self-motivation)
- 자기 감정을 아는 힘
- 감정을 조절하고 통제하는 힘(self-control)

■ 다른 사람의 감정을 이해하고 내 안에서 다시 경험하는 힘 (confident ability)
■ 사회적 관계를 형성하는 힘(social relationship)

본인이 얼마만큼 정서의 힘이 있는지 아래 9문제를 성실히 답해 보십시오. 정서는 훈련으로 충분히 개발할 수 있는 것입니다.

1. 나는 상대방이 상처를 받지 않도록 조심해서 말하는 편이다.
2. 내 감정은 내가 스스로 조절할 수 있다.
3. 노력한 만큼은 분명히 성취할 수 있다고 생각한다.
4. 무엇인가를 거절당하더라도 쉽게 포기하지 않고 도전한다.
5. 불쌍한 사람은 절대로 그냥 지나칠 수 없다.
6. 종종 다른 사람과 입장을 바꿔서 생각하곤 한다.
7. 첫인상이나 말투, 행동만으로 사람을 판단하는 것은 옳지 않다고 생각한다.
8. 다른 사람의 행동이 다소 맘에 들지 않더라도 그를 지적하지는 않는다.
9. 친구가 약속에 늦으면 화가 나기보다는 뭔가 사정이 생겼을 거라 생각한다.

지적 능력보다 정서 능력은 그 폭이 너무 넓어 다 파악할 수가 없습니다. 점수가 높으면 우선 정서가 깊다고 할 수가 있을 것입니다. 각 문에 대해 3, 2, 1, 0 점으로 하여 체크해 보시기 바랍니다. 하다보면 큰 점수를 자꾸 생각하지요. 그런 분은 정서 발달 가능성이 아주 있는 분입니다.

동기 부여는 무역 교환

한 아이가 울면 엄마는 젖을 주고 한 어린아이가 심부름을 하면 매를 때리지 않는 것은 모두다 동기 부여라는 원칙은 갖고 있지만 서로 빗나가는 동기 부여입니다. 한 포도원의 농부가 배고픈 어린아이를 불러 그에게 하루 일을 시키고 먹을 것을 주었을 때, 그 아이는 배고픔과 하루 일을 맞교환한 것입니다. "공부"의 동기 부여는 곧 "성공"입니다. "공부"를 주고 "성공"이라는 걸작품을 받아내는 것입니다. 동기 부여 하면 무역 교환을 생각하십시오. 자신의 상품 가치를 생각하십시오.

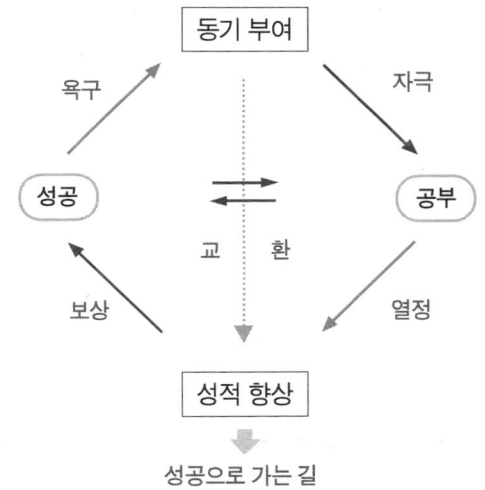

[그림 5]
끊임없는 동기 부여는 한 인간의 삶을 성공으로 걷게 하는 원동력이다. 성공은 메아리와 같다. 한쪽에서 부르지 않으면 성공은 응답하지 않는다. 메아리가 없는 산은 죽은 산이다.

동기 부여는 이 세상 누군가가 가지고 있는 것을 나 자신이 무언가를 지불하고 가져오는 하나의 무형 자원입니다. 그러나 누구나 동기부여를 다 열정적으로 소유할 수 있는 것은 아닙니다. 땀과 노력을 요구하는 동기 부여는 일찌감치 생각에서 제외됩니다. 그러나 사람은 누구나 욕구만 가지면 동기가 부여됩니다. 수준 있는 목표를 설정하고 거기에 맞는 동기 부여가 주어지면 우리는 열정적으로 일할 수 있습니다.

공부(또는 교육, 연수 등)를 하는 사람이 어떻게 거기에 맞는 동기부여를 할 수 있을까요? 대부분의 학생들은 어떻게 하면 성적을 올리느냐에 초점이 맞추어져 있습니다. 이를테면 중·고등학교 시절에 있어서 공부의 목표는 성적 향상입니다. 성공에 대한 욕구가 동기 부여를 자극하는 것입니다. 동기 부여는 성공과 공부를 맞교환 하게 하는 것입니다. 성적이 향상되면 결과는 성공하는 길로 걸어가는 것입니다. 그런데 왜 많은 학생들은 성공과 공부의 무역 교환이 잘 안될까요? 그것은 동기 부여의 결핍에서 오는 것입니다. 성공이라는 A상품과 공부라는 B상품이 무역 교환이 이루어지지 않는 것은 B상품이 제대로 잘 나오기 때문입니다. B상품이 불량품이 나올 확률이 왜 크냐하면, 첫째로 자신의 평가를 대폭 낮추는 데서 오는 것이고, 둘째는 자신의 평가 방법을 누구도 잘 가르쳐 주지 않기 때문입니다. 사람이면 누구나 우량 상품을 만들 수가 있습니다.

그러나 교환의 의미가 다 통하는 것은 아닙니다. 사람에 따라 보는 시각이 다 틀리기 때문에 획일적으로 교환의 의미는 아닙니다. 정신적인 교환과 물질적인 교환이 동시에 일어나는 것도 있고 그렇지 않은 것도 있습니다. 어쨌든 동기 부여는 뭔가 이루고자 하는 사람에게는 큰 자산입니다.

동기 부여 상품 – "보상"과 "두려움"

동기를 유발시키는 상품에는 "보상"과 "두려움"이란 게 있습니다. 그렇다고 백화점 물건 사듯이 플라스틱 카드로 살 수 있는 것이 아닙니다. 보상해 주느냐 두려움을 주느냐는 주어진 일의 성격에 따라 틀리지만 어느 상품이든 단점이 있습니다. 두려움을 주는 동기 부여는 부정적이면서도 일시적인 동기밖에는 없습니다. 훈련소의 경우 가장 많이 사용하는 방법이 바로 이것으로 시키는 대로 안 하면 벌점을 주거나 얼차례를 주거나 하는 것입니다.

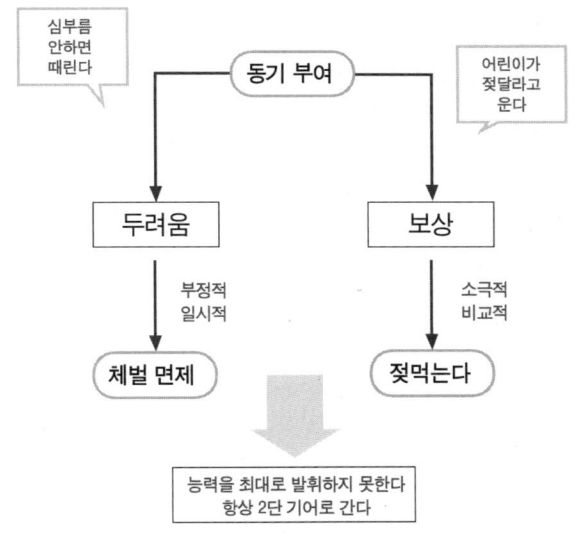

[그림 6]

가장 흔한 동기 부여 상품 소개-"두려움"과 "보상".
두려움과 보상에 의한 동기 부여는 개인의 능력을 최대로 발휘 못하게 한다.

반면 보상은 소극적이며 비교적이 되기 쉽습니다. 어느 쪽이든 한 개인의 능력을 최대로 발휘하지 못하는 것입니다. 어떠한 경우에도 열정적인 동기 부여를 가지기 위해서는 본인 스스로 내면에서 우러나오는 동기 부여가 능력을 발휘하는 데 있어서 최고입니다. 우리가 어느 상품을 고르느냐에 따라 네 마리 말이 이끄는 쌍두마차 인생을 누릴 수 있고 아니면 황소가 모는 덜거덕 달구지 인생이 될 수도 있습니다.

동기 부여(self-motivation) 이론

가장 잘 알려진 동기 부여의 이론은 매슬로우(Abraham Maslow)의 요구 계층 이론입니다.

- 생리적 욕구: 가장 기본적인 욕구
- 안전의 욕구: 육체적 혹은 심리적 안정에 대한 욕구
- 사회적 욕구: 사회에 소속되어 상호간 관계를 맺고자 하는 욕구
- 존중의 욕구: 타인으로부터 인정이나 존경을 받고 싶은 욕구
- 자아 실현의 욕구: 삶의 가치나 목적 등을 실현하려는 인간 최고 수준의 욕구

성장하면서 점점 동기 부여도 세련되어 가며 차원 높게 변화되어 갑니다.

이와 달리 헬즈버그(Herzberg)의 동기 부여 이론이 있는데, 그는 동기-위생 이론(motivation-hygiene)을 설파한 것으로, 앞서 매슬로우의 동기 부여 이론과 유사한 것으로 매슬로우의 세 가지 욕구 ― 생리, 안전, 사회가 헬즈버그의 위생 동기에 해당되는 것이고 존중과 자아 실현의 욕구는 헬즈버그의 동기 부여에 해당되는 것입니다.

중요한 것은 동기 부여는 자발적이어야 한다는 것입니다. 태도를 바꿈으로 일어나는 이것이야말로 가장 우수한 상품의 동기 부여입니다. 두려움이나 보상은 어디까지나 타의에 따라 가는 것이라 일시적

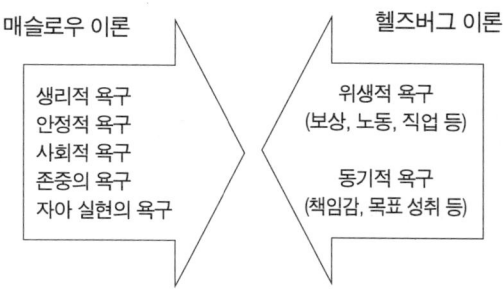

[그림 7]
동기 부여의 두 가지 이론-매슬로우 이론과 핼즈버그 이론

일 뿐만 아니라 열정이 결핍되어 일의 추진력이 떨어집니다. 그래서 계획도 스스로 목표도 본인이 직접 세워야 합니다. 그래야 동기 부여도 태양처럼 강렬하고 또 석류알 열정이 넘치게 생기는 것입니다.

위대한 소설가 레오 톨스토이(Leo Tolstoy)가 「전쟁과 평화」라는 소설을 쓸 때 이런 말을 하였다고 합니다.

"나는 이 소설을 잉크병에 내가 빠져 죽는다는 생각으로 완성하였다."

라고 고백하였다고 합니다. 그는 전 인생을 자신의 명작에 쏟아 부었습니다. 500명이 넘는 인물을 등장시킬 정도로 대역작이었던 것을 생각하면 그의 뜨거운 열정을 가히 알 만한 것입니다.

라이트 형제가 비행기를 만들어 하늘을 날아보겠다는 마음 역시 "자발적 동기 부여"라는 상품이 있었기에 가능하였습니다. 두려움과 보상에 의한 동기 부여는 그러한 열정을 결코 생산하지 못하였을 것입니다.

처칠은 육군사관학교에 들어가려고 시험을 보았으나 여러 차례 고배를 마셨습니다. 그러나 그는 실의에 빠지지 않고 다시 도전하여 먼 훗날 세기에 드문 훌륭한 군인으로써 그리고 정치가로써 탁월한 면모를 보여 주었습니다. 자발적 동기 부여가 없었다면 그는 자의로 전쟁에 참전하여 군인의 화려한 지휘력을 보여 주지는 못했을 것입니다. 그 열정 덕분에 그는 먼 훗날 영국 수상까지 되었습니다.

역사가 낳은 인물들은 한결같이 뜨거운 자발적 동기 부여가 넘치는 사람들이었습니다. 자발적 동기 부여가 없으면 우리의 인생은 언제나 마차가 말에 끌려가듯이 따라가게 됩니다.

다시 말하면 동기 유발은 수백 대의 매를 때리는 것보다 낫다는 것입니다. 어린아이는 울면 젖을 주므로 동기 유발은 "배고픔"입니다. 어린아이는 "우는 것"과 "젖먹기"를 맞바꾸는 일종의 무역 교환을 이룬 셈입니다. "울기만 하면 젖이 입에 들어온다."라는 동기 유발이 있는 한 아이는 배만 고프면 우는 것입니다. 철모르는 아이도 동기만 주면 인정 사정 보지 않고 우는데 하물며 어른들은 동기유발만 생기면 일사천리로 나가야 되지 않겠습니까? 어떤 일을 하더라도 반드시 동기 유발을 일으키십시오.

자발적 동기 부여는 어떻게 생기나?

자발적 동기 부여를 갖기 위해 스스로 다음과 같이 물어 보십시오.

- 나의 꿈은 무엇을 해결해 줄 것인가?
- 나의 꿈은 다른 사람들의 꿈을 실현하는 데 도움이 될 것인가?
- 나의 꿈은 필요를 채워줄 것인가?
- 나의 꿈은 건전한 쪽인가, 아니면 해를 주는 쪽인가?
- 나의 꿈은 실현 가능한 것인가?

■ 나의 꿈은 시기 적절한 것인가?

자발적 동기 부여는 기록에서 생긴다

어떤 목표이고 적어 놓음으로써 비로소 동기 부여가 시작됩니다. 보지 않으면 우리는 점점 안개처럼 우리의 기억에서 멀어져 가고 맙니다. 수소 가스가 가득히 들어 있는 오색영롱한 고무풍선을 단단한 실로 메달아 놓지 않으면 하늘로 떠올라 가버리고 마는 것처럼, 기록하는 것은 마치 우리가 풍선에 실을 매달아 놓고 꼭 붙들고 있는 것이나 같습니다. 복잡한 세상 살다보면 풍선은 멀리멀리 안개처럼 눈에서 사라지는 것입니다. 그래서 목표는 가장 잘 보이는 곳에 적어 놓으라는 것입니다. 사람들은 뻔히 알면서도 못하는 것에 너무 익숙해 있습니다.

그리고 우리가 글을 써서 잘 보이는 곳에 두게 되면 우리의 생각이 꼬리에 꼬리를 물고 점점 더 구체적으로 다가온다는 것입니다. 생각이 구체화되면 행동 굴렁쇠가 굴러가는 것처럼 거친 길 위에서도 멋지게 굴러가는 것입니다. 굴렁쇠가 처음 굴리기가 어렵지 한번 굴렀다 하면 대기만 해도 제풀에 굴러가는 것처럼 말입니다. 창조력은 생각에서 출발하고, 행동력은 바라보는 것에서 출발합니다. 많은 사람들은 머리 속 칠판에 깨알처럼 수많은 생각을 적어놓고 다니는데, 머리는 생각을 떠올리거나 아이디어를 내거나 하는 "고급정보운영센터"지 기억 저장고로 몰아붙여서는 안 됩니다. 떠오르는 생각을 제2의 머리인 손을 통하여 기록해 놓으면 머리의 부담도 덜어주고, 눈으로 볼 수도 있고, 종이로 가져 다닐 수도 있고, 얼마나 편하고 좋습니까? 우리가 떠올리는 생각은 어디까지나 백지수표일 뿐입니다. 물 위에 돌멩이 놓고 안 가라앉기를 바라는 것이나 안 적어 놓고 성공하기를 바라는 것이나 같습니다.

기록을 통하여 뜨거운 열정, 추진력, 그리고 성취 욕구가 생긴다는 것을 결코 잊지 마십시오.

인 · 생 · 경 · 영 · 키

▶ 인생의 무기 중에서 "자신감"은 박격포나 대포 수준이 아니라 미사일과 같습니다. 가치로 말하면 다이아몬드입니다. 그 만큼 자신감은 중요한 인생의 무기입니다. 최근 당신의 일 중에서 자신감을 필요로 하는 일을 작성해 보십시오. 저의 경험에 의하면 저지르고 보는 것이 자신감을 키우는 최고의 비법인 것 같습니다.

▶ 당신의 인생을 싱싱 돌아가게 할 무기 중에 또 하나의 무기는 "자발적 동기 부여" 라는 게 있습니다. 세상에 공짜는 없습니다. 동기 부여는 무언가 보상을 기본으로 합니다. 보상을 먼저 바라보십시오. 내가 하는 일이 나에게 주는 보상을 적어 보십시오.

▶ 임파워먼트(empowerment)는 "할 수 있는 힘을 누구에게 주는 것" 으로 사람에게 내재된 잠재력을 최대로 이끌어 내어주는 것을 말합니다. Thomas 와 Velthouse에 의하면 자기 결정력(내가 결정하여 그 일을 할 수 있다.)과 자기 효율성(나는 그 일을 잘 할 수가 있다.)은 사람에게 중요한 내적 동기 부여 요소입니다. 결정력과 효율성이야말로 일을 추진하는 데 중요한 요소입니다. 결정력과 효율성을 배양하시기 바랍니다.

▶ 무슨 일을 하려고 보면 개인의 동기 부여에 방해물이 다가올 수가 있으며 다음 4가지 원인들 때문입니다.
- 그룹의 목표가 불분명할 때
- 자신과 자신의 능력에 열등감을 느낄 때
- 자신의 역할을 모르거나 다른 사람의 비판의 눈을 의식할 때
- 비전이 없고 무능력한 리더라고 생각될 때

▶ 위의 방해물을 생각해 보시기 바라며 자신의 분명한 방해물을 찾아내시기 바랍니다. 역으로 위의 4가지를 분명히 알 때 동기 부여가 더욱 명확해집니다.

시간 도둑을 잡는 사람

"일찍 일어난 새는 부리를 닦고 늦게 일어난 새는 깃털을 턴다."는
속담이 있습니다. 일찍 일어난 새는 그만큼 신선한 것을 양껏 먹고,
늦게 일어난 새는 남이 먹던 것을 먹거나 배를 곯거나 할 것입니다.
지구촌에서 게으른 사람 치고 잘 사는 민족은 없습니다. 게으름이란
자기가 가지고 있는 힘이 100이라면 그 이하로 사용하는 사람입니다.
비효율적으로 시간을 쓰는 것도 여기에 해당됩니다.

어느 백발 노인이 시간이 얼마나 중요한가를 이렇게 고백했습니다.

"내가 울고 웃던 시절에는 시간이 마치 기어가는 것처럼 천천히
지나갔고, 내가 꿈을 꾸고 이야기하던 시절에는 시간이 걸음처럼 지
나갔다. 내가 성인이 되었을 때에는 시간은 마치 뛰어가는 것처럼 지
나갔고, 장년에 도달해 능력을 과시할 자리에서 활동을 시작했을 때,

시간은 구름처럼 날아가 버렸고, 흰머리를 머리에 이고 완전한 노인이 된 그때, 시간이 전부 지나간 것을 알았다."

세월을 아끼십시오. 때가 악합니다. 선비들은 시간을 잘 아껴서 사용했습니다.

아래의 시(詩)들은 시간을 아끼라는 선인들의 좋은 글들입니다.

少年易老學難成　소년은 늙기 쉽고 학문은 이루기 어려우니
一寸光陰不可輕　짧은 시간이라도 어찌 가볍게 여길 수 있으랴
未覺池堂春草夢　연못가의 봄풀이 꿈에서 깨기도 전에
階前梧葉己秋聲　계단 앞에 오동잎이 가을 소리를 내는 구나!
　　　　　　　　　　　　　　　　　　　　　　－ 주자

해마다 이 해는 오되 무진히 오고
해마다 이 해는 가되 무궁히 간다
날이 가고 날이 오고 오고 또 가니
人事의 모든 일이 이 가운데 재촉하도다

오늘 안 배워도 내일 있다 하지 말며
금년 안 배워도 내년 있다 하지 말라
늙어서 후회한들 무슨 소용 있으리

미국의 초대 대통령인 조지 워싱턴(George Washington)은 왕성한 활동가였습니다. 그 비결을 묻는 기자의 질문에 "나의 성공 비결은 단 한 가지입니다. 나는 날마다 새벽 4시에 일어났습니다. 남들이 잠자는 시간에 두 시간 더 일했습니다".

필자는 하루에 반드시 책을 읽는 시간을 냅니다. 바쁠수록 더 책을 읽습니다. 지혜를 구하기 위함입니다. 신문에서 내가 배워야 할 것을 반드시 스크랩하여 보관하고 정리해 둡니다. 왜냐하면 그 안에서 수많은 사람들의 경험을 들을 수 있기 때문입니다. 하루에 1시간을 남보다 더 활용할 수 있다면, 이미 당신의 인생은 50% 성공의 길로 들어선 것입니다.

시간을 훔쳐 가는 도둑들

스미드(H. W. Smith)가 적은 "10가지 자연 법칙"(Natural Laws of Successful Time and Life Management)에 보면 시간을 훔쳐 가는 도둑들을 다음과 같이 분류했습니다.

[표1] 시간 도둑들의 분류

외부 시간 도둑	내부 시간 도둑 (자신이 만든 것)
방해에 의한 일의 중단	위임의 실패
응답 대기	소극적 태도
교류 불분명	정보 이해 부족
불필요한 과중한 업무	회의 잊어버림
교류 부족	이해 부족
장비 고장	우유부단
무계획적인 상사	피로
관료주의	실천력 부족
우선 순위 불분명	해야 할 일을 방치
사기 저하	자료 정리 미비
훈련되지 않은 직원	일을 뒤로 미룸
일을 부탁/요청	외부 활동
다른 사람의 일의 실수	작업 공간 빈약
업무일정 변경	빈약한 계획
회의	일에 대한 걱정

[표 1]을 보면 시간 도둑의 종류도 참으로 많습니다. 찾으면 더 나올 것입니다. 많은 사람들의 통계적 응답을 모아 보면 가장 빈번한 시간 도둑은 다음과 같이 나타났다고 합니다.

- 방해에 의한 일의 중단
- 일의 뒤로 미루기(보통 사람들이 가장 많이 당하는 시간 킬러)
- 일의 우선 순위 변경(외부 혹은 자신)
- 불충분한 계획(외부 혹은 자신)
- 상대방으로부터 응답 기다리기(외부)

　　[표 1]을 보면 언제나 시간 도둑이 서슬 퍼렇게 우리의 시간을 앗아가려고 24시간 엿보고 있습니다. '일 미루기'는 누구나 경험해보는 자기발생형 시간 도둑의 가장 전형적인 예입니다. 이 도둑만 잡아도 시간의 대부분은 잡은 것이나 다름이 없을 겁니다. 휴가 가기 전에 업무 효율이 가장 증가하는데, 그것은 주어진 일을 뒤로 미루지 않기 때문입니다. 일을 뒤로 미루는 습관이 있다고 한다면 해결 방법을 찾아야 합니다. 내일 휴가를 떠난다고 한번 생각해보십시오. 완성 일자를 반드시 정하고, 가능한 싫은 일을 먼저 하면 나중에 좋은 일이 기다리므로 일의 효율이 올라갑니다. 헨리 포드(Henry Ford)는 "일을 잘게 나누면 특별히 어려운 일이 없다."고 말했습니다.

습관은 시간을 잡아먹는 쥐

　　인생은 누구로부터 배워서 이 땅을 떠나갈 때에는 그 동안 배운 것을 남기고 가거나 전수를 해주고 갑니다. 일본은 대대로 집안의 일을 전통으로 생각하고 그대로 물려받는 것이 일종의 문화 비슷하게 되어 있습니다. 사람의 하루 일과는 90%가 습관에 의하여 움직여집니다. 매일 같은 일을 반복하면 우리의 뇌는 얼마나 지겹겠습니까? 사람은 우선 편하면 그 쪽으로 기웁니다.

습관대로 살면 일단은 편하지만 그러나 발전이 없습니다. 수많은 사람들이 이미 형성된 습관을 못 고치기 때문에 인생 경영이 부진한 것입니다. 잘 된 습관은 나무에 잘 박힌 대못 같지만, 잘못된 습관은 비틀어진 문짝과 같아 겨울철에 문을 닫아도 바람이 솔솔 들어오는 것입니다. 해가 동에서 떠서 서로 지는 것을 바라보고 "해도 저렇게 반복하면서 매일 뜨는데 나의 인생이라고 별것이 있겠나?"라고 생각한다면 인생 경영은 연자맷돌을 메고 바다로 가는 것과 같습니다. 떠오르는 아침해를 바라보고 날마다 새로운 해라고 생각하고 나의 인생도 날마다 새롭게 떠오르는 태양처럼 희망과 소망이 가득 찬 것으로 생각해야 합니다.

한번 형성된 습관은 미나리가 잘라도 잘라도 자라나는 것처럼 좀처럼 베어내기가 어렵습니다. 대나무가 곧게 자라나 불에 한번 구어 굽혀 놓으면 평생 가도 펴지지 않습니다. 우리 인간의 마음속에는 편하기 그지없는 습관이 형성되기만 하면 비장의 무기를 쓰지 않는 한 스스로 떠나가는 법이 없습니다. 인생 경영에 가장 큰 적은 나의 등 뒤에서 나를 언제나 조종하는 습관이라는 '조종기'입니다.

메아리가 없는 산은 죽은 산입니다. 인생 경영을 하다 보면 누군가와 교신을 해야 하는데 많은 사람들은 메아리 없는 산 위에 앉아 있습니다. 저쪽에서 '야호'라고 외치는데 이쪽에서 묵묵부답 눈만 꿈뻑이는 사람이 많다는 것입니다. 불행히도 배운 사람일수록 그런 양상이 두드러지게 나타난다는 것입니다.

우물은 퍼내어 남에게 줄 때 항상 신선한 물이 나오는 법입니다.

자기 혼자 먹으려고 두레박을 숨겨 놓으면 그 물은 고이는 물이 되어 신선한 물이 되지 못합니다. 정보는 받으면 남에게 주고, 받으면 받았다는 메시지를 다시 보내는 습관을 가져야 합니다.

인 · 생 · 경 · 영 · 키

▶ 현재 비효율적으로 일하고 있는 것이 있다면 혹은 학습(공부)하는 것이 있다고 생각되면 적어 보시기 바랍니다. 어떻게 하면 그것을 효율적으로 바꿀 수가 있겠습니까?

▶ 가장 고치기 어려운 습관이 무엇입니까? 그 습관을 파괴하면 내가 어떤 유익을 혹은 보상을 얻을 수가 있는지 적어 보시기 바랍니다. 그러면 동기 부여가 될 것입니다. 종종 습관은 많은 시간을 갉아먹습니다.

시간은 통장에 저축되지 않는다

에센바흐는 "시간을 지배할 줄 아는 사람이 인생을 지배할 수 있다."고 했습니다. 시간은 통장에 저축되지 않으니 효율적으로 사용해야 합니다.

시간이면 시간이지 무슨 종류가 다 있습니까? 희랍어를 보면 시간을 나타낼 때 '크로노스'와 '카이로스'로 나타냅니다. 크로노스는 달력이나 시계 등의 객관적인 시간, 즉 일년 365일, 하루 24시간, 1분 60초가 이에 해당됩니다.

이에 비해 카이로스는 때를 이야기하는 주관적 시간을 말합니다. 예를 들어 피아노는 어릴 때 배워야 합니다. 어른이 되면 손이 굳어 신통치 않다는 것입니다. 때는 모든 사물의 가치를 변화시킵니다. 60살이 넘은 사람이 피아노를 배워 세계적인 피아니스트가 된다는 것은 우스갯소리입니다. 성공은 카이로스에서 나옵니다.

우리의 인생 길은 길고 긴 크로노스와 수많은 때의 카이로스가 서로 연결되어 돌아가고 있습니다. 어떤 사람들은 긴긴 크로노스를 가졌는데도 백발만 사랑했지 별로 자랑할 게 없는가 하면, 어떤 사람은 짧은 크로노스 속에서도 카이로스를 파도처럼 잘 타서 많은 인생의 기회를 잡는 사람도 있습니다.

그러니까 사람에 따라 카이로스는 아주 달라집니다. 자고 나면 언제나 떠오르는 태양처럼 시간이 펑펑 쏟아진다고 생각하는 사람에게는 카이로스는 별로 오지 않습니다.

백발의 할아버지도, 갓난아이에게도 크로노스는 똑같이 주어집니다. 제각기 하루에 86,400초를 배당 받아 해가 지면 어김없이 다 쓰니 시간 통장은 언제나 영입니다. 시간 통장의 입출금은 언제나 차변과 대변이 같습니다. 그런데 많은 사람들은 나중에 시간이 많이 생길 거라고 종종 생각합니다. 모두다 시간 통장에는 빈털털이들 뿐입니다.

특히 젊은이들이 그렇습니다. 팡팡 놀다 보면 주자가 읊조린 시처럼 봄풀이 기지개도 펴기 전에 오동잎이 바람에 날리는 날이 오는 것입니다.

 인·생·경·영·키

▶ 당신은 크로노스를 잘 활용하여야 합니다. 이제까지 크로노스 기회를 잡았다면 어떤 것이 있습니까? 마땅히 해야 할 일을 제때에 못하면 다시

잡기가 어렵습니다. 자랄 대로 자란 갈대는 가을이면 사라지지만 이듬해 다시 싹이 돋고 무럭무럭 자라납니다. 우리의 인생도 그렇게 반복할 수 있다면 얼마나 좋겠습니까?

▶ 여러분이 마땅히 하여야 할 때 하지 못한 것이 있으면 지금 여기 공간에 적어보십시오. 그 때를 놓치면 다시는 기회를 잡지 못하는 것이라면 더욱더 긴장감을 가지고 시작하십시오.

시간의 가치

종종 우리는 시간의 가치를 모르고 삽니다. 그러나 시간은 고귀한 것이며 그 어떤 것과도 비교할 수 없는 것입니다. 사람들은 시간을 다음과 같이 생각합니다.

시간은 신이 나에게 준 고유의 선물이다.
항상 시간은 돈, 황금, 생명이다.
인생은 짧다.

그런데 왜 사람들은 시간의 가치를 느끼지 못할까요? 시간은 자고 나면 거저 생긴다고 생각하기 때문입니다. 시간은 바람처럼 우리 눈에 보이지 않기 때문입니다. 바람이 어디서 와서 어디로 가는지 모릅니다. 시간을 펑펑 쓰는 습관에 젖어있기 때문입니다.

시간의 가치는 아래 7가지 예(例)가 잘 보여 주고 있습니다.

- 1년의 가치를 알려면 시험에 낙방한 학생에게 물어보라.
- 1개월의 가치를 알려면 아이를 1개월 먼저 낳은 출산부에게 가서 물

어보라.

- 1주일의 가치를 알려면 매주 발행하는 뉴스위크지 편집장에게 가서 물어보라.
- 1시간의 가치를 알려면 사랑하는 사람을 위하여 기다리는 연인에게 가서 물어보라.
- 1분의 가치를 알려면 기차, 버스, 비행기를 놓친 사람들에게 가서 물어보라.
- 1초의 가치를 알려면 자동차 사고에서 구사일생으로 살아난 사람에게 물어보라.
- 0.1초의 가치를 알려면 올림픽에서 은메달을 받은 사람에게 물어보라.

대부분의 경우 목표가 불분명하기 때문에 시간을 소홀히 합니다. 목표가 불분명하면 시간의 중요도가 생기지 않아 느슨한 삶을 살게 됩니다. 목표란 "언제까지 무엇을 이루겠다"라는 약속어음입니다. 들판에서 낫을 들고 "오늘 풀을 베야겠구나" 하고 낫을 드는 것과 시간별로 구획을 정해 놓고 풀을 베기 시작하면 시간별로 몇 %를 베고 있는지 수치로 나타나게 되므로 보다 효율적으로 할 수 있게 됩니다.

그리고 일의 우선 순위를 잘 정하여야 합니다. 시간 도둑은 여기서도 한 몫 봅니다. 어느 것을 더 비중을 두어야 할지를 잘 결정하십시오.

중국 속담에 "나는 듣고 그리고 잊어버린다. 나는 보고 그리고 기억한다. 나는 한다 그리고 이해한다."라는 속담이 있습니다. 성취는 생각을 바탕으로 하고 행동을 요구합니다.

당신을 위해 당신이 계획했던 모든 일을 이루었다면 당신은 아직 충분한 계획을 세우지 못한 것입니다. 목표는 자신을 포함한 남에 대한 계획이 들어 있어야 합니다.

미국의 20대 대통령이었던 가필드(J.A.Garfieled)가 대학생이었을 때 일입니다. 동급생 중에 수학을 잘하는 친구가 있었는데 그 친구를 앞지를 수가 없었습니다.

어느 날 밤 잠자리 들기 전에 그 친구 방을 보니 아직 불이 켜져 있었고, 그로부터 10분 더 있다 불이 꺼지는 것을 보았습니다. 그는 손바닥을 치면서 "그렇다. 10분이야!"라고 외쳤습니다. 그 다음날부터 그는 친구보다 10분 늦게 잠이 들었습니다. 그 결과 친구를 앞질러 1등을 차지하게 되었습니다. 훗날 대통령이 되었을 때 당시를 회상하며 다음과 같은 말을 남겼습니다.

"지금 그 일을 생각해 보면 가볍게 웃고 지나갈 청년 시절의 야심처럼 생각되지만 결코 그렇지 않다. 10분을 이용하는 것, 이것이 성공의 열쇠다."

이 글을 읽고 무엇을 느낍니까? 하루에 30분만 자신의 부가가치를 올리는 일을 하여 보십시오. 1년, 2년 지나면 어마어마한 가치가 당신 속에서 자라나고 있을 겁니다. 오늘부터 30분씩 무엇이든지 공부할 계획을 만드십시오. 하루에 30분! 참으로 중요합니다. 30분이 당신의 운명을 바꿀 것입니다!

시간을 아끼기 위해서는 항상 지식을 쌓아야 합니다. 지구촌의 지식이 매년 7%가량 사라진다고 합니다. 오늘부터 맡은 일에 관계된 지식을 넓혀 가는 데 시간을 투자하십시오. 중요한 것은 매일매일 조금씩 전진하는 것입니다. 내가 보충하여야 할 지식이 무엇인지를 계획하십시오.

필자는 이 책을 저술하기 위해서 지난 2년간 자투리 시간을 활용하였습니다. 그냥 잃어버릴 시간들이 모여서 한 권의 책을 창출하게 된 것입니다.

어느 80세 노인의 시간 사용 보고서

스위스의 한 노인이 한평생 살아온 시간을 헤아려 보았습니다.

80여 평생 동안, 26년은 잠을 자는 데 보내고, 21년은 일하는 데, 6년은 식사하는 데, 남이 약속을 지키지 않아 기다리는 데 5년을 보내고, 그리고도 5년을 불안스럽게 또 혼자 낭비해 버렸습니다. 수염을 깎고 세면하는 데 228일, 아이들과 노는 데 26일, 넥타이를 메는 데 18일, 담배 불 붙이는 데 12일. 그가 마음속으로 행복을 누렸던 나날을 찾고 또 찾아보았더니 단지 46시간에 불과했습니다.

그렇습니다. 인생에서 행복한 나날을 손에 꼽아보면 그렇게 많지 않습니다. 오늘 이 시간을 행복하게 보내는 것이 역시 아름다운 삶 중의 하나입니다.

이탈리아의 성인 프란체스코가 세상을 떠나게 되었을 때 제자들이 눈물을 흘리며 울고 있었습니다. 그때 프란체스코가 물었습니다.

"왜 우느냐?"

"섭섭해서 못 견디겠습니다."

"그러면 내가 얼마나 더 살았으면 좋겠느냐?"

제자들은 "지금까지 살아온 만큼 더 사셨으면 좋겠습니다."

또는 일년만 더, 하루만 더!" 하고 하면서 울었습니다.

프란체스코가 마지막으로 수제자에게 물었습니다.

"너는 한 시간 안에 무얼 하려고 하느냐?"

"선생님과 함께 찬송하며 경건히 예배 드리고 싶습니다."

1979년에 노벨 평화상을 수상했고, 국내에도 다녀간 바 있는 테레사 수녀는 "어제는 지나갔으며 내일은 능력밖에 있고, 오늘만이 그리스도의 영광을 위해 있다"고 말했습니다. 그렇습니다. 어제는 이미 지나갔으니 내 것이 아니고 내일은 아직 돌아오지 않았으니 우리의 것이 아닙니다. 오직 오늘만이 우리의 가장 귀한 시간입니다.

지구는 지금도 초속 90마일로 우주를 달리고 있습니다.

세월은 우리를 기다려 주지 않습니다.

시간 도둑 지키기

나는 왜 이 일을 하고 있는가? 나는 이 일을 꼭 해야만 하는가? 나는 이 일을 진정으로 하고 싶어서 하고 있는가? 내가 이 일을 함으로써 무슨 보상이 있는가?

시간이란 크고 작은 사건들을 조절하는 것입니다. 보통사람들이 잘 컨트롤하는 사건을 보면

- 아침에 일어나는 일 (출근 시간 맞추기)
- 점심이나 저녁을 먹는 시간 (위장이 자동으로 연락을 주기 때문)
- 저녁 시간에 할 일
  그런데 사건을 조절할 수 없는 경우, 이를테면 다음과 같은 것들입니다.
- 저녁 메뉴 결정하기
- 퇴근길 시간 (교통 혼잡)
- 외부와의 약속

시간 관리에는 사건을 조절하는(controlling) 의미가 핵심적으로 들어 있습니다. 사건을 조절하지 못하는 경우의 대부분은 이제까지 대부분의 일들이 습관에 젖어있기 때문입니다.

예를 들어 당신이 지금 서울 시청 앞에 있는 플라자호텔에 머물고 있는데, 내가 김포공항에서 전화를 걸어 저녁 퇴근 시간 20분 안에 당신이 나에게로 온다면 1,000만 원을 주겠다고 해봅시다. 20분은 불가능한 시간입니다.

호텔 직원에게 "이 근방에 헬기가 뜰 수 있는 빌딩이 있습니까?"

직원이 "도보로 5분 거리에 헬기가 뜰 수 있는 빌딩이 있습니다만…."

"좋소, 그 빌딩에 지금부터 정확히 10분 뒤에 탈 수 있는 헬기를 잡아주면 100만 원을 주겠소. 그리고 거기까지 타고 갈 택시를 호텔 정문에 준비해주면 10만 원을 별도로 주겠소."

그런데 직원에게 연락이 왔습니다.

"10분 뒤에 떠나는 헬기가 있지만 인천국제공항에 1차로 가는 손님이 한 분 있어 그 쪽을 먼저 가야하므로 그 빌딩에서 10분 안에 김포공항에 오는 것은 좀 어려울 것 같습니다. 그렇지 않으면 30분을 더 기다려야 합니다."

"좋습니다, 그러면 그 손님에게 이렇게 이야기하시오. 다음 비행기를 타면 비행기 탑승비 2배를 물려주겠다고 하시오. 그것을 성사시키면 50만 원을 추가로 당신에게 현금 지불하겠소."

좀 우스운 이야기 같지만 이렇게 저렇게 하다보면 20분 안에 김포공항에 갈 수 있다는 이야기입니다.

본 이야기의 핵심이 무엇입니까? 평상시에는 도저히 불가능하다고 생각되는 일을 반드시 성사시켜야 한다는 필요성이 강조될 때에는 컨트롤할 수 있다는 것입니다. 이것은 일의 우선 순위와 관계된 것입니다. 인생에 주어진 일도 이렇게 하면 안 될 일이 있겠습니까?

『자부심의 심리학』(the psychology of self-esteem)을 저술한 심리학자 브랜든(N.L. Branden)은 자부심을 많이 가질수록 더 많은 일을 할 수 있다고 했습니다. 즉 "자부심(self-esteem) ― 생산성(produc-tivity) ― 사건 컨트롤"이 서로 밀접한 관계가 있다는 것입니다. 위의 예처럼 평상시에는 불가능하다고 생각했는데 그 일을 이루었을 때 자부심이 얼마나 올라가겠습니까? 엄청난 생산성의 향상이 아니겠습니까? 사람은 누군가가 알아줄 때 행복해집니다. 중요한 일을 많이 처리할수록 자부심은 올라가고 일의 생산성 역시 상승 작용으로 올라가게 된다는 것입니다.

인·생·경·영·키

▶ 당신의 하루 생활 중에서 해야 할 일을 놓고 우선 순위에 따라 일을 하고 있습니까?

▶ 우선 순위에 올라온 일들이 당신에게 얼마나 소중한 일입니까?

▶ 그 소중한 일을 하지 못했을 때 당신에게 어떤 보상이 사라집니까?

일을 계량화 하라

일에 최선을 다하지 못한 사람은 게으른 사람들입니다. 일은 자신을 나타내는 한 방법입니다. 일이 없으면 지구상에서 어떤 형태로 자기의 존재를 알리겠습니까? 달리기 잘하는 사람은 달리기로, 말 잘하는 사람은 말로, 글 잘 쓰는 사람은 글로, 골프 선수는 골프로 자기의 존재를 알리는 것입니다.

일은 나를 알리는 중개인이면서 나에게 또한 먹을 것을 보상해 주는 기묘막측한 작품입니다. 그런데 많은 사람들은 주어진 일에 자기의 역량을 100% 쏟지 못하고 있습니다. 세 마리의 말이 수레를 끌고 나아가는데 기껏 실은 짐이란 게 쌀 한 가마뿐이라고 해보십시오. 달리는 말이 뭐라고 생각하겠습니까? "한심한 우리 주인장 나리여! 그대는 내 힘을 뭐로 보는가?" 모든 인생들에게는 주어진 환경에서 일의 분량이 있는데 그것을 막연히 생각하기 때문에 다하지 못하는 것입니다. 어떠한 일도 구체적으로 분량화, 계량화해야 합니다. 예를 들면 밭에 나가 보리를 베는데 대충 나가서 점심되면 밥 먹고 해지면 들어온다는 생각으로 보리를 베러 나가면 능률도 떨어지고 일의 재미도 없고 보람도 못 느끼게 됩니다.

그러면 어떻게 하면 게으르지 않게 일할 수 있겠습니까?

우선 밭을 몇 구획으로 나눕니다. 한 시간 기준으로 10분은 쉬고 50분은 일하는 계획을 세웁니다. 한 시간이 지나면 전체 일 중 몇 퍼센트를 하였는지 생각합니다. 그렇게 해 나가면 일한 양이 계량화되어 10 퍼센트 완성, 20 퍼센트 완성 등 실적을 수치로 나타낼 수가 있습니다. 그러면 오늘은 전체 일의 30 퍼센트를 했다는 분명한 일의 분량을 누구에게나 말할 수 있습니다. 모든 일을 할 때 계량화하면 구체적인 계획을 세우는 데 상당한 도움이 될 것입니다.

인·생·경·영·키

▶ 지금 하고 있는 일(공부)에 대하여 진척도를 수치화 또는 측량화할 수 있다면 해 보십시오.

▶ 계량화할 수 없다면 계획 자체를 다시 한번 점검해 보아야 합니다. 수치화나 계량화는 일을 효율적으로 추진하기 위한 하나의 방법이기 때문입니다.

▶ 당신의 게으름 방정식을 한번 만들어 보십시오. 그리고 효율적인 시간 방정식을 만들어 보십시오.

▶ 나의 시간 도둑 리스트를 한번 작성해 보십시오. 곳곳에 시간 도둑이 숨어 있습니다.

각각의 시간 도둑을 잡을 계획을 세워 보십시오. 초기에는 센 화력으로 세게 접근해야 합니다. 그래야 시간 도둑들이 꼼짝 못하고 항복합니다. 가장 큰 도둑은 습관적으로 도전하는 도둑이므로 고쳐야 할 습관을 시간 도둑으로 보고 잡아 보십시오.

● **시간에 대한 경구**
  "어제"는 지나간 역사요
  "내일"은 알 수 없는 날이요
  "오늘"은 선물이라
  어제는 "부도수표"요

내일은 "약속어음"
오늘은 손에 쥔 "현금"

이제 통밥은 통하지 않는다

"
당신 인생의 우선 순위는 무엇입니까?
당신의 목표를 기록하는 일에 시간을 투자하십시오.
목표를 기록하면 더 많은 인생의 기회가 당신을 기다리고 있습니다!
"

오늘부터 당신의 목표를 가능하면 많이 세우십시오. 목표는 한꺼번에 이루어지지 않습니다. 중요한 것은 나에게 목표가 있느냐 없느냐 입니다. 목표가 있어야 계획이 나옵니다. 목표의 성취를 위해서는 필요한 행동들을 하나하나 구체적으로 적어 두어야 합니다.

목표를 세우고 기록하는 것이 얼마나 중요한 것인가를 알기 위하여, 1950년 미국 동부 명문대학 졸업생들의 졸업 25년 후의 삶을 조사해보았습니다. 상위 10%의 집단은, 상위 3%의 집단과 학벌, 재능, 두뇌, 환경 등이 비슷하게 나왔습니다. 그들이 3%에 들어가지 못하는 이유는 목표 기록의 차이 때문이었습니다. 그 3%의 사람들은 목표와 인생 길을 기록하며 살았기 때문에 10% 그룹보다 10배 이상의 뛰어난 능력을 발휘했다는 것입니다. 그들은 키를 가지고 배를 움직이는 사람들이 되어 나머지 97% 사람들에 비해 삶을 보다 값지게 살고 있는 것입니다.

목표를 그저 '생각만' 하고 지금까지 인생을 살아왔다면 이제까지의 인생은 많은 것을 잃고 살아온 것입니다. 그 목표를 적어 놓고 늘 바라보았다면 현재보다 훨씬 더 풍요로운 인생을 살았을 것이며 더 많은 인생의 기회를 얻었을 것입니다. 기회는 우리 주변 곳곳에 가득 차 있습니다.

까마귀가 단단한 호도를 까먹는 모습을 본 적이 있습니까? 까마귀는 호도를 입에 물고 하늘 높이 올라가 바위 위에 떨어뜨려 깹니다. 까마귀도 먹겠다는 목표를 세우고 그런 해결 능력을 발휘합니다. 까마귀는 멋진 계획을 세운 것입니다. 계획에 실패하면 그것은 실패를 계획한 것입니다.

어뢰는 목표물만 정해지면 방향이 바뀌어도 끝까지 따라가 박살을 냅니다. 인간에겐 어뢰처럼 목표를 향해 나아가는 목표 추적 능력이 있음을 잊지 마십시오.

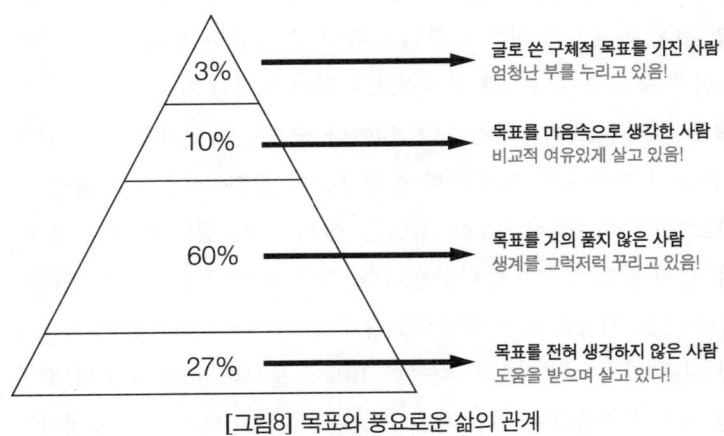

글로 쓴 구체적 목표를 가진 사람
엄청난 부를 누리고 있음!

목표를 마음속으로 생각한 사람
비교적 여유있게 살고 있음!

목표를 거의 품지 않은 사람
생계를 그럭저럭 꾸리고 있음!

목표를 전혀 생각하지 않은 사람
도움을 받으며 살고 있다!

[그림8] 목표와 풍요로운 삶의 관계

기록은 제 2의 머리

미국에서 만 89세 된 할머니가 하버드대학을 졸업하였는데 미국 하버드대학 361년 역사상 최고령의 할머니가 꿈에도 그리는 학사모를 쓴 것입니다. 그녀가 지금 "자서전" 준비를 하고 있다고 합니다.

1992년 바르셀로나 마라톤의 영웅인 황영조가 보물 중의 하나로 여기는 것은 무엇일까요? 그가 인생에서 가장 보물로 생각하고 있는 것은 다름 아닌 그가 "9년간에 쓴 훈련 일지" 입니다. 그 안에는 그의 모든 비밀이 다 들어 있습니다. 시합 날짜가 정해지면 반드시 그 일지를 꼼꼼히 읽었다고 했습니다. 역시 차범근 감독에게도 그의 훈련 일지는 보물입니다.

손은 제 2의 머리

기록의 가장 큰 이점은 무엇일까요? 내가 기록함으로 누군가 읽고 도움이 된다는 것입니다. 기록은 나의 정보나 지식의 전달인 것입니다. 아무리 손과 손을 마주잡고 강강수월래를 불러도 나의 생각이 옆 사람에게 전달되지는 않습니다. 손의 따뜻함은 전달될지 몰라도 생각은 말과 기록이 아니면 전달될 수가 없습니다. 사람에게 내려진 축복 중 하나가 망각하는 것인데, 뇌세포가 감소하면 기억량이 떨어질 수밖에 없습니다. 요즘은 정보가 넘쳐나 돌아서면 대충 잊어버립니다. 손은 제 2의 머리라는 생각을 잊어서는 안 됩니다. 남보다 머리 하나 더 달고 다니는 셈이니 그만큼 앞서가는 삶을 살 수가 있습니다.

기록은 개인의 자산이요 지식의 창고다

'자산' 하면 돈이나 재물을 생각하는데, 오늘날은 그에 못지 않은 것이 아주 많습니다. 가진 돈도 부(富)도 정보가 없으면 사라질 수 있습니다. 부귀 못지 않게 귀한 것은 개인의 값진 경험을 하나하나 기록에 남기는 것입니다. 기록이 쌓이면 중요한 정보를 낳게 되고, 그것이 축적되면 곧 부와 연결됩니다.

기록은 지식을 낳고 지식은 곧 부를 창출합니다. 어느 날 갑자기 지식이 생기는 것이 아니고 천천히 기록하는 가운데 정보가 쌓여 폭발적으로 늘어가는 것입니다.

이제 통밥은 통하지 않는다

우리 조상들은 쓰기를 무척 싫어한 것 같습니다. 일본은 기록문화, 한국은 통밥 문화입니다. 한마디로 우리 나라 사람들은 기록보다는 '통밥'으로 사는 인생이라는 것입니다.

일본 주부들은 90% 정도가 가계부를 적는다고 하는데, 우리 나라 가정주부들은 30% 미만이라고 합니다. 통밥으로 하다 보니 좋은 정보가 다 썩게 됩니다. 적으면 계획이 서게 되고 절약의 마음이 생긴다는 원리는 중요합니다. 좋은 정보는 공유되어야 개인에게 발전이 있고, 나아가 나라가 잘 되고, 더 나아가 세계가 잘 되는 것입니다. 그렇게 되려면 먼저 기록된 글이 있어야 한다는 것입니다.

우리 나라는 기록 문화에 둔감합니다. 김치 담그는 데 수많은 우리 선조들의 노하우가 있을 텐데 이렇다 할 '김치 담그기 문서'가 제대로 없으니 일본이 수출은 더 많이 하고 있습니다. 한 나라의 저력이 기록하는 데 있는데도 아직도 우리는 주먹구구의 삶을 떠나지 못하고 있습니다.

기록은 당신의 인생 궤도

기차가 열심히 달리다가 커브를 막 돌아가는데 레일이 반쯤 휘어져 있으면 어떻게 될까요? 우리가 기록하는 것은 우리의 꿈과 목표를 실현하는 데 궤도를 벗어나 탈선하지 못하도록 하는 것과 같습니다. 그러니까 외부로부터, 온갖 근심의 파도로부터 막아주는 것입니다. 글로 적어놓으면 나의 인생 기차가 지금 어디를 가고 있는지, 산 넘어 산으로 가는지 동굴로 들어가고 있는지를 언제라도 아는 것입니다. 어느 역에 내려서 무슨 일을 할 것인지가 분명해진다는 것입니다. 인생은 목표에 지남철처럼 끌려가야 합니다.

기록은 은행빚 독촉장이다

인생은 목표의 지남철처럼 방향을 잃지 않고 끌려가야 합니다. 사람은 은행에서 독촉장이 날아오면 마음이 급해지기 마련입니다. 우리가 적고 바라보는 것은 우리가 빚장이한테 빚 갚으라고 윽박지르는 독촉장과 같습니다. 적은 것을 볼수록 마음에 도전을 받고 자극을 받게 될 것입니다. 벽에 적어 놓은 것이 무슨 마력이 있어 그러는 것이 아닙니다. 적어 놓고 바라보는 과정에서 우리 삶의 우선 순위가 정해지게 되고 시간과 정열을 한 곳에 집중할 수 있습니다. 맨땅에 물이 고이지 모래 위에 물이 고이지 않습니다. 우리는 적는 습관을 키워 힘을 아껴야 합니다. 우리가 적은 기록이 은행에서 날아오는 독촉장이라고 생각하면 우리는 적은 대로 성공하는 것입니다.

기록은 당신의 생각을 영롱하게 빛나게 하는 무지개다

비가 갠 후 종종 나타나는 무지개는 우리에게 언제나 희망을 줍니다. 멀리서 바라보면 무지개는 울긋불긋 나타나지만 그러나 '빨주노초파남보' 라는 7가지 영롱한 색깔을 가지고 있습니다. 이처럼 기록을 하면 우리의 생각이 구체화되고 무지개처럼 영롱하게 빛나게 됩니다.

세상사를 살다 보면 우리는 계획이나 목표를 대부분 잊어버립니다. 거창하게 세운 계획이 햇빛 아래 안개 걷히듯 사라지는 것은 기록의 위력을 모르기 때문입니다. 기록은 개인에게 있어서 성공의 원자탄이라는 사실을 잊어서는 안 됩니다. 모든 인생은 석류처럼 한 번쯤은 신나게 터지게 되어 있습니다. 무지개가 우리에게 언제나 내일을 주듯, 기록은 언제나 우리에게 내일을 기약해 주며 무한한 자발적 동기 부여를 제공해 줍니다.

기록을 하면 창조적인 사람이 된다

사람은 적어 놓은 것을 바라보면 자꾸 생각하게 됩니다. 처음엔 그냥 평범한 감자지만 시간이 지나면 여기저기 감자눈에서 생기 넘치는 싹이 돋습니다. 기록은 바로 그 싹과도 같습니다. 사람은 적어 놓으면 보게 되고 우리의 뇌는 보면 자꾸 자극을 받게 됩니다. 뇌는 자극을 받기만 하면 뭔가 보상을 해주어야 직성이 풀리는 특성이 있어 이 생각 저 생각을 하게 되는 것입니다.

목표를 그저 생각만 하고 지금까지 인생을 살아왔다면 이제까지의 인생은 많은 것을 잃고 살아온 것입니다. 그 목표를 적어 놓고 늘 바라보았다면 현재보다 훨씬 더 풍요로운 인생을 살았을 것이며 더 많은 인생의 기회를 얻었을 것입니다. 기회는 우리 주위 곳곳에 가득 차 있습니다.

100미터 경기는 출발이 중요하지만 마라톤은 출발보다 뛰어가는 과정이 더 중요한 것처럼, 우리 인생도 뛰어가는 과정에서 이미 행복함을 느껴야 합니다. 그것이 승자의 태도입니다. 경기가 끝나봐야 행복을 느끼는 자는 패자의 마음입니다. 기록이라는 하나의 과정을 통하여 당신에게는 점진적으로 인생의 가속도가 붙을 것입니다.

이제부터 목표를 세우고 기록하고 늘 그것들을 바라보는 습관을 길러 보십시오. 하루, 이틀, 사흘, ……, 그리고 1년 뒤에 회고해 보십시오. 기록함으로써 당신이 이루어 놓은 실적을 보고 당신도 놀랄 것입니다. 깨닫지 못한 인생의 풍요로움이 당신을 행복 속으로 초대할 것입니다.

기록하라! 그러면 당신은 엄청난 자발적 동기 부여가 생기게 될 것이고 기록한 인생에 전력을 다하여 몰두하게 될 것입니다. 인생은 당신 마음속에 생각한 대로, 그리는 대로, 적은 대로 이루어지게 되어 있습니다. 인생은 생각의 붓이 가는 대로 그려지는 것 ― 그 누구도 당신의 생각의 붓을 방해할 사람은 없습니다.

기록은 나룻배의 노와 같아 삶의 방향과 길을 잡아줍니다. 기록은 성공으로 가는 외길이며 지식을 낳고 나아가 부(富)를 창출하게 합니다. 정보는 움켜질수록 가치가 없어지게 되고 자신의 발전을 퇴보시킵니다. 인생에서 성공하려면 모든 영역에서 기록하고 또 기록하는 것입니다.

어떻게 쓰는 습관을 기를 것인가?

가장 먼저 할 일은 두꺼운 노트 한 권을 사는 것입니다. 그리고 그날 있었던 일을 글로 정리합니다. 쓰는 습관을 들이는 것입니다. 처음에는 결코 쉽지 않다는 것을 염두에 두어야 합니다.

코끼리를 어릴 적부터 말뚝에 매어 놓고 기릅니다. 아무리 도망가려고 해도 말뚝에 매인 밧줄이 그를 놓아주지 않습니다. 그런 습관이 있는 까닭에 나중에 어른이 되어도 말뚝에 밧줄만 걸쳐놓아도 꼼짝하지 않고 서 있다는 것입니다. 마음만 먹으면 밧줄 수십 개라도 끊고 굴레를 벗어날 수가 있는데 말입니다.

자주 적다보면 요령도 생기고 기교도 늘어갈 것입니다. 많은 책을 읽으십시오. 여러분은 자기도 모르게 코끼리가 되어 있을 수가 있습니다. 말뚝에 매어놓은 밧줄을 과감히 풀어버려야 합니다. 적게는 수 미터에서 많게는 수 십 미터나 자랄 수 있는 나무를 30센티도 안 되는 분재로 만들 수 있는 것처럼 습관은 중요합니다. 이를테면 본인이 좋아하는 프로가 있으면 보고 난 다음 비평가라고 생각하고 비평의 글을 적어봅니다. 시사성 있는 글을 적어보는 것도 좋습니다. 친구에게 긴 편지를 쓰는 것도 쓰는 습관을 기르는 방법 중의 하나입니다. 자꾸 적으면 생각이 구체화되고 적는 데 자신감을 가지게 되며 점점 가속도가 붙게 될 것입니다.

인 · 생 · 경 · 영 · 키

▶ 적는 습관에 가장 걸림돌이 되는 것이 무엇인지 적어보십시오. 그리고 어떻게 그것을 극복할 것인지를 적어보십시오. 기록하십시오. 그러면 흑백의 인생에서 칼라 인생으로 변하게 될 것입니다.

▶ 내가 기록함으로써 어떤 유익이 나에게 있는지 생각나는 대로 적어보십시오.

본인이 하고 있는 일에서 시작하라

사람은 본인이 하고 싶은 일을 해야 능률이 오릅니다. 하고 있는 일에 대하여 기록을 하여 자료로 남겨봅니다. 그러면 자기도 모르는 사이에 새로운 아이디어 배에 올라 있다는 것을 느낄 것입니다. 아이디어가 어느 날 갑자기 뻥튀기 튀기듯 머리 속에서 펑펑 솟아나는 것은 아닙니다. 머리 속에 동기 부여를 집어넣어야 합니다. 아이디어는 화학 반응과 같아서 뭔가 머리 속에 입력된 것이 있어야 생깁니다.

공부하는 학생을 예를 들어보겠습니다.

우선 잘하는 과목에 대하여 공부하는 비결을 잘 적어 보십시오. 왜 내가 이 과목을 잘하고 있는지, 어떤 공부 방법을 쓰고 있는지 자세히 기록해 보십시오. 그리고 그 방법을 공부를 잘 못하는 다른 친구에게 권유해 보십시오. 말보다 반드시 구체적으로 적어서 주십시오. 그래야 정확한 정보가 되며 그 친구가 정확히 활용할 수 있습니다.

가장 못하는 과목에 대하여 현재 공부하고 있는 방법에 대하여 상세히 적어 보십시오. 그러면 왜 그 과목이 잘 안 되고 있는지에 대한 이유가 거기서 나올 것입니다. 기록함으로써 원인과 이유가 나오고 해결의 실마리가 나오기 때문입니다.

부진 과목에 대해서는 잘할 수 있는 방법을 찾아보십시오. 넘어야 할 장애물이 무엇인지, 그 장애물을 극복할 수 있는 방법을 적어보십시오. 대부분은 해결할 수 있는 것들임을 잊지 마십시오.

매번 시험을 볼 때마다 각 과목에 대한 본인의 성적과 느끼는 심정을 조목별로 적어 보십시오. 어느 과목은 자신이 있고, 어느 과목은 자신이 없고 등등. 그 자료들을 버리지 말고 계속 모으십시오. 이 다음에 시험을 칠 때 그 자료를 다시 읽어보십시오. 그리고 옆 칸에 다시 현재의 심정을 적어 넣고 본인의 예상 점수를 미리 적어 보십시오. 시험을 치른 후 지난번 시험과 다시 비교해 보십시오. 거기서 본인의 공부 방향이 나올 것입니다. 이번에는 "어느 과목에 치중을 해야겠구나."라는 생각이 떠오를 것입니다. 그리고 각 과목에 대한 성적을 그래프로 그리십시오. 그래프를 그려 보면 욕구가 불타오를 것입니다.

시험 성적을 도표화하면 "나의 지식이 날로 성장하고 있구나."라는 생각을 가지게 될 것이며, 성적이 시각화가 되어 눈으로 들어오기 때문에 머리 속에 각 과목에 대한 관심도가 증가하고 의욕이 넘쳐나게 될 것입니다. 단순히 수치로 적어 놓는 것보다는 공부에 대한 의욕을 더 강하게 불러일으킬 것입니다. 그 와중에 여러분의 생각은 구체화(solidification)되고 다져질 것입니다. 이런 것은 우리 삶 다른 곳에도 그대로 적용됩니다. 마라톤 영웅인 황영조가 큰 경기를 앞두고 항상 훈련 일지를 꼼꼼히 읽은 것을 기억하십시오. 선진국으로 갈수록 기록 습관이 좋다는 것도 본받을 일입니다.

메모지는 제 2의 머리 보조 기억 장치

사람의 머리는 잠자는 시간을 빼고는 돌아갑니다. 눈만 뜨면 우리의 머리는 소리도 없이 돌아갑니다. 공장은 돌리면 시끄럽지만, 머리 가동 소리는 생각으로 움직이며 빠른 속도로 생각이 움직이기 때문에 들을 수 없습니다.

팽이가 돌 때는 안 넘어지고 온갖 기교를 부릴 수가 있지만 멈추면 모든 게 끝입니다. 그러나 우리의 머리는 눈만 뜨면 팽이처럼 돌아가므로 좋은 아이디어가 언제 떠오를지 모릅니다. 그럴 때마다 기록해 두는 것입니다. 쓸모 없는 것이라도 적어 두십시오. 그리고 새로운 것을 보거나 만지면 우리의 뇌는 더욱 바빠집니다. 머리 속의 온갖 회로를 뒤적거리며 정보를 모아서 한 가지 기발한 아이디어를 산출해 내는 것입니다. 오늘부터 기록을 하십시오.

메모지가 없으면 우리의 뇌는 화를 냅니다. 머리 속에 모든 정보를 가두어 놓기만 하니까 머리인들 얼마나 귀찮겠습니까? 머리는 신선한 아이디어나 지혜를 구하는 데 활용하고, 한번 머리에서 출력된 필요 없는 정보는 다시 입력시키지 말아야 합니다. 우리의 머리는 새로운 것을 출력시키면 시킬수록 더 새로운 고급 아이디어가 나오는 것입니다.

메모지에 적힌 글은 보통 글이 아닙니다. 그 순간 머리가 획기적인 생각이라고 판단하고 출력한 것이기 때문에 활용 가치 또한 높습니다.

기록은 누구에게 주기 위한 것

어렵게 기록한 것을 거저 주려면 아까울 것입니다. 그러나 남에게 주십시오. 정보란 돌고 돌 때 더욱 가치가 있기 때문입니다. 어느 누구에게도 공개되지 않는 정보는 죽은 정보입니다. 혼자를 위한 기록은 기록이 아니라 사해(死海)에 불과합니다. 정보를 주면 손해볼 것 같지만 결국은 본인이 더욱 발전합니다. 하나의 기업이 독점하면 돈벌이가 더 잘 될 것 같지만 사실은 경쟁자가 있을 때 돈벌이가 더 잘 된다는 원리와 같습니다. 경쟁이 있어야 계속해서 개발을 하고 더욱 더 그 제품에 신경을 쓴다는 것입니다.

좋은 교육 프로그램이 있으면 잘 정리해서 남에게 주십시오. 그러면 언젠가 그 자료를 통해서 그 사람이 잘 되면 그것으로써 이미 큰 일을 한 것입니다. 인생이 꼭 자기만 성공한다고 되는 것은 아닙니다. 남을 성공하게 하는 밑거름이 되는 것도 훌륭한 성공입니다. 컴퓨터의 황제 빌게이츠의 성공 요인 중 하나는, 그가 가지고 있는 정보를 남과 공유하는 데서 나온 것입니다. 빌게이츠는 그의 지식을 적어 언제나 주위와 공유한 사람 중의 한 사람입니다.

고인 물은 썩지만 흐르는 물은 썩지 않습니다. 정체된 정보는 자기도 못 쓰고 남도 못 쓰게 됩니다. 주는 삶 — 그것은 본인의 인생이나 업무의 know-how를 잘 정리하여 남에게 주는 것입니다. 정보를 많은 사람과 공유하면 본인에게 더욱 많은 정보가 생기고 나아가 인생이 더욱 풍요로워지는 것입니다.

인 · 생 · 경 · 영 · 키

▶ 당신은 얼마만큼 기록을 좋아합니까? O와 X로 표시해 보십시오

1) 메모지를 항상 가지고 다니는가? ( )

2) 생각나면 즉시 적는가? 나중에 모았다가 적는가? ( )

3) 내가 아는 친구에게 1년에 10통 이상 편지 혹은 전자메일을 보내는
   가? ( )

4) 지금 일기를 쓰고 있는가? ( )

5) 그날 있을 일에 미리 할 이야기를 적는가? ( )

6) 다른 사람으로부터 정보를 받으면 곧바로 feed back을 하는가? ( )

7) 좋은 정보가 생기면 남에게 주는가? ( )

8) 문제가 생기면 그것을 적고 해결할 방법을 찾아서 기록하는 사람인
   가? ( )

9) 남으로부터 받은 자료를 잘 정리하고 있는가? ( )

10) 가계부를 적고 있는가? ( )

11) 인상적인 일이 생기면 그것을 기록하는가? ( )

12) 남이 적은 글을 읽는 것을 좋아하는가? ( )

13) 좋은 글이 있으면 스크랩해 놓는가? ( )

14) 기록이 나에게 유익을 줄 거라고 생각하는가? ( )

5개 이하면 보통이하, 7개 이상이면 보통, 10점 이상이면 성공적, 13개
이상이면 기록을 아주 잘하는 사람일 것입니다.

책장 속에 숨은 지혜를 찾아내라

지혜가 뛰어나기로 널리 알려진 사람이 있었습니다. 한 젊은이가
그에게 물었습니다.

"선생님, 그렇게 현명해지신 비결이 무엇입니까?"

"별로 어려운 일이 아닐세. 나는 언제나 올바른 판단을 내리려고
노력해 왔네. 그런데 올바른 판단은 경험에서 오는 것이지. 또 경험은
어디서 비롯되는가 하면 바로 잘못된 판단에서 생겨나는 것이라네."

물리학자인 존 뉴턴은 정원을 거닐다가 만유인력법칙을 발견했습
니다. 그가 세상을 떠날 때 무릎을 꿇고 이렇게 고백했습니다.

"하나님의 지혜는 대해(大海)와 같이 장엄하게 전개되어 있다는
것을 알았습니다."

뉴턴은 무신론적인 생애를 보냈으나 세상을 떠날 때 하나님을 믿

었습니다. 사람의 지혜가 창조주 앞에서는 어리석은 것입니다.

우리 나라 학생들은 머리 속에 남의 생각을 채우는 데 혈안이 되어 있습니다. 우리 나라만큼 두뇌를 운영하는 데 들이는 비용이 많은 나라가 없을 것입니다. 유치원도 가기 전부터 머리에 남의 생각(지식)을 채워 주느라고 난리입니다. 작년 한 해 동안 다른 사람들의 생각을 머리 속에 채워주는 대가로 24조원이 들어갔다고 합니다. 순수하게 머리에 채우는 비용입니다.

우리 나라에 대학을 한 개만 두고 전국 도에 과(科)중심으로 대학을 운영하면 얼마나 좋겠습니까? 초등학교 1학년 때만 배운 것을 우리 삶에 적용해도 인생의 반은 이룰 것입니다.

과연 그렇게 채우고 필요한 때 얼마나 환급 받을 수가 있겠습니까? 한 쪽에서는 호수물이 계속 들어오는데 둑을 막아 버리면, 새로 유입된 물은 위로 넘쳐버리고 기존의 물도 시간이 지나면 죽고 맙니다.

지식과 지혜

지식이 흘러가는 강물이라면

지혜는 강 깊숙이 숨어서 터지는 샘물이라네!

지식이 정적(靜的)이면, 지혜는 동적(動的)이라.

지식이 한 그루의 사과나무라면, 지혜는 나무에 열리는 열매요,

지식이 양(量)을 자랑한다면, 지혜는 질(質)을 자랑한다네.

지식은 책을 펼치면 눈에 보이나,

지혜는 책장 속에 숨어 있어 보이지 않노니,

지식은 아무에게나 찾아가나,

지혜는 그것을 사모하는 자에게만 찾아간다네

지식은 사람을 교만하게 하나, 지혜는 사람을 겸손하게 하며,

지식은 일생 동안 창고에도 가득 메울 수 있으나,
지혜는 일생 동안 위에서 내려오는 선물이거니
지식이 봇물처럼 넘쳐나나, 지혜 앞에 무력하도다
지식은 은으로도 살 수가 있으나,
지혜는 금덩어리로도 구할 수가 없으니,
지식은 자랑하기에 유익하나, 지혜는 오직 성공하기에 유익할지니라

- 2000, Kwak

지식과 지혜는 하나 되기에 너무 멀리 떨어져 있어
한번도 손이 닿아 본 적이 없다.
지식은 머리 속에 남들에 대한 생각으로 가득 차 떠돌고
지혜는 마음속에 자기에 대한 관심으로 가득 차 있다.
지식은 자신이 많이 배운 걸 자랑하고
지혜는 자신이 더 이상 알지 못하는 걸 부끄러워한다.

- 1731~1800, W. Coper

    지식은 남의 생각을 머리에 무분별하게 집어넣는 과정이나 지혜는 지식을 요리하여 우뇌에서 창조되는 걸작품입니다. 지혜가 나오는 공장은 안 돌리고, 지식을 채우는 공장만 부지런히 돌리니 지식의 효용 가치가 없는 것입니다. 머리에서 우수한 생산품(아이디어 또는 지혜)이 나오려면 원료가 우수하면서 생산 기술(창조력)이 뛰어나야 하는데 원료는 아주 좋으나 그것을 받아들여 생산해 내는 기술이 신통치 않으니, 오늘날 우리 교육이 말이 많은 것입니다. 지식은 많으나 지혜가 적을 수도 있으며, 지식은 적으나 지혜는 엄청나게 많을 수도 있습니다. 로버트 풀컴의 「우리가 알아야 할 것은 모두 유치원에서 배웠

다」라는 책 제목처럼 우리가 유치원 때 배운 것만 다 우리의 삶에 적용해도 우리 사회는 빛나고 살기 좋은 세상이 되어 있을 것입니다.

사람은 누구나 지혜를 사용하면 일주일에 백만 개나 되는 아이디어를 창출해 낼 수 있다고 합니다. 지식이 좁은 공간에서 헤엄치는 금붕어라면 지혜는 바다 속을 활개치며 다니는 고래처럼 넓고 큰 것입니다.

 인 · 생 · 경 · 영 · 키

▶ 데이터, 정보, 지식, 지혜의 차이를 구분하여 보십시오. 4가지 중에 지혜가 가장 높은 자리에 앉아 있습니다.

▶ 오늘부터 지혜를 간절히 사모하십시오. 구름을 사모하면 비가 옵니다

지혜는 우리에게 무엇을 주나?

영국의 정치인 조지 렌즈베리(G. Landsbury)는 세계적 전도자인 스텐리 존스(E. Stanley Jons)에게 이런 말을 했습니다.

"나이 80에 이르러 내 인생을 뒤돌아보니 실패한 것 같지는 않네. 그러나 만일 내게 인생이 다시 한번 주어진다면 나는 전 생애를 사람들을 변화시키는 데 바치겠네. 인간이 변하지 않고는 그 어떤 것도 변화시킬 수 없으니 말이야"

- 조지 렌즈베리

특별히 자신을 변화시키는 지혜를 구하십시오.

지혜가 우리 마음속에 들어오면 삶이 풍요로워지고 악에서 보호받

을 수가 있습니다. 지혜는 당신을 보호하며 모든 일에서 최상의 것으로 지켜줄 것입니다. 맹물을 마시면 맛이 없으나 오렌지도 넣고 설탕도 넣어 차게 마시면 얼마나 맛이 있습니까? 지혜가 우리의 마음속에 들어와 퍼지면 삶이 윤택하게 됩니다. 지혜는 선한 길로 인도하며 의인의 길을 걷게 할 것입니다. 정직한 자가 땅을 가지게 되며 완전한 자가 이 땅에 남아 있을 것입니다.

목이 마른 까마귀가 물병을 찾았으나 주둥이가 짧아서 먹지 못했습니다. 까마귀가 어떻게 먹을 수 있었을까? 까마귀는 돌을 병에 넣어 차오르는 물을 마실 수가 있었습니다.

지혜는 열매를 맺게 합니다

공부할 때 목표를 자신에게 두면 큰 일을 행할 수가 없습니다. 공부는 이웃을 위해 쓰겠다고 다짐하고 써야 합니다. 지혜는 베풀 줄을 압니다. 베풀기 위해서 공부하시기 바랍니다. 베푸는 것은 재물로 베풀 수도 있고, 자기가 가진 재능으로 베풀 수도 있고, 시간으로도 할 수가 있습니다. 찾으면 얼마든지 있습니다. 남에게 베푸는 힘은 곧 지혜입니다.

남에게 베풀 힘을 키우기 위하여 공부한다고 생각해 보십시오. 얼마나 신이 나는 일입니까? 인생의 참 목표는 남을 돕는 데 있습니다. 목이 뻣뻣하거나 거만한 사람이 남을 돕기 위해서 일하는 것을 보았습니까?

지혜는 동물원의 울타리와 같습니다

어느 날 제비는 농부가 밭에 씨를 뿌리는 것을 보고 그 뒤를 돌아가서 무슨 씨앗인가 살펴보았습니다. 그것은 삼씨였습니다. 제비는 이

삼이 자라면 농부가 실을 뽑아 그물을 만들거라 생각해 모든 새들에게 일일이 말하고 당부했습니다. "삼 씨앗이 돋아나기 전에 삼씨를 다 먹어 치우는 데 협력합시다." 그러나 다른 새들은 동참하지 않았습니다. 새순이 올라왔습니다. 또 다시 순이 더 자라기 전에 해치우자고 제의했으나 말을 듣지 않았습니다. 다른 새들이 제비의 어리석음(?)에 대하여 비웃고 있는 동안 삼은 점점 자라났습니다. 제비는 어리석은 새들과 절교하기로 하고 멀리 떠나버렸습니다(『이솝우화』에서).

인간의 마음속에는 동물원을 하나씩 운영하고 있습니다. 호랑이, 사자, 표범, 늑대, 이리, 고양이 등등. 그래서 마음속에는 강하고 거칠며 야성적인 충동이 꽉 들어 있습니다. 울타리만 넘으면 와락 쏟아져 나와 뭐든지 먹으려고 으르렁거릴 것입니다.

지혜는 각양각색의 동물들이 바깥에 못 나오도록 막아주는 울타리입니다. 아무리 짐승들이 뛰쳐나오려고 해도 넘을 수가 없습니다. 사람은 누구에게나 관능적인 욕구가 있습니다. 그래서 시험을 참는 자가 복이 있다고 했습니다. 시험은 곧 자기 욕심에 미혹되어 나타나는 것입니다. 욕심이 잉태하면 죄를 낳고 죄가 장성하면 죽음이 기다리고 있습니다.

여러분! 오늘 당장 동물원에 울타리를 한 개씩 치십시오. 울타리를 만들지 않으면 오늘 무슨 일이 일어날지 자신도 모릅니다. 마음을 지키는 울타리가 성을 지키는 울타리보다 수백 배 좋은 것입니다. 교만으로부터 지켜줄 울타리도 치시고, 거만으로부터 지켜줄 울타리도 치시고, 게으름으로부터 지켜줄 울타리도 치시고, 남을 미혹하는 것에서부터 지켜줄 울타리도 치십시오. 그것들이 못 나오도록 단단히 지키십시오. 당신이 길거리에 풀어 놓은 사자나 호랑이가 다른 사람을 해칠지도 모릅니다.

혹시 여러분 마음이 운영하는 동물원에 "개조심"이란 팻말을 붙이고 다니는 사람이 있지 않습니까?

지혜는 당신을 개미처럼 만들어 버리는 힘이 있습니다

오늘 개미가 우리 인생들에게 한 마디 합니다.

"만물을 주관하는 인생들이여! 우리 개미 부대가 뙤약볕에도 쉬지 않고 허리가 휘청거릴 정도로 일하는 것은 오로지 이 땅을 다스리는 당신들에게 부지런하면 잘 산다는 진리를 가르치기 위함입니다. 우린들 종일 일하면 피곤하지 않겠습니까? 오로지 인생들을 위하여 쉬지 않고 일하는 겁니다. 우리가 움직이지 않고 제자리에 가만히 있으면 자는 것이 아니라 죽은 것이니 부디 무자비하게 밟지 말고 삼가 애도를 표하여 주시기 바랍니다. 개미 총사령관"

'지혜' 하면 저는 개미가 가장 먼저 머리에 떠오릅니다. 저는 아직도 개미가 바위 위에 올라 조용히 않아서 먼 산을 바라보고 쉬는 것을 보지 못했습니다. 그는 바위 위에 올라가 산산한 바람을 쐴 겨를도 없는 것 같습니다. 쉴 줄 몰라서 그런 것이 아니라 오로지 일을 위하여 인생을 살 것이라고 작정한 개미라고 생각이 됩니다. 짐이 없으면 짐이 없는 대로 바쁘게 돌아다니고, 등에 짐을 실으면 죽기 살기로 운반하려고 애쓰고, 이리저리 돌아다니는 모습을 보면 사람이 부끄러울 때가 참 많습니다. 하나님이 동물을 창조하실 때 개미를 특별히 창조하신 것은 우리에게 많은 것을 깨우치게 하시려고 그렇게 하신 것처럼 보입니다. 지혜 있는 자는 누가 있든 열심과 모든 힘을 다하여 맡겨진 일을 합니다.

어느 장군이 전쟁에 패하여 부하들을 모두 죽이고 자기도 죽으려고 칼을 드는데 눈 앞에 개미가 보였습니다. 자기보다 덩치가 몇 배나 큰 양식을 걸머지고 옮기는데 밧줄도 매지 않고 업고 가는지라 비틀하면 짐이 넘어지고 또 넘어졌습니다. 장군은 하도 신기하여 졸졸 따라갔는데 69번 실패하고 70번째야 목적지에 도달하는 것을 보고 크게 뉘우치고 동굴을 나왔다고 합니다. "겨우 한번 실패하고 죽을 생각을 하다니!" 그 장군은 개미를 보고 지혜를 얻은 멋진 사람입니다. 개미 한 마리 보고 팔자 고친 사람입니다. 여러분도 실패하면 바로 개미한테 가서 자초지종을 말하고 노하우를 물으십시오.

개미는 간역자도 없고 주권자도 없는데 여름 동안에 먹을 것을 예비하여 추수 때면 양식을 다 모읍니다. 그래서 잠언에서는 "게으른 자여 네가 어느 때까지 눕겠느냐? 네가 어느 때에 잠이 깨어 일어나겠느냐? 좀더 자자, 좀더 졸자, 손을 모으고 좀더 눕자 하면 네 빈궁이 강도같이 오게 하며 네 궁핍이 군사같이 이르리라."고 말하고 있습니다.

세상은 어렵게 번 돈을 자꾸 앗아가려고 합니다. 가을 낙엽 떨어지듯이 매달린 돈이 자꾸 바람에 날려 가게 합니다. 번 돈은 가을철에 나무에 매달리는 열매와 같아 다시 오래 두면 상합니다. 상하기 전에 그럴만한 힘이 있으면 이웃에게 주어야 합니다. 믿음의 분량에 따라 지혜로운 자는 열심히 일하여 돈을 벌고 번 것을 기회가 오면 지혜롭게 다시 나누어주는 사람입니다.

 인·생·경·영·키

▶ 지식은 사람에게 풍요를 가져올지 몰라도 변화시킬 수는 없습니다. 그

러나 지혜는 삶을 변화시키는 힘이 들어 있습니다.

▶ 지혜는 우리의 인생을 철길 위로 가게 합니다. 거친 광야 속에서 지혜로 인생의 철길을 만들어 가십시오.

어떻게 하면 지혜로운 인생 경영을 할 수 있을까?
한 칼럼니스트가 유명한 석학에게 물었습니다.
"현대인을 한마디로 표현해 주십시오."
그러자 그 석학은
"현대인은 우주에 대해서나 세상에 대해서는 아는 것이 너무나 많습니다. 그러나 정작 자기 자신에 대해서는 아무것도 모르고 있고 또 더 모르게 되어 가고 있습니다."

지혜로운 인생 경영은 자신을 잘 아는 데서부터 출발합니다.
어느 날 재판관 원숭이가 이리와 여우의 재판을 맡게 되었습니다. 이리가 도둑을 맞았다고 신고를 한 것입니다. 이리와 여우가 상반된 말로 떠들었습니다. 재판관 원숭이는 둘 다 교활한 놈인 줄 알고 있었기 때문에 다음과 같은 판결을 내렸습니다.

"나는 옛날부터 너희들을 잘 알고 있다. 너희들은 둘 다 벌금을 지불하지 않으면 안 된다. 왜냐하면 이리는 도난 당한 것이 없으면서도 거짓신고를 했기 때문이며, 여우 네가 이렇게 고소 당한 것은 예전에 전과가 있기 때문이다." 재판관이 생각해도 엉터리 같았지만 나쁜 놈들을 벌주는 것은 잘못이 아니라고 믿었습니다(이솝우화에서).

인 · 생 · 경 · 영 · 키

▶ 지구촌에 지극히 작은 것들의 지혜를 보면 앙망스럽습니다
  - 개미의 근면: 힘은 없지만 먹을 것을 예비하는 똑똑한 놈입니다.
  - 사반의 자기방어: 약하지만 바위사이에서 집을 짓고 사는 총명한 놈입니다.
  - 메뚜기의 질서: 떼를 지어 나아가는 협동심을 발휘합니다.
  - 도마뱀의 담대함: 작지만 꾀 있고 재빠른 민첩함이 있습니다.

대단하지 않습니까? 사람은 자연 속에서 지혜를 거듭 구하여도 고 갈되지 않습니다. 오늘부터 자연 속에 노니는 식물과 동물을 바라보고 지혜를 배우시기 바랍니다. 여러분이 좋아하는 동물과 식물을 하나씩 적고 그들의 지혜를 배우는 기회로 삼아봅시다.

지혜 없이 인생을 사는 10가지 유형의 사람들

어떤 농부가 죽게 되어 세 아이들에게 유언을 하게 되었습니다. "내가 너희들에게 줄 것을 포도원에 묻어 놓았느니라." 아이들은 "아버지 그것이 무엇인데요?" 하고 여쭈었습니다. 그러자 농부는 "파보면 알 것이다. 그것을 나누어 가지도록 하라"라고 말하였습니다.

아버지가 죽은 후에 그들은 포도원을 파헤치기 시작하였습니다. 그런데 보물은 보이지가 않았습니다. 그러나 가을이 되자 포도나무에는 전보다 몇 배나 되는 포도가 열려 있었습니다. 세 아들은 "이것이 아버지가 준 선물이구나. 흙을 파서 뒤집어 주었더니 영양분을 포도나무가 잘 빨아들인 거야."라고 했답니다.

지혜는 인생의 윤활유입니다. 아래 유형을 잘 탐독하여 주십시오.

■ 작은 것에 충성을 못하는 사람 : 작은 일을 못하면 큰 일도 못합니다.
■ 성공하기에 유익한 것이 없는 사람 : 나만이 할 수 있는 일을 개발하고 찾아야 합니다.
■ 자기만의 유익을 구한 사람들 : 공부를 해도 일을 해도 자기만을 생각하는 사람은 지혜의 난로에서 멀리 떨어져 있는 사람입니다. 지혜는 많은 사람을 유익하게 하는 힘이 있습니다.
■ 시험에 빠진 사람들 : 자기가 물에 빠져 허덕이고 있다는 사실을 모르고 있는 사람입니다.
■ 아무도 지켜주지 않고 보호해 주지 않는 사람들 : 외톨이 신세입니다.
■ 자기의 생명을 아무렇게나 생각한 사람 : 흙을 이개듯이 다시 만들 수 있는 인생이 아닙니다. 한번 토기장이가 만든 인생은 다시 만들 수가 없습니다.
■ 항상 삐딱한 길로 가는 사람 : 돼지 발톱처럼 일을 한다고는 하나 매사에 하는 일들이 삐뚤어집니다.
■ 꿈이 사라진 사람들 : 꿈이 없으면 대충 산다. 내일이 없으니 삶의 풍성함이 없습니다.
■ 얼굴이 항상 어두운 사람 : 마음이 어두우면 얼굴이 어두우며 인생의 미래도 어둡습니다. 얼굴은 마음의 거울입니다.

외아들을 둔 한 유태인이 죽을 때 유언을 하게 되었는데 아들에게는 재산을 주지 아니하고 종에게 다 주고, 아들에게는 그 중 하나만

택하게 했습니다. 살다가 횡재를 한 종은 그 소식을 주인 아들에게 알리러 갔습니다. 그 유언장을 읽어본 아들은 깜짝 놀랐습니다. "그럴 리가 없는데⋯⋯." 장사를 치르고 아들은 무엇을 택할지 고민에 빠졌습니다. 고민하다가 한 랍비를 통하여 "당신은 종을 택하면 될 것이오. 종을 택하면 모든 재산은 당신의 것이오." 그제야 아들은 아버지의 숨은 지혜를 알아차렸습니다. 만약 아들에게 재산을 다 주노라고 유언장을 작성했다면 그 종은 그렇게 급히 아버지의 죽음을 알리지 않았을 것이고 마음대로 이리저리 썼을 것입니다.

 인 · 생 · 경 · 영 · 키

▶ 위의 열 가지 유형 중에서 해당되는 것이 있다면 과감히 그 습관을 바꾸어 나가시기 바랍니다.

인생을 지혜롭게 사는 힌트

그리스 시대에 이삭이라는 소년이 있었는데, 어느 길가는 사람이 "얘야 아테네까지 얼마나 더 가야 하니?" 하고 물으니 소년은 아무 대답도 않고 있었습니다. 행인은 "귀가 멀었군." 하면서 저만큼 가니 그 아이가 "해지기 전에는 성에 닿을 수 있겠어요." 라고 대답하였습니다. 그러자 길 가던 사람이 "얘야! 왜 아까는 말하지 않았니?"라고 묻자 아이는 "아저씨의 걷는 속도를 모르니까 아까는 가만히 있었고, 지금은 걸음걸이 속도를 알게 되었으니까 대답했어요.".

지혜로운 인생을 살기 위해서는 아래 글을 천천히 읽어보시기 바랍니다.

- 이제까지 받은 축복을 헤아려 보시오. 종이 위에 적어 보시오.
- 기대 이상으로 일을 하십시오. 기대 이상의 일을 하는 비밀을 알면 당신은 이미 성공의 반열에 들어서 있는 것입니다.
- 사랑에 아픔이 올지라도 오랫동안 거기에 빠지지 마십시오.
- 가정을 위하여 많은 시간을 보내시오. 세상에서 비록 실패할지언정 사랑하는 가정이 있으면 당신은 성공한 것입니다.
- 오늘 이 하루를 즐거운 생각으로 기초를 세우십시오.
- 말한 것은 항상 행동에 옮기십시오.
- 주어진 하루는 창조주가 준 선물이라고 생각하시오. 궂은 날이 온다고해서 당신의 목표와 미래가 거기에 방해받지 않도록 하시오.
- 사소한 일에 밤낮으로 얽매이지 마시오.
- 오늘 이 하루가 당신의 마지막 날이라고 생각하고 사십시오. 어제의 패배는 잊어버리고 내일의 문제는 무시하시오. 이런 말은 결코 하지 마시오;
  "다시 한번 내게 인생이 주어진다면 정말 잘 해볼 텐데..."
- 오늘 당신이 사람을 만날 때, 그 사람이 오늘 밤 죽는다고 생각하고 잘 대하시오. 어떤 보상을 바라지 말고 그렇게 하시오.
- 항상 자신에 대하여 웃으시오. 당신의 삶에 있어서도 그렇게 하시오.

- 작은 일이라도 무시하지 마시오. 작은 일을 잘하면 큰 일도 잘 할 수가 있습니다.
- 매일 아침 미소로 시작하시오. 새로운 아침을 창조주의 선물로 생각하고 어제 못 다 한 일을 완성하는 황금의 기회로 삼으시오.
- 당신도 언젠가는 위대한 꿈을 이룰 수가 있다고 믿으시오. 매일 아침 목표를 설정하시오. 작은 일이 모여서 큰 꿈이 이루어집니다.
- 당신이 걸어가는 길에 누구의 방해도 받지 않게 하시오. 외부의 그 어떤 것도 당신이 그것을 받아들이지 아니하면 영향을 미칠 수가 없습니다. 꽃을 피게 하는 사람은 창조주이고 어리석은 자는 그 꽃을 망가뜨립니다.
- 고난은 기회입니다. 역경을 통해서 오히려 배우는 기회로 삼으시오. 아무리 험난한 계곡일지라도 넘어가는 방법이 있다는 것을 믿으시오.
- 참 행복은 당신의 마음속에 있다는 것을 기억하시오. 바깥 세상에서 평화와 만족을 얻으려고 생각하지 마시오. 행복은 주는 데 있다는 것을 기억하시오. 행복은 향수와 같습니다.

지혜가 뛰어난 제나라의 안영이라는 재상을 초나라 영왕이 코를 납작하게 해주고자 초청하였습니다. 영왕이 인사도 끝나기 전에 "제나라에는 사람이 없소?"라며 안영의 키 작은 것을 비꼬았습니다. 그러자 안영은 "그 까닭은 이러하옵니다. 저의 나라에서는 사신을 보낼 때 상대방 사람에 맞게 골라서 보내는 관례가 있습니다." 초나라 영왕은 보기 좋게 반격을 당하자 얼굴이 화끈거렸습니다.

초나라 영왕은 첫 번째 계획을 실패하자 두 번째 계획을 진행했는데, 뜰 아래로 포리들이 죄인을 묶어 지나가자 왕이 물었습니다. "여봐라, 어느 나라 사람이 무슨 죄를 저질렀느냐?" 포리는 "제나라 사람이 절도죄를 저질렀습니다." 그러나 안영은 상관없는 일이라는 듯 초연히 "강남 쪽에 귤이 있었는데 그것을 강북 쪽으로 옮겨 심으면 탱자가 되고 마는 것은 토질 때문입니다. 제나라 사람들은 원래 도둑질이 무엇인지도 몰랐는데 도둑질한 것을 보면 초나라 풍토 때문인 것으로 보입니다." 라고 하니, 초왕은 그제야 안영에게 항복을 하고 큰 잔치를 베풀어 주었습니다.

인 · 생 · 경 · 영 · 키

▶ 나만이 가진 인생의 지혜가 있다면 위의 예처럼 3가지 적어 보시기 바랍니다. 적을 때 당신의 생각이 구체화됩니다.

가계수표 6000불

재산이 많은 익살맞은 유태인이 있었습니다. 유대교 랍비를 불러 만 불을 주며 자신이 천당 가도록 기도를 부탁하였습니다. 그 다음 신부를 불러서 그렇게 했고 그것도 모자라 기독교의 목사를 불러 만 불을 주면서 부탁하였습니다. 3만 불을 다 주고 나니까 조금 섭섭하여 다시 세분을 불러 "내가 천국 가는데 노자가 없으니 내 관에 2,000불씩 만 넣어 주세요."라고 부탁하였습니다. 죽은 후에 신부와 목사는 2,000불씩을 관에다 넣었습니다. 마지막으로 랍비는 4,000불을 취하고 자기 가계수표에 6,000불이라고 쓰고 관에 넣었다는 이야기가 있습니다.

계산이 빠른 랍비 선생, 돈을 사랑하면 그 안에 양심이 사라지고 수전노가 되어 버립니다

지혜의 삶 힌트

- 인생이란 당신이 생각하는 만큼 나쁘지 않습니다. 아침에 자고 나면 점점 좋아지게 되어 있습니다.
- 열정적으로 일을 하고 어떤 일이든 극복하시오.
- 당신의 위치에 맞게 일을 행하고 자기중심이 되지 마시오. 일을 잃어버리면 당신의 이기주의도 일과 함께 사라집니다.
- 무슨 일이든 할 수 있다는 신념을 가지시오.
- 신중히 선택하시오. 그래야 얻는 것이 있을 것입니다.
- 당신이 유리한 입장에 서려고 반대되는 사실을 취하지 마시오.
- 사소한 일이라도 챙기시오.
- 당신의 신용도에 힘쓰시오.
- 당신 스스로 무엇이든 선택하시오. 남으로부터 선택 당하지 마시오.
- 조용히 하고 친절하시오.
- 비전을 실현시키시오. 무엇을 바라는 사람이 되시오.
- 두려움과 협상하지 마시오. 그리고 불평하는 자와는 의논하지 마시오.
- 긍정적으로 생각하시오. 그러면 힘이 몇 배로 증가합니다.

우리 나라 교육은 인간의 마음이라는 항아리 속에 지식이나 정보를 채우는 데 급급했습니다. 정작 내가 배운 것을 어떻게 나의 삶에 활용할 것인가의 문제에 대해서는 너무나 소홀했습니다. 새로운 지식이나 정보보다 새로운 마음을 가슴속에 불어넣어 줄 때입니다. 교육은 나의 삶의 가치를 증가시키는 데 활용되어야 합니다.

1,500그램의 두뇌의 위력

우리의 머리는 무한한 일을 할 수가 있습니다. 독일의 뇌학자 에코노모(C. Economo)는 인간의 두뇌에 대하여 자세히 연구하였습니다. 인간의 두뇌는 약 1,500그램이고 핑크색 제지와 같은 고체인데 두께는 평균 3mm이고 펼치면 2240cm(신문지 한 장의 크기), 세포수는 약 130억 개, 한 개의 세포는 소형 트랜지스터 2개의 성능과 같다고 발표했습니다. 또한 노이만 박사는 뇌세포와 트랜지스터를 비교한 논문에서 뇌세포는 트랜지스터보다 속도가 1만배에서 10만배가 빠르다고 했습니다.

이러한 신비한 뇌를 사람이 일생동안 얼마를 사용하느냐에 대하여는 의견이 분분합니다. 켈리포니아대의 심리학 교수인 길포드 박사는 대체로 30%정도만 사용한다고 하고, 켈럽 박사는 보통 사람은 2~5%를 일생동안 사용하며 아인슈타인은 15%를 사용했다는 경이적인 기록을 세웠다고도 합니다. 또 어떤 무명의 학자는 괴테가 일생동안 0.4%를, 아인슈타인은 0.6%를 사용하였고, 어느 누구도 1%의 머리를 계발한 사람은 인류역사상 없었다고 결론을 내리기도 합니다. 아무튼 머리 가동률은 아주 낮다는 이론에는 틀림이 없습니다. 그리고 하나님께서는 인간에게 무한한 가능성을 주신 것만큼은 틀림이 없습니다. 그러니 지혜를 끝없이 추구하십시오. 구하면 반드시 나옵니다.

자기 머리가 286보다 못하다고 생각하는 사람은 그 정도의 성능이 나오고, 자기의 머리가 펜티엄 IV라고 생각하면 거기에 준하여 머리가 계발됩니다.

어느 학생의 엉터리 지혜

기말 고사를 하루 앞둔 어느 신학교 강당에서 기도 소리가 들려왔습니다. 교수가 지나가다가 누가 이렇게 열심히 기도하나 가만히 가보니 자기가 맡은 학생이었습니다. 기도 소리를 가만히 들어보니 "내일 시험을 치를 때 성령께서 역사하시어 다 알게 하시고 정답을 가르쳐 주옵소서." 하고 큰 소리로 기도하는 것이 아닌가! 교수가 기도하는 학생을 불러 "학생, 내일이 시험인데 기도만 할 것이 아니라 공부를 해야지." 하고 타일렀습니다. 그러자 학생이 "교수님 걱정 마십시오. 하나님께서 모르시는 것이 어디 있습니까?" 하며 대꾸했습니다.

다음날 시험지를 드니 학생은 도무지 알 수가 없어서 시험지에 "하나님은 다 아십니다." 라고 썼습니다. 교수가 보니 기상천외한 답이었습니다. 교수가 어떻게 채점을 해야 될지 몰라 고민하는데 마침내 교수에게도 지혜가 떠올랐습니다. 교수는 이렇게 채점하여 학생에게 돌려주었습니다.

"하나님은 다 아시니 100점, 학생은 아무 것도 모르니 0점"

콩 심은 데 콩 나고, 팥 심은 데 팥 납니다.

2000년 봄학기에 저는 학생 3명에게 F학점을 주었는데 무척 괴로워하며 주었습니다. F학점을 받으면 한 학기를 더 다녀야 할뿐만 아니라 한 학기 등록금을 더 내야 합니다. 그것을 알면서도 그들의 인생시계를 6개월 정도 늦추어 주어야만 했는데 참으로 가슴이 아팠습니다. 그렇게 결정하는 데 3~4주가 걸렸습니다. 지금은 가슴이 아프지만 언젠가 그 늦어진 6개월의 졸업이 먼 훗날 다른 사람보다 6년은 앞서가는 인생이 될 거라고 믿고 있습니다. 왜냐하면 인생에서 심은 만큼 거둔다는 진리를 가르쳐 주었기 때문입니다.

역동적인 지식을 창출하라

"

지식은 권력의 이동이다.　　　　　　　　　　　- 앨빈 토플러
한국의 교육열은 세계적인 수준이며 인재도 많습니다. 하지만 정작 쓸만한
인재는 별로 없습니다.　　　　　　　　　　　- 마이클 포터
부를 창출하는 기반이 근본적으로 변하고 있다. 지식이 부를 창출하는 열
쇠이다.　　　　　　　　　　　　　　　- 데이비드 티스
토지, 노동, 자본과 같은 전통적인 생산요소와 그 효용은 이제 한계에 다다
랐으며 앞으로는 지식이 생산의 유일한 근원이 될 것이다. - 피터 드러커
이제 지식이 없는 국가는 지구상에서 사라질 것이다.　　- 피터 드러커
과거에 생산의 핵심요소는 토지였고 그 다음에는 자본이다. 오늘날에는 인간,
그 중에서도 지식이 생산의 핵심요소이다.　- 교황 요한 바오로 2세
지식은 개인에서 출발하며 조직을 통해 보다 강력한 무기로 전달됩니다.
　　　　　　　　　　　　　　　- 노나카 이쿠지로
성공기업의 비결은? 첫째가 사람이고 둘째도 사람이며 셋째도 사람이다.
그러나 중요한 것은 그들의 몸이 아니고 두뇌다.　- 로자베스 모스켄더

"

　지구상에 있는 지식은 OECD(경제협력개발기구) 통계에 의하면
매년 7%의 비율로 갱신된다고 합니다. 통계적으로 이야기하자면 현
재의 지식을 100으로 볼 때 매년 7%씩 제하게 되며 현재의 지식은 지
금부터 14년 뒤엔 모두 쓸모 없는 지식이 된다는 것입니다.

　이제는 부지런히 나만의 고유한 지식을 만들어야 할 때입니다. 졸
업장 하나로, 자격증 몇 개로 인생살이를 계획하는 것으로는 안 됩니
다. 이제 우리 모두가 지식의 기차를 탈 때입니다. 도서관행 지식 기
차가 아니라 현장으로 접목할 수 있는 지식 기차를 타야 합니다. 남이
만들어 놓은 지식만을 따라가다 보면 우리의 인생 길은 언제나 뒤쳐
집니다.

　최근에 74세 만학도 김기일씨가 박사 과정에 입학하여 화제가 된

적이 있습니다. 평생 공부 시대가 온 것입니다.

　그냥 많이 안다고 알아주는 시대는 지나갔습니다. 이제는 알고 있는 것을 누가 더 많이 활용하느냐가 중요한 시대가 온 것입니다. 제1차 세계지식포럼이 2000년 10월에 서울에서 열렸습니다. 지식 국가가 세계를 지배하는 시대, 지식을 만들어내는 속도가 빠른 나라일수록 그만큼 세계를 앞질러 가는 시대가 온 것입니다. 지식은 무형이지만 점점 유형화되어가고 있습니다. 지식 자산 개념에서 지식 자본으로 넘어가고 있다는 것입니다. 개인의 인생에도 지식 경영을 도입할 때입니다.

　한때 굴뚝에서 연기만 내면 펑펑 돌아가던 손발 경제가, 이젠 머리 속의 지식과 아이디어로 돌아가는 머리 경제 시대에 접어들었습니다. 나라마다 언젠가 써먹으려고 머리 속에 비축해 두었던 지식들이 속속 자라목처럼 불거지고 있습니다. 이제 나라의 경제도, 개인도 머리 속에 잠자는 지식들을 어떻게 활용하느냐가 관건입니다.

　서울대 교육학 교수이신 한숭희 교수는, "앞으로 지식 기반 사회를 이끌고 나갈 인재는 '가르쳐서 육성되는 사람' 이 아니라 '스스로 학습해서 성취하는 사람' 이다."라고 지적했습니다. 이제 누구라도 평생 공부하는 시절이 왔습니다. 안 그러면 도태되기 때문입니다.

　지구상의 지식은 수없이 많습니다. 바다의 모래와 같고 산의 나무와 같습니다. 그 지식을 어떻게 나의 것으로 만드느냐가 중요합니다. 가장 중요한 것은 자기 분야에서 관련된 지식(때로는 정보)을 확보하는 데 있습니다. 본인의 일로부터 지식을 키워나갈 수도 있지만 타인이 이루어 놓은 지식을 습득하는 것도 본인의 지식을 창출하는 과정에서 중요한 역할을 하므로 폭넓게 지식을 대하는 것이 좋습니다.

대화(dialogue)를 통한 지식

대개의 이론적인 지식은 서점이나 도서관에 가면 있으나, 실용적인 지식을 찾으려면 도서관이나 서점보다 그 분야에서 가장 앞서가는 사람을 찾아나서는 것이 가장 좋습니다. 가장 앞서간다는 것은 그 사람의 머리 속에 아이디어가 많이 들어있다는 것과 상통합니다. 특히 현장에서 근무하는 이야기를 자세히 귀기울일 필요가 있습니다. 오랜 그들의 경험은 생생한 정보의 저장고와 같습니다. 언제나 경험은 지식을 앞섭니다. 비록 학식이 낮을지라도 오랜 경험 속에서 그 분야의 지식이 머리 속에 저장되어 있기 때문입니다. 필자는 수많은 현장 경험을 통해서 주어진 분야의 지식을 쌓았습니다. 그것은 책 한 권을 저술하는데 원동력이 되었습니다.

문서를 통한 지식

문서를 통한 지식은 일반적이며 누구나 접할 수 있습니다. 대개 문서를 통하는 자료는 하나의 정보일 뿐이며 어느 부분이 중요한 것인지 헤아리고 판단하기가 어렵습니다. 특히 정보의 홍수 속에 사는 우리들은 어떻게 그 많은 정보를 내 것으로 만들어서 나의 산 지식으로 만들어 내느냐에 초점을 맞추어야 합니다. 그런 의미에서 어떤 책을 보아도 나의 분야에 나의 인생에 적용할 것이 있는지 없는지를 염두에 두고 보면, 좋은 정보나 지식을 효율적으로 확보할 수 있습니다.

"아는 것이 힘이다."라는 말이 있습니다만 이제는 "아는 것이 힘이 아니라, 내가 아는 것을 활용하는 것이 힘이다."라고 해야 할 때입니다. 구태의연한 말처럼 들릴지 모르지만, 이 말은 세월이 갈수록 더욱 실감나는 말입니다. 이미 유럽이 경제적으로 하나가 되어가고 있고 머지 않아 정치적으로도 하나가 되면, 나라간의 담벼락은 완전히 사라질 것입니다. 나라간의 경쟁은 개인의 지식 역량이 크냐 적으냐에 달려있다고 해도 과언이 아닙니다. 이제 개인의 지식 축적과 활용은 더 없이 중요합니다. 지식 없는 국가는 지구촌에서 아예 사라질지도 모릅니다.

한 분야에 수십 년 근무한 경험이 있을지라도 자기 지식을 창출하지 못하면 언제든 그 자리는 내어놓을 준비를 하고 있어야 합니다. 옛말에 '굴러온 돌이 박힌 돌 밀어낸다.'는 말이 있습니다. 이제 자기 고유의 지식을 가지고 있지 않으면 미래 사회에서 지탱하기가 어려울 것입니다.

이제 어느 분야에 있던 새로운 지식을 습득하여 자기화시키거나 본인 스스로 지식을 창출하여 고부가가치를 올리든가 하는 새로운 인생 전략이 필요한 시기가 오고 있습니다. 자기가 가지고 있는 지식을 계속 활용하려면 끊임없이 지식을 진화시켜 나가야 한다는 것입니다. 나무가 가을이 되면 낙엽이 다 떨어지고 새봄이 오면 새 잎으로 단장하듯이 세월의 흐름과 함께 우리가 가진 지식의 옷도 주기적으로 벗어버리고 새 옷의 지식으로 바꾸어나가야 한다는 것입니다.

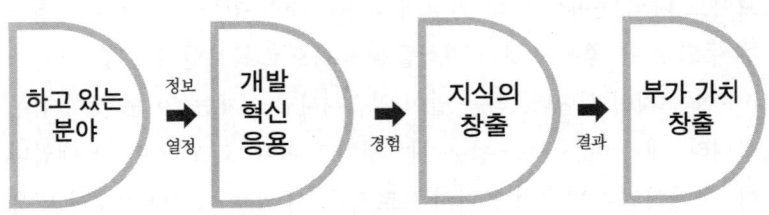

[그림9] 개인의 인생경영에 있어서 부가가치를 창출하는 과정

21세기의 지식의 개념은 누가 많이 알고 있느냐가 아니라 누구나 알고 있는 것을 누가 더 많이 실제에 적용시키느냐에 달려 있습니다. 한 직원이 비싼 경비를 들여 해외에 나가 아무리 많은 정보를 가지고 들어와도 한 건도 현실에 적용할 수 없는 것이라면 그 정보는 사해(死海)와 같은 것입니다. 무엇을 알고 있다면 "그것을 어떻게 활용할 것인가"에 초점을 맞추어야 합니다.

누가 더 많은 지식을 창출하느냐는 각 사람의 인생 열정에 달려 있을 것입니다. 배우지 못한 시골의 농부도 자기만의 고유의 경험을 글로 표현하면 훌륭한 지식을 창출할 수 있습니다. 많이 배웠다고 지식을 많이 창출하는 것은 아닙니다. 누가 머리 속에 잠자는 반짝 아이디어들을 문서화하여 현장에 적용시키느냐가 미래의 지식창조자요 진정한 지식소유자 일 것입니다. 때로는 이론에 대한 상식 없이도 나올 수가 있습니다. 그런 경우 이론이 있는 사람이 짝이 되면 지식의 창출은 더욱 가속도가 붙을 것입니다.

지식은 자라나는 씨앗

지식은 우리 눈에 보이지 않습니다. 영화 필름처럼 눈에 보이기만 한다면 얼마나 좋겠습니까? 보이는 글이 지식이라고 하지만 그것은 상품이 아닙니다. 그래서 지식은 뭐라고 정의하기가 아주 어려운 것입니다.

응용, 경험, 이론, 정보는 지식의 씨앗입니다. 이러한 씨앗들이 가공 텃밭 위에 뿌려지면 지식도 열매를 맺게 됩니다. 지식 씨앗이 잘 자라나게 하려면 지식 가공 능력을 키워야 합니다.

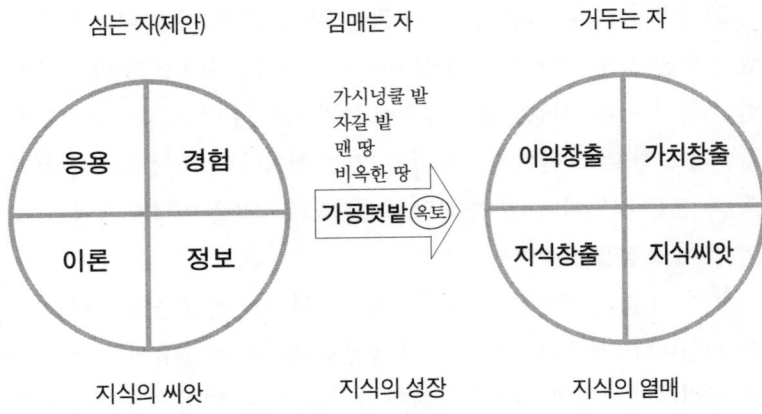

[그림10] 지식 경영의 Plant Growth 모델(2000, KWAK)

지식을 단순히 아는 것이라고 정의한다면 지구상에 모든 글로 표현된 것들은 지식이라고 해도 무방할 것입니다. 그러나 이제 단순히 아는 것만으로는 개인이든 조직이든 국가든 유지하기가 어렵게 되어가고 있습니다. 21세기에는 지식을 끊임없이 사모하는 자만이 살아남을 수 있다는 이야기입니다. 경쟁이 치열해짐에 따라 지식의 범위도 산불처럼 번지고 있고 지식을 창출하는 근원지도 천차만별입니다. 이제 지식은 학교의 전유물이 아니라 일하는 현장으로 옮겨가야 할 때입니다.

인·생·경·영·키

▶ 지식은 한 그루의 소나무처럼 자라납니다. 가꿀수록 지식의 나무는 잘 성장합니다. 이제 한 그루의 지식 나무를 심을 때입니다. 지금도 당신의 지식이 매년 7%씩 사라지고 있습니다.

지식의 종류

- **정보 지식** : 정보는 가장 기초적인 지식이라고 할 수 있습니다. 지식 중에서도 가장 초보적이며 쉽게 접할 수 있는 지식에 속합니다. 이 정보 지식은 우리가 자고 나면 하루에도 수없이 듣게 됩니다.

- **학문적 지식(이론적 지식)** : 이 지식은 도서관에 가면 언제든지 얻을 수 있는 지식입니다. 돈만 주면 얼마든지 조건 없이 손에 쥘 수 있는 것들입니다. 지식 중에 조금 상위에 속하는 것입니다. 이러한 기초적인 이론 지식이 많으면 많을수록 좋습니다. 아이디어는 많이 아는 가운데 생기기 때문입니다. 학술 논문, 연구 보고서 등이 여기에 속합니다. 경영 지식도 여기에 속합니다.

- **경험적 지식(현장 경험)** : 팩스 한 장을 보내는 방법은 누구나 한 번만 직접 해보면 다 할 수 있는 것입니다. 강가에서 노를 저어보면 금방 나름대로의 노하우가 생길 것입니다. 어린아이는 울면 젖을 주므로 배가 고프면 울게 됩니다. 한 번 경험하면 백 번의 이론을 외우는 것보다 더 나은 것이 경험적인 지식입니다. 경험은 지식을 창출하는 보고라고 해도 좋을 것입니다. 지구상에 있는 모든 지식은 경험을 기본으로 합니다. 사업을 경영하다 보면 나름대로의 경영 노하우가 생깁니다. 이러한 지식은 문서화하지 않으면 조직 내에서만이 머무는 지식이라 도서관에 가도 없습니다. 이러한 것들은 무형 자산으로 취급됩니다. 기술 노하우, 경영 노하우 등이 그 대표적인 예입니다. 업무 개선 등도 경험적인 지식에 속합니다. 경험은 학습→연습 과정을 거쳐서 나오

는 최종산물입니다.

● 응용 지식(실용적 지식, 권리적 지식 ― 기술 특허권이나 지
  적 소유권) : 이론적인 지식이 응용되면 실용화할 수 있는
  지식이 나오게 됩니다. 쌀로부터 술을 만드는 것은 응용한
  예입니다. 쌀에서 출발하여 독특한 방법으로 만드는 방법
  을 찾아내었다면 그것은 응용 특허가 되며, 지구상에 없는
  물질을 처음으로 만들어 내면 물질 특허, 생산 공정을 조금
  바꾸어 특허를 내었다면 공정 특허인 것입니다. 이것들은
  지적 소유권을 가질 수가 있는 것들입니다. 곧바로 이것들
  이 상업화될 경우에는 가치의 창출과 직결되는 것들이며 돈
  과도 연결이 됩니다. 이러한 응용 지식 역시 경험에서 오는
  것들이 대부분입니다. 요즘 프로그램 저작권이나 발명 제
  안 등이 여기에 속합니다. 권리적 지식(특허, 상품 등록 등
  지적 재산)은 문서화된 지식으로서 경제적 이익과 관련되
  며 지식의 꽃이라고 할 수 있습니다.

인·생·경·영·키

▶ 이론 지식과 경험적 지식을 균형 있게 갖추어야 합니다. 수영은 물 속
에서 배워야 합니다. 이론을 현장에 접목시키지 못하면 사장됩니다. 이론
과 경험을 저울질하면서 소유해야 합니다.

존재 형태에 의한 분류

인식론의 대가 마이클 폴라니에 따르면 지식을 암묵지(暗默知;TK, tacit knowledge)와 형식지(形式知;EK, explicit knowledge)로 구분하고 있습니다.

쉽게 이야기하면 암묵지는 머리 속에서 맴도는 지식이고, 형식지는 누구나 글로 볼 수 있는 지식, 이를테면 매뉴얼이라든지, 한편의 논문이라든지 또는 보고서와 같이 좀 보편화된 것들입니다. 암묵지는 대개 경험에 의하여 얻어지는 것들이며 글로써 구체적으로 적을 수는 없지만 적절한 경험 과정을 통하여 지식으로 자라날 수 있는 예비지식인 셈입니다. 한 분야에 오래 근무하다 보면 그러한 아이디어가 머리 속에서 어느 날 떠오릅니다. 일종의 반짝 아이디어라고 보아도 좋습니다. 이론에는 없지만 경험이 쌓여, 마치 봄날 콩에 싹이 나서 잎이 생기고 가을에 열매를 맺는 과정과 유사합니다.

또 다른 지식의 분류

이 외에도 지식을 다음과 같이 분류할 수도 있습니다. 실제로 지식의 분류는 상호 연관성이 있기 때문에 엄격히 경계선을 긋기가 쉽지 않다.

- 노하우(know-how): 독특한 제조 기술이나 생산 방법 등이 여기에 해당됩니다.
- 노우와이(know-why): "왜 그럴까?" 이것은 자연의 한 원리입니다.
- 노우후(know-who): 기술 또는 노하우를 누가 가지고 있는지에 대한 지식을 말합니다.

- 노우홧(know-what): 이 지식은 사실에 관한 것으로 인구 분포, GNP 등이 한 가지 예입니다.
- 노우훼어(know-where): 기술 또는 노하우를 어디에서 적용되고 있는지를 아는 지식을 말합니다. 원하는 정보가 어디에 있는지를 알 필요가 있습니다.
- 노우웬(know-when): 언제쯤 새로운 기술이 개발된다는 시기를 미리 아는 것을 말합니다.

21세기에는 단편적인 지식을 파악하는 것보다 상기에 언급한 것처럼 포괄적으로 다 알아야 합니다. 그래야 지식의 활용도를 증가시킬 수가 있고 부가 가치를 발휘할 수 있습니다.

 인·생·경·영·키

▶ 옛날에는 '노하우' 가 인기 상품이었습니다. 이제 정보의 흐름이 빨라지고부터는 위에서 기술한 6가지 모두가 중요한 지식이 되고 말았습니다. 엄청난 변화입니다. 그렇게 하려면 개인의 정보 네트워크를 구축해야 합니다.

지식도 상품이다

앞에서도 이야기한 바 있지만 도서관의 지식은 어디까지나 지식일 뿐입니다. 이제 어떻게 지식을 창출하느냐가 관건입니다. 개인의 인생으로 보면 끊임없는 지식을 창출할 때 부가 가치가 탄생하여 평생 '직장' 에서 평생 '고용' 으로 가는 길이 열릴 것이고, 조직으로 보면 전체 이익이 증가할 것이고, 나라 전체로 보면 경쟁력이 증가하여 나라 전체가 잘 살게 될 것입니다. 21세기에는 지식을 기반으로 한 경제와 지식이 튼튼한 국가가 절실히 요구된다고 보아야 합니다.

부뚜막의 소금도 집어 넣어야 짜게 됩니다. 아무리 우수한 지식이라도 적용할 수 없으면 도서관에서 잠자는 자료에 불과합니다. 그렇다면 우리는 어떻게 지식을 창출할 수 있을까요?

지식 창출의 일반적 모델

지식의 창출 과정(SECI 모델:socialization-externalization-combination-internalization)은 일본의 '노나카 이쿠지로' 교수가 제창하였는데 그의 모델을 간단하게 알아봅니다.

- 1 단계(socialization:공동화) : 제삼자에게 그 생각(아이디어)을 전달하는 과정입니다. 아직은 글로 된 표현도 없고 이렇다 할 자료나 데이터도 없습니다. 그러나 발전시키면 뭔가 훌륭한 결과가 나올 것 같은 신념으로 가득 차는 것입니다. 한 가지 일을 반복하다 보면 어디에도 적혀 있지 않은 새로운 것을 발견하게 되는데, 혼자서는 그 머리 속에 맴도는 것을 발전시킬 수 없는 경우가 허다합니다. 그러나 어느 날 전문가와 이야기하는 도중 평소 머리 속에 들어있던 노하우가 대화를 통하여 전달되었을 때, 그 전문가를 통하여 마침내 하나의 객관적인 지식으로 탄생하는 것입니다.

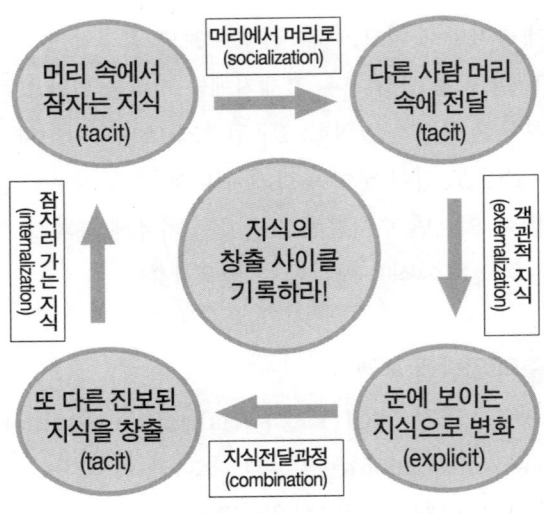

[그림11]

지식을 창출하는 과정. 지식은 돌고 돈다. 남의 머리 속에 들어있
던 것이 어느날 문자로 쓰여져 지면에 나오기도 하고 또 다시 다
른 사람의 머리 속에 들어가 새로운 아이디어를 가져온다.

● 2 단계(externalization: 표출화) : 머리 속에 맴도는 좋은 지
식이 머리 속에만 맴돈다면 그것은 언제까지나 머리 속 정
보밖에는 안됩니다. 샘물은 자꾸 퍼내야 새 물이 나오듯이,
머리 속의 암묵 지식은 자꾸 겉으로 드러내야 새로운 객관
적 지식이 나올 수가 있습니다.

이제 우리 나라도 잘 살려면 적는 습관을 길러야 합니다. 호
떡 하나를 구워도 하나의 호떡이 만들어지기까지 굽는 과정
을 하나하나 남김없이 적어야 합니다. 그래야 아파서 못 나
갈 경우 남편이라도 나가서 "호떡 기록 문서"를 보고 구울
것이 아닙니까? 그것이 자자손손 내려간다고 해봅시다. 일
본에서는 우동 한 그릇 말아서 파는 데에도 대대로 내려오

는 "우동 기록 문서"가 있다고 합니다. 우리 나라에는 공장이나 무슨 기술 수준은 되어야 "운영 기록 문서"가 있지, 번데기 하나 파는데 "번데기 기록 문서" 같은 것은 아예 없습니다. 모든 사람이 겪는 아이디어를 잘 적어서 남에게 주면 그것을 바탕으로 더 나은 아이디어가 나오고 궁극적으로 발전하는 것입니다. 한 사람의 머리 속 생각이나 지식을 본인이 표출화 할 자신이 없으면 그 분야의 전공하는 사람이나 관련 전문가들과 상의하는 것이 좋습니다.

- 3 단계(combination:하나의 지식은 또 다른 지식을 낳는다)
  : 정보의 공유는 곧 서로에게 발전이 있게 합니다. 좋은 정보일수록 나누면 곧 자기 발전을 가져오는 것입니다. 다음의 이야기에서 확인해 봅시다.
  한 미국인이 자기의 기술을 자랑하려고 어느 날 긴 머리카락 하나를 골라 반쪽으로 쪼개어 독일로 보냈습니다. 가느다란 머리카락을 쪼개니 하나의 머리카락이 두 개가 된 셈입니다. 그것을 받아든 독일인은 더 진보된 기술로 머리카락을 처리하여 보냈다. 미국인이 받아보니 두 동강 난 머리카락은 보이지 않고 하나만 달랑 보내왔습니다. 그러면 그렇지 하고 동봉한 메모지를 보는데 그만 놀라고 말았습니다. 머리카락에 긴 동굴을 만들어 놓았으니…. 아예 긴 머리카락에 구멍을 뚫어버린 것입니다.
  객관화된 지식은 또 다른 객관화된 지식을 창출한다! 지식이란 연결고리를 통해서 더 발전하는 것입니다. 어떻게 보면 이 연결화 과정은 응용(application)이라고 할 수도 있습니다.

필자가 언젠가 스웨덴에 머무를 때 일입니다. 한국인이라고는 살지 않는 헬싱보르그 동네에 중국인이 경영하는 서울가든이 있었는데 한복을 입은 여인이 반가이 맞아 주었습니다. 불고기를 시켜서 먹는데 김치라고 나온 것이 먹어보니 달고 시고 이상한 소스가 들어가 맛이 영 아니었습니다. 그러나 그들의 입맛에는 맛있다는 것입니다. 결국 한국의 김치요리방법이 스웨덴에서 제 3의 김치요리방법으로 탈바꿈한 것입니다. 이것 역시 하나의 아이디어가 전달되는 과정에서 또 하나의 새로운 요리방법이 창출된 것입니다.

- 4 단계(internalization:내면화) : 조금 전에 머리카락으로 가운데 터널을 만들어 돌려보냈다는 이야기로 되돌아갑니다. 일찍이 갑돌이가 아주 미세한 파이프에 터널(구멍)을 만드는데 일가견이 있다고 합니다. 그쯤 독일인이 머리카락 하나에 긴 터널을 만든 객관적인 지식(일종의 메뉴얼)을 갑돌이가 입수하여 부지런히 읽었다고 해봅시다. 갑돌이가 그것을 보는 순간 머리카락에 왕복터널을 만들어보겠다는 야심이 꿈틀거린다고 해봅시다. 그것은 새로운 머리 속 지식이 싹트는 것입니다. 이 과정은 형식지가 다시 머리 속의 지식으로 발전시키는 암묵지 과정입니다. 즉 내면화 과정이란 하나의 객관화된 지식을 기본으로 다시 암묵지식으로 연결시키는 것입니다.

- 요약하면 지식의 창출사이클은 다음과 같습니다.
  머리속의 생각(sleeping or latent knowledge) → 글로 된

지식으로 변화(dynamic knowledge,기록화) → 타인에게 전달(knowledge transfer) → 다시 머리속의 지식으로 성장(implanting).

이렇게 지식은 끝없이 반복되면 새로운 지식이 이 과정에서 생성됩니다.

 인 · 생 · 경 · 영 · 키

▶ 지식 창출은 이제 더 이상 많이 배운자의 몫이 아닙니다. 누구든지 자기분야에서 어느 누구도 알지 못하는 지식을 찾아내고 글로 표현하여 지식으로 만들 수가 있습니다. 당신 머리 속에 잠재 되어 있는 지식을 헝클어진 실타래를 풀 듯이 하나하나 풀어 보십시오.

▶ 머리속에 맴도는 지식을 표현하기 어려우면 해당 전문가를 만나서 설명해 주십시오. 그 지식을 그와 함께 공유하면 됩니다. 지식을 만들 때 사람은 자부심이 올라가고 신바람이 나고, 조직으로 보면 생산성이 증가하게 됩니다.

지식을 창출한 사람들 사례

● 철가방 아저씨 조태훈씨

자기 분야의 일을 나름대로 개발시켜 고객을 감동시킨 사람 — 그는 고등학교도 못나왔지만 경영학을 공부한 사람 못지 않게 시장의 세분화, 데이터베이스 마케팅, 브랜드 전략, 제품믹스 등의 전략을 행동에 옮김으로써 매일경제에서 신지식인으로 규정하였습니다. 짜장면 한 그릇의 배달로 끝날

수 있는 그의 인생이었지만 자기가 하고 있는 분야에서 최
고가 되겠다는 뜨거운 열정을 배울 수가 있습니다. 현장경
험에서 오는 그의 실용적인 지식은 지금까지 어느 누구도
찾지 못한 새로운 지식입니다. 그는 그것을 기록에 남겨
"철가방에서 스타강사로" 라는 자서전을 출간, 자기의 신지
식을 남과 공유하고 머리 속의 아이디어가 형식지로 정착한
셈입니다.

● 영화감독 겸 제작자 심형래씨

제작기술 및 노하우의 축적, 글로벌마케팅 시도, 한국영화
의 국제화는 그의 결단력이 이끌어 낸 기막힌 지식작품입니
다. '용가리' 로 600만 달러를 수주하는 것이나 특수영화기
술 수출을 하는 것도 그의 새로운 지식을 창출하는 과정에
서 생겨난 것들입니다. 기존의 관행을 과감히 타파하고, 새
로운 아이디어로 출발한 그였기에 획기적인 기술의 개발과
혁신이 가능했던 것입니다.

● MK 택시회사 유봉식씨

고객위주의 서비스, 고객이 필요할 때 언제나 옆에, 승차거
부 없음, 장애자 우선 탑승, 철저한 교육 등의 서비스정신으
로 일본에서 MK택시를 모르는 사람이 없을 정도로 유명해
진 사람입니다.

● 판매여왕 김명자씨

팔지도 않은 물건을 고쳐주기, 주기적 방문/전화, 일년 동안
DM(direct mail)보내기, 5.50.50.50작전(방문, 초대, 전화걸
기, 전화받기) — 이것들은 판매여왕 김명자씨가 행동에 옮
긴 것들입니다. 그녀의 고부가가치는 기술한 이러한 노하
우를 중심으로 이루어진 것입니다. 경험적인 지식이 그녀
의 행동철학에서 창출된 것입니다.

● **싱가포르 항공사- 5년 연속 최우수**

72년 불과 4대의 항공기로 출발한 싱가포르 항공이 세계 제
5위 항공사로 발돋움할 수 있었던 것은 결항률 0%, 철저한
정시출발/도착, 승객위주의 완벽한 서비스가 있었기에 가
능할 수 있었습니다. 세계 1백만 명의 독자를 가지고 있는
미국의 여행전문잡지(콘데나스트 트레블러)에서 5년 연속
최우수 항공사로 선정되기도 하였습니다. 이코노미 클래스
승객에게도 항공사상 처음으로 무료 음료수를 제공하고 헤
드폰으로 음악과 영화를 즐길 수 있게 하는 등 타항공사를
선도했습니다.

이제까지의 신지식인들의 공통점은 다음과 같습니다. 본인이 하고
있는 일을 과감히 개선·개발·혁신·응용 단계를 거쳐서 새로운 지
식을 창출하는 것입니다. 그러면 부가가치는 저절로 따라 오는 것입
니다. 일종의 보상입니다. 그리고 개인의 경우 모두 한결같이 한 권
의 책을 저술하였다는 것입니다. 자기가 경험한 것들을 남과 공유하
는 것은 신지식인이 해야할 필수적인 일입니다.

▶ 문제는 나 자신의 일터에서 신지식을 창출해내는 것입니다. 당신의 일터에서 더 나은 방법, 더 나은 생각, 더 나은 행동 등을 종이 위에 기록해 보십시오. 대부분의 지식을 기록하는 순간부터 창출됩니다.

이젠 지식이 부(富)를 낳는다

허리가 부러지도록 일을 해야하는 시절은 산업시대에는 통하였습니다. 이제는 화이트 칼라든 블루 칼라든 자기 분야에서 신지식을 창출하지 못하면 부가 나오지 않습니다. 자본과 사람만 있으면 되는 시절은 아득히 멀어져간 지 옛날입니다. 얼마 전까지만 해도 정보가 부를 낳는 핵심체라고 하였지만 이제 정보는 인터넷을 타고 전세계로 알려지고 있습니다. 그래서 동일한 정보를 가지고 누가 먼저 그 정보를 자기화시키고 자기 고유의 분야에 적용시켜 제 3의 지식을 창출하느냐가 관건입니다.

고전적으로 지식이란 학교에서 배우는 전통적 교과서에 의한 지식입니다. 우리의 머리 속에는 그러한 인식들이 널리 깔려있습니다. 호떡을 굽는 사람이 무슨 지식 운운하느냐고 반문한다면 지식에 대한 개념을 다시 세울 필요가 있습니다. 지식이란 우리의 삶과 연결, 적용되고 나아가 궁극적으로는 우리의 삶을 더욱 풍요롭게 하는 것입니다. 모든 사람은 자기의 고유의 일이 있습니다. 거기서 자기고유의 경험에서 오는 것들을 문서화하면 그것이 곧 지식이 되는 것입니다. "이제까지는 이렇게 했는데 이렇게 하니 시간도 절약되고 모양도 나더라"라고 청소부가 고백했다면 그것은 지식창출의 출발입니다. 여러 분야 여러 층에서 누구나 지식을 창출할 수가 있습니다.

예를 들면 미국의 경영평론가 톰 피터스는 한 호텔에서 근무하는 청소부를 지식근로자의 한 인물로 지적한 것은 우리로 하여금 지식에 대하여 많은 것을 시사해주고 있는 대목입니다. 20년 가까이 호텔에서 근무하면서 대충 때우고 말 허드렛일을 하면서도 나름대로의 자기일을 개발 혁신하고 나아가 그러한 경험지식을 동료들에게 전해주었습니다. 창문은 어떻게 닦고, 시트를 어떻게 깔고, 청소는 어떻게하고 등등. 자기의 경험지식을 혼자 간직하지 않고 그것을 적어서 남에게 주는 행동은 지식공유의 활동입니다.

이처럼 지식은 누구나 경험으로 찾아낼 수가 있고 그것을 남에게 전수해 줄 수가 있습니다. 그러한 것을 자료로 모으면 호텔 청소에 대한 하나의 메뉴얼이 나올 것입니다. 복잡한 온갖 방정식과 수식을 동원하며 이해하기 어려운 그런 것만이 지식인 것은 아닙니다. 자기가 하고 있는 분야에서 누구도 알지 못하는 것을 경험에 의하여 찾아내는 것입니다.

요약하면 자신만이 공헌 할 수 있는 분야에서 지식을 찾으라는 이야기입니다.

 인·생·경·영·키

▶ 자신이 하고 있는 일에 대하여 연도별, 주제별, 사건별, 내용별로 분류 (classification)하여 보십시오. 분류작업에서 당신만의 아이디어나 지식이 창출하게 됩니다. 부의 창출은 사소한 것에서 출발합니다.

지식을 계량화하는 습관을 가져라

지식은 무형입니다. 형태도 없고 냄새도 없고 발도 없어 저절로 걸어가 남에게 갈 수도 없습니다. 전달매개체는 오로지 말과 언어일 뿐입니다. 지식은 하나 둘 헤아리기도 사실 쉽지가 않습니다. 그러나 가능한 한 계량화하면 좋습니다. 그것은 자신이 얼마만큼의 지식을 소유하고 있는지 척도가 되기 때문입니다. 남이 가지고 있지 않은 지식을 많이 가지고 있다고 말로만 한다면 믿을 사람은 아무도 없습니다. 그래서 지식을 소유하고 있으면 숫자로 헤아리든지 양으로 헤아리든지 독특한 계량법을 써서 공개하십시오.

특허나 논문, 저서, 보고서와 같은 것은 숫자로 확실히 표시할 수가 있으나 그렇게 숫자로 표시할 수 없는 것은 나름대로 그 지식에 대하여 체계화하면 됩니다. 지적재산권은 팔 수도 있어 얼마든지 계량화가 됩니다. 운동 선수라면, 1등은 몇 점, 2등은 몇 점 등 점수가 있으므로 자기의 가치를 평가하기가 쉬울 것입니다. 1등 할 때마다 성공 요인과 결과를 적어 놓으면 자기 고유의 지식이 되는 것입니다.

이를테면 대화에 대하여 어느 누구보다 독특한 기술이 있으면 그것을 세분화시켜서 문서화해 보십시오. 대화는 듣는 것도, 말하는 것도 중요합니다. 우선, 경청에 대한 글을 하나의 서론, 본론, 결론 형태로 갖추어 간단하게 기록을 해 놓고, 다음 말하는 방법에 대하여 자기 고유의 기술을 적어 보십시오. 그러면 대화에 관해서는 경청과 말하기에 대한 자기 고유의 독특한 지식 두 가지가 마련된 셈입니다. 그렇게 계량화를 하면 지식을 개선해 나가기도 편리하고 경청과 말하기에 대한 관련 자료도 보다 효율적으로 확보할 수가 있습니다. 그러면 언제 어디서고 당신 고유의 대화 기법에 대하여 분명하게 말할 수 있을 것입니다. 지식을 계량화해 나가면 그 자료를 볼 때마다 자신의 발전을 피부로 느끼게 되며 계속적으로 자기 일에 대하여 개선 · 개발 · 응용 · 혁신시켜 나가게 되는 것입니다.

이제 각 기업체도 숫자로 분명히 나타나는 매출액과 이익을 기준으로 그 회사의 가치를 평가할 것이 아니라, 기업의 독특한 경영 노하우나 특별한 고객 관계 등도 계량화해서 기업 가치를 평가해야 합니다. 이러한 점을 고려하여 미국을 중심으로 이 분야에 대한 자산적 가치를 평가하는 연구 작업을 하고 있습니다. 무형 자산의 가치를 계량화하는 것은 미래의 기업 가치를 평가하는 데 중요한 자리매김을 받을 것으로 보입니다. 그러나 지식 자산을 개발하는 데에는 상당한 투자가 필요합니다.

미국의 레시 글레이저 교수는 기업의 지적 자산을 측정하는 방법에 대하여 연구하고 있습니다. 런던 비즈니스 스쿨의 핸디 교수는 "보이지 않는 무형의 자산 즉 지적 자본이 장부 가치의 3~4배에 달한다."고 하고, 노벨상을 수상한 경제학자 제임스 토빈(James Tobin)은 "시장 가치에서 장부 가격을 뺀 것이 지적 자본이다."라고 하였습니다. 그만큼 지식 자본은 중요합니다. 이와 같이 지적 자산은 일종의 숨겨진 자산과도 같은 것입니다. 개인의 지식은 언제든 구조화와 획득 과정을 거쳐 상품화된다거나 또는 고부가가치를 창출할 수가 있기 때문입니다. 이제 개인의 가치는 지식의 창출 정도에 따라 달라집니다.

인 · 생 · 경 · 영 · 키

▶ 지식을 계량화하는 것은 당신의 계획을 이루는 데 이정표가 됩니다. 계획은 항상 수치로 나타나야 합니다. 그래야 힘이 한 곳으로 모이고 분산되지 않습니다.

자신만이 공헌할 수 있는 분야에서 지식을 찾아라

지식은 한 분야에서 오랫동안 일하는 사람에 의하여 주로 생깁니다. 오랜 경험 없이 지식을 창출하기란 쉽지 않습니다. 그러나 아무리 오랫동안 머물러 하는 일이라도 일을 단순한 일로 끝내 버리면 아무 성과가 없습니다. 끊임없이 개발하고자 하는 마음, 그리고 혁신시키려는 의지가 있어야 합니다. 그리고 스스로 생각하여 남이 경험하지 못한 것이라고 생각하면 그것을 글로 옮기는 것을 일차적으로 해야 합니다.

하나의 상품은 갈수록 더욱 세분화되고 있습니다. 끝없이 특화되어 가고 있습니다. 기술이 그만큼 더 발전하니까 계속 변하는 것입니다. 핸드폰 하나만 보아도 그렇습니다. 몇 년 전만 하여도 무전기처럼 덩치가 크던 것이 요즘은 손바닥 안에 쏙 들어가고 성능도 날로 좋아지고 있습니다. 지식이 쌓이면 쌓일수록 기술의 수준은 상승하는 것입니다.

지식은 모처럼 자라나는 것입니다. 한번 심은 모가 계절 따라 성장하여 열매를 맺고 또 다시 이듬해 씨앗이 되어 자라나듯이 지식은 끝없이 순환합니다. 그 과정에서 부가 가치가 생깁니다.

미나리는 자르고 나면 또다시 솟아납니다. 지식은 그와 같이 진화하는 특성이 있어 계속 그 자리에 머물러 있지 않습니다. 정적(static)이 아니라 동적(dynamic)인 셈입니다. 동일한 분야에서도 창출된 지식은 어제 다르고 오늘 다릅니다. 그런 의미에서 보면 지식은 살아있는 나무와 같습니다. 처음에는 잎이 몇 개만 있다가 계절이 지남에 따라 잎도 무성해지고 가지도 굵어지고 그럴싸한 한 그루의 나무로 성장하는 것처럼, 경험에 의한 지식은 언제나 변하고 있다고 보아야 옳다. 지식의 흐름은 강물같이 유유히 흘러가는 것이 아니라 계곡의 물처럼 격렬히 스쳐 가는 존재입니다. 적어도 현장에서 경험으로부터 얻어지는 지식에서는 그렇습니다. 그러한 지식은 홀현홀몰하는 과정이며 기술은 지식의 그러한 창출 과정에서 하나의 수단에 불과합니다. 그런 의미에서 보면 우리는 여러 가지 분야에서 지식을 찾다가는 아무 것도 못합니다.

경험을 반드시 기록하라

경험을 기록하는 것은 지식인의 필수 요건입니다. 적어 놓으면 우리의 눈은 그것을 바라보게 되고 그것을 통해서 계속적인 아이디어가 생기기 때문입니다.

기록물 + 두뇌(시각적) → 반응→ 아이디어 창출 → 실용화

기록하다보면 질서가 잡히고 앞뒤가 서로 연결되고 체계화 작업이 일어납니다. 기록만이 지식을 창출할 수가 있습니다. 머리 속의 생각이나 경험을 모두 적음으로써 가치가 있게 됩니다. 어떤 아이디어도 지식화되어 기록될 수가 없다면 그것은 죽은 지식입니다.

인 · 생 · 경 · 영 · 키

▶ 오늘 하루 기록 없이 보낸 삶은 시간을 아무렇게나 보냈다는 것입니다. 기록도 개인의 살아있는 역사입니다. 역사가 있을 때 미래가 보입니다.

여러 분야의 사람과 교류하라

대화하는 만큼 지식은 증가합니다. 지식 공유의 한 방법으로 우리는 상대방과 대화하는 것입니다. 지식이나 정보가 공유되는 과정에서 서로 마주 앉아 대화하는 것은 필수적입니다. 대화에서 새로운 지식이 탄생할 수 있습니다. 서로의 아이디어를 내놓고 이야기하다 보면 상대방의 지식의 도움으로 보다 세련된 아이디어로 가닥이 잡히게 되는 경우가 많습니다. 대화를 통한 지식이나 아이디어의 전달은 샘물을 퍼서 남에게 주는 것과 같습니다. 그 물은 그냥 마실 수도 있고 끓여서 차나 커피를 타는 데 사용될 수도 있습니다. 동일한 지식이나 아이디어라도 사용자가 가진 지식이나 전문 분야의 특성에 따라 다르게 사용될 수가 있기 때문에 혼자 좋은 정보를 가지고 있는 것보다 여러 사람들과 공유하면 보다 유익하게 정보를 활용할 수 있게 됩니다.

거대한 지식 창고도 결국은 개인의 각 지식이나 아이디어가 모여서 생성되므로 가능하면 좋은 아이디어가 생길 때 조직내 구성원과 공유하는 것이 좋습니다. 그렇게 되면 머리 속에 머물렀던 생각들이 구체적으로 정리되어 곧바로 전달할 수 있습니다.

지식의 공유 활동은 고객과도 항상 유지하는 것이 좋습니다. 나의 고객이 누구든 내가 가진 지식을 공유하면 어떤 일이 일어나도 즉각적으로 대처할 수 있기 때문입니다. 상품을 사용하는 고객들의 의견들은 언제나 옳습니다. 그들이 피부로 느끼는 것으로부터 제품의 개발 아이디어가 생길 수 있습니다. 우리가 느끼지 못한 것을 그들은 늘 사용함으로써 얻은 경험입니다. 연구만 하는 사람이 언제나 실험실에 앉아서 있으면 시각이 좁은 연구밖에 할 수가 없습니다. 지식의 창출은 교류와 직결되어 있습니다. 가능하면 여러 층과 교제하십시오. 이공계 사람들은 틈틈이 문과 계통의 사람들을 만나서 대화하는 방법도 배우고 교류하는 방법도 넓혀야 합니다.

여러 층의 사람들과 교제를 하다 보면 지식의 적용 대상이 점점 폭넓어진다는 것을 느낄 것입니다. 지구상의 기술이란 서로 비슷한 면이 많아 전혀 다른 곳에 기술이 접목될 수도 있으므로, 분야가 다르다고 해서 멀리하지 말고 가까이 지내는 것이 좋습니다. 이를테면 대화와 연구 활동이 얼핏 보아서는 관계가 없을 것 같지만, 실제로는 가장 밀접한 관계가 있는 것입니다. 그러기에 교류와 연구는 필연적으로 서로 관계가 있는 것이고 상호 보완 관계에 있는 것들입니다.

요약하면 지식의 나무가 성장하려면 대화가 기본적으로 필요합니다. 나무가 성장하려면 적당한 수분과 영양분을 흡수해야 하는 것처럼, 하나의 아이디어가 뿌리를 내리려면 누군가로부터 도움을 받아야 합니다. 물만 먹고서는 나무가 자라날 수 없습니다.

인 · 생 · 경 · 영 · 키

▶ 일본의 어떤 학생들은 일부러 더 많은 친구들을 사귀어서 졸업하려고 4학년 때 F학점을 맞는다고 합니다. 교제의 폭을 넓히는 데 최선을 다 하십시오. 최근 우리 나라 어느 대학에서 7학기 졸업제가 있다고 들었습니다. 6개월 먼저 나가는 것이 중요한 것이 아니라 얼마나 많은 분야의 교우들을 사귀어서 졸업하느냐가 더 중요합니다. 사회는 교류 속에서 유지되기 때문입니다.

지식을 소유하면 남과 공유하라

대부분의 사람들은 지식을 소유하면 혼자 간직하려는 경향이 많은데 근본적으로 지식은 남에게 주기 위해 확보한다는 습관을 길러야 합니다. 왜냐하면 지식은 돌고 돌아야 더 나은 고차원의 지식으로 성장하기 때문입니다.

마치 눈덩이가 자꾸 구르다 보면 더 커지는 것과 같은 맥락입니다. 새끼 독수리가 어른 독수리로 변해가듯이 지식은 날이 갈수록 변화하는 독특한 특성이 있습니다. 떡잎이 자라나서 거대한 나무로 성장하기 위해서는 시간과 인력과 투자가 필요할 것입니다.

지식의 성장은 마치 개구리 알과 같습니다. 수천 수백만 개의 알이 한 날 한시에 다 올챙이로 개구리로 변하는 것은 아닙니다. 더러는 죽고 더러는 살아서 올챙이로, 더 자라면 개구리가 되는 것처럼, 지식도 진화한다는 것을 결코 잊어서는 안 됩니다. 1년 전 지식으로 오늘의 지식인양 접근하면 안 된다는 것입니다. 그래서 남과 정보를 공유하라는 이야기입니다. 언제나 그와 관련된 정보를 연결할 수 있는 정보교환 스위치를 일찌감치 확보해 놓는 것입니다.

기초 지식이나 기술은 좀처럼 변하지 않지만 응용 기술은 명시적 (explicit)이어서, 시간이 지남에 따라 자꾸 새로운 지식으로 교체해주어야 합니다. 조직 내에서 정보는 때로는 외부와 서로 공유할 때 서로에게 더 발전이 있다는 사실을 인지하여야 합니다. 남과 공유하는 지식 창고가 클수록 지식(정보)의 번식력이 더 강해집니다. 경제 전쟁에서 지식은 핵무기와 같은 것이므로 세계 경제의 흐름 속에서 적절히, 필요할 때 사용할 수 있도록 해야 합니다.

인 · 생 · 경 · 영 · 키

▶ 지식은 근본적으로 남에게 주기 위해서 존재합니다. 도서관에 쌓인 지식도 실제로 활용하지 못한다면 흙 속에 묻힌 쇠처럼 녹슬고 상하고 세월이 지나면 사라집니다.

정보냐, 지식이냐?

어느 날 아침 신문에 기존의 사과보다 10배 큰 사과를 누가 재배했다고 대서특필하였다고 가정해 봅시다. 예술가는 그 커다랗고 잘 생긴 사과를 보고 "참으로 예술적으로 생겼다. 화판에 그리면 멋진 그림이 될 것이다."라고 이야기하겠지만, 경제학자가 볼 때에는 "이 사과를 사서 팔면 얼마나 남을까?"라고 주문할 것입니다. 그러나 굶주림에 있는 어린아이는 그 사과를 바라보며 "정말 먹고 싶다."라고 말할 것입니다. 또 과학자는 "어떻게 저렇게 사과가 클 수 있을까?"라는 생각이 그의 머리를 복잡하게 할 것입니다. 동일한 정보지만 받아들이는 대상에 따라 그 사과의 용도는 완전히 달라집니다.

하나의 정보는 어떤 분야의 머리로 입력되느냐에 따라 적용이 각각 다릅니다. 과학자가 그 사과를 분석하여 하나의 데이터를 내고 분명한 원인과 결과를 내었다면, 그것은 지식의 창출입니다. 사과를 먹어 본 어린아이가 기존의 사과맛과 비교하여 그것을 글로 적었다면 그것 역시 새로운 지식의 창출이 될 것이고, 경제학자가 기존의 사과와 비교 분석하여 인건비도 줄이고 훨씬 가격 경쟁력이 있다는 보고서를 작성했다면 그것 역시 새로운 지식의 창출입니다. 이처럼 정보와 지식은 상호 연결되어 있으며 독립적이 아닙니다. 물론 경우에 따라 독립적일 수 있습니다.

오늘날 자고 나면 정보의 물결이 넘실거리고 있습니다. 그 많은 정보 중에서 본인에게 도움이 되는 것은 극히 드뭅니다. 어떻게 그 정보를 나의 것으로 만들어 유용한 곳에 활용하느냐가 중요한 것입니다. 대부분의 정보는 단순히 정보로 끝날 경우가 많습니다. 정보란 지식보다 한 수 아래이며 지식은 지혜보다 또 아래에 있는 것입니다. 아무리 지식이 많아도 지식은 나타나지 않을 수 있으며 감춰질 수가 있습니다. 지혜는 감성적인 마음에서 우러나옵니다. 그래서 지혜는 인간의 최고 가치의 것입니다. 지혜는 도서관에 가도 없으며, 정보를 수없이 확보한다고 해서 생기는 것이 아닙니다.

가장 대표적인 정보는 통계 자료라고 할 수 있는데, 이는 지식창조의 매개체라고 할 수 있습니다. 정보는 대개 원인이나 결과를 이야기할 뿐이나 지식은 원인과 결과를 다 이야기합니다.

이를테면 3일 뒤에 우리 나라에 태풍이 온다는 것은 단순히 정보며 결과를 전달할 뿐입니다. 그러나 태풍이 생기는 원인과 일어나는 모습과 연관된 한편의 논문을 접했다면 그것은 지식으로 보아야 합니다. 지식은 제 3의 또 다른 지식을 낳을 수 있는 것이 특징이라면 정보는 역시 지식을 창출하는 과정에서 나타나는 수단일 뿐입니다.

한편으로 보면 정보는 정적(static)이며, 지식은 동적(dynamic)입니다. 개구리가 알을 낳는 것은 누구나 아는 "정보"지만 알이 부화해서 커져 가는 과정을 하나하나 분석하고 평가하는 경우는 "지식"에 해당되는 것입니다.

 인 · 생 · 경 · 영 · 키

▶ 정보를 받으면 자신의 지식으로 전환하는 힘을 키우시기 바랍니다. 정보를 가공하는 능력을 키워야 합니다. 수많은 정보는 그냥 정보일 뿐입니다. 21세기 키워야 할 3가지 능력은 '정보 가공 능력', '목표 설정 능력', 그리고 '평생 공부하는 능력' 입니다.

지식 창출 10가지 아이디어

21세기는 누가 더 새로운 지식을 더 많이 창출하여 더 많은 부가가치를 창출하느냐에 달려있습니다. 지나간 세대가 정보 중심의 세계였다면 이제 그 위의 개념인 고도의 지식이 경제를 선도하는 세대가 오고 있는 것입니다. 아직은 세계가 지식 경제의 체계가 완벽하게 터를 잡지 못하였지만 세계는 신지식의 창출만이 살길이라고 하는 데에는 의견을 모으고 있습니다. OECD의 「지식 기반 경제 보고서」가 이미 96년도에 보고되었고, 최근에는 그 후속 보고서도 발간되었습니다.

지식이 결국은 경제로 연결된다고 보면 미래에는 누가 신지식을 선도적으로 만들어 내느냐가 나라의 흥망을 좌우할 것입니다. 이와 같이 절박한 미래의 세계를 대처하기 위해서는 개인이나 기업, 나아가 국가가 지식을 쌓아 가는데 최선을 다해야 할 것입니다. 우리 나라의 현실은 아직 조직 내에 부서간의 높은 벽이 있어 지식의 공유가 힘겨울 것으로 보입니다. 그러나 그러한 과정에서 탈피하여 개인의 지식을 최대한 활용하는 조직으로 변한다면 국가경쟁력이 더욱 향상될 것입니다.

저는 1999년 지식창출 아이디어 10가지를 매일경제에 게제한 적이 있는데, 보충하여 아래에 다시 정리합니다.

① 지식은 누구나 창출할 수 있다는 신념을 가지십시오. 많이 배운 사람이 지식인이라는 생각을 탈피하십시오. 어린아이도 지식을 창출할 수 있고 글자를 모르는 할머니도 지식을 창출할 수가 있습니다. 최근 어린아이가 요리책을 낸 것은

하나의 좋은 예가 됩니다.

② 당신이 소유한 지식을 가능하면 계량화하십시오. 지식을 활용하는데 나름대로 세분화시켜 분류하고 숫자로 혹은 세분화하여 제목을 다십시오. 그렇게 하면 관련 정보를 입수하는 데에도 보다 효율적이 될 것입니다. 조직 전체의 그러한 자료를 구축하면 곧 지식 경영의 첫걸음입니다.

③ 자신만이 공헌할 수 있는 분야에서 지식을 찾으십시오. 사람은 누구나 어떤 분야에 있던 자기 고유의 노하우가 있습니다. 자기가 하고 있는 일을 뒤돌아보고 잘 살피십시오. 아이디어는 종종 바람처럼 왔다가 떠나가는 길가는 나그네와 같습니다.

④ 경험을 반드시 기록하십시오. 기록은 지식의 거름입니다. 기록은 지식 창출의 첫걸음입니다. 기록을 토대로 아이디어가 생깁니다. 우리의 뇌가 고무적이 되려면 가능하면 현재의 아이디어를 시각화하고 가능하면 칼라로 도색하십시오. 우리의 뇌는 칼라와 더 반응을 잘합니다.

⑤ 여러 분야의 사람과 교류하십시오. 그러면 지식이 증가합니다. 사람은 모두가 정보 단위체입니다. 내가 모르는 것을 상대방이 알 수 있고 도움을 받을 수가 있습니다. 교류하다 보면 자신의 지식이나 정보가 더욱 유용하게 변할 수가 있으며, 때로는 시간을 단축할 수도 있고, 때로는 새로운 아이디어를 찾을 수도 있습니다. 10,000명을 알면 성공한다는

말은 그 만큼 정보 확보가 쉽기 때문입니다.

⑥ 지식을 소유하면 남과 공유하십시오. 사람은 누구든 주기는
싫어하고 받기는 좋아합니다. 그러나 주십시오. 본인으로
부터 남에게 건너간 지식이나 정보는 다시 본인과 연결되는
시점이 온다는 것을 믿으십시오. 그러면서 건네준 동일한
지식(정보)은 계속 발전시켜 나가십시오. 남에게 건너간 지
식은 사장될 수도 있고 계속 자라날 수도 있습니다. 나중에
남이 키워놓은 지식을 그 동안 진보시킨 본인의 지식과 접
목시키면 더 혁신적이고 진보된 지식으로 키울 수가 있습니
다. 남과 공유한다는 것은 하나의 문제를 누구든 대처할 수
있다는 의미도 있지만 지식을 분양해서 더 크게 하는 성장
과정의 수단인 셈입니다. 그래서 지식은 나누어 가지라는
것입니다. 그리고 잊지 말 것은 조직에서 지식을 창출하면
거기에 맞는 보상을 반드시 해주십시오. 그렇지 않으면 그
사람은 조직에서 언제고 떠나갈 수 있습니다.

⑦ 지식(아이디어)을 얻겠다는 분명한 목표를 갖고 자료를 찾
으십시오. 어떤 분야든 관련 정보가 있기 마련입니다. 정보
를 확보할 때에는 항상 분명한 목표를 가지고 보십시오. 신
문을 보더라도 어떠한 자료를 얻겠다고 하는 목표를 두고
찾는 것과 그렇지 않고 보는 것에는 엄청난 차이가 있습니
다.

⑧ 창출한 지식은 계속 진화시키십시오. 지식은 변한다는 생각
을 버리지 마십시오. 나무가 성장하는 것처럼 하나의 지식

은 정(靜)적이 아니라 항상 동(動)적이라는 것입니다. 언제고 지식은 다른 진보된 지식으로 교체됩니다. 그렇지 않으면 현재의 지식은 쓸모 없는 지식으로 전락하고 말 것입니다. 내가 머물 동안 타인의 지식은 흘러 흘러 바다로 가고 있습니다.

⑨ 주기적으로 자신의 지식 역량을 평가하십시오. 자신이 지식 확보에 있어서 얼마만큼 수준에 있는지 주기적으로 평가하는 기회를 가지십시오. 그러기 위해서는 이제까지 이룬 모든 일(지식 관련 자료)에 대하여 목록을 만드십시오. 세분화시킨 다음 그래프를 그리십시오. 작년 또는 2년 전과 대비하여 향상되고 있는지 자신 스스로 평가해보십시오. 그림은 단순한 자료의 형상화에 불과하지만 여러분의 마음을 자극하는 독촉장 역할도 할 수 있습니다.

⑩ 지속적인 지식 창출에 끊임없는 열정을 가지십시오. 지식 창출 10계명 중 어쩌면 가장 중요한 것이 바로 마지막 이것입니다. 그러기 위해서는 평상시에 정서가 풍부한 사람이 되도록 연습하십시오. 누구에게도 감동을 주고, 가슴을 설레게 하고, 공감을 불러일으키는 방법을 배우십시오. 개인의 문화를 창조하는 것은 곧 사회에 널리 공헌할 수 있는 사람입니다. (1999, 매일경제)

인·생·경·영·키

▶ 사람은 누구나 남이 알지 못하는 것을 알고 있습니다. 크든 작든 내가 가지고 있는 지적 재산을 적어보십시오.
  1) 경험적 know-how:
  2) 나만의 지식:
  3) 나만이 알고 있는 정보:
  4) 기타:

▶ 이제까지 내가 이룬 업적들을 하나하나 기록하여 보십시오.

▶ 자신의 지적 부가가치가 있다고 생각되는 것을 무엇이든지 다 적어보십시오.

▶ 자신의 지식 창출 모델을 적어보십시오. 지식의 생산은 자기가 하고 있는 일을 개발 · 응용 · 혁신하는 가운데 일어나는 것이고 그 과정에서 부가 가치가 생깁니다. 하는 일이 이론이 없으면 직업의 종류를 적어 보십시오. 본인 가정 일도 응당 본연의 직업으로 생각하십시오. 현장 경험은 요리사의 경우 음식점, 농부는 일터 등 모두가 하고 있는 직장이 현장입니다.

▶ 나의 지식을 진화시키기 위해서는 무엇을 해야 하겠습니까?

▶ 당신의 지적인 면을 개발할 계획을 세워 보십시오.
 - 당신의 업무 영역에서 개발해야 할 지식은 무엇입니까?
 - 내가 지식을 개발하기 위해서 나에게 필요한 정보는 무엇입니까?
 - 주기적으로 받아보는 잡지이름은 무엇입니까?
 - 주기적으로 교류하는 팀이 있습니까?
 - 나의 창출한 지식을 활용할 곳이 어디입니까?
 - 지식을 기록할 준비는 되어있습니까? 지식을 공유해야 계속 성장합니다.

▶ 지식은 어느 한 가지만 뛰어난다고 이루어지는 것이 아닙니다. 한 그루의 나무가 자라나기 위해서는 물, 공기, 빛이 기본적으로 필요하고, 틈틈이 누군가가 김을 매주고 필요하다면 적당한 비료도 주어야 무성히 나무가 자라날 수 있습니다.

▶ 필자의 지식 창출의 한 모델입니다. 참고하시어 작성하여 보십시오. 지식창출 모델은 개인의 지식종류 또는 직업유형에 따라 여러가지 양상으로 나타날 수 있습니다.

이론 ➡	현장 경험 ➡	지식 창출의 개념 ➡	부가 가치 창출
수처리 이론 - 정수 처리 이론 - 하수 처리 이론 - 응집 이론 - 분석 화학 - 입자 화학 - 물리 화학 - 환경 화학 - 수질 특성	1. 국내 경험 - 정수장 - 하수 처리장 - 폐수 처리장 2. 국외 경험 - 해외 연수/방문 - 해외 연구발표 - 국외수 처리 전문가들과 풍부한 교류	1. 인생은 열정이다 2. 샘물은 퍼서주라 (자료의 공유) 3. 기록은 제2의 머리다 4. 교류(대화)를 많이 해라. 5. 성공은 간발의 차이다. 6. 글로 쓴 목표를 가지고 매일 바라 보라.	1. 수처리 전문가 2. 고객과 정보 공유 3. 『물리 화학적 수처리 원리와 응용』 저술 4. 패션십(3P) 개발 프로그램의 저술 5. 새로운 응집제 개발 및 상업화 (이익창출) 6. 물질 특허 획득 (기술 수출 연결) 7. 대학 강연 8. 세미나 발표

연습만이 가치 있는 사람을 만든다

"

에릭슨 박사는 20세의 연주자를 대상으로 연습 시간을 조사를 했습니다.
- 최고 수준의 연주자들은 약 10,000시간 이상 연습한 사람
- 조금 기량이 낮은 연주자들은 약 7,500시간 연습한 사람

"

최근 에디슨이 천명한 천재 모델을 입증하는 연구가 최근 미국에서 발표가 되었습니다. 미국 플로리다대 앤더스 에릭슨(Anders Ericson) 박사는 최근 세계적인 연주자와 운동 선수들에 대한 연구조사를 토대로 "천부적인 재능이 아니라 연습만이 일류 운동 선수와 예술가를 만든다"라고 주장했습니다. 이 사실을 입증하기 위해서 미국 카네기멜론대 학생들을 대상으로 1초마다 한 개씩 102개의 숫자들을 들은 후 정확히 반복하도록 하는 훈련을 시켰습니다. 평범한 학생들을 선발 50시간의 연습을 시킨 후 난수를 발생시켜 시험한 결과, 학생들 중 4명은 20개까지 숫자를 기억해 내었고, 한 학생은 4백여 시간 후 102개를 모두 기억해 내는 놀랄만한 기억력을 보였습니다. 이 실험을 통하여 보통 사람도 연습을 통해서 상식을 뛰어넘는 천재성을

보여주었다는 것이 입증된 셈이었습니다.

이 과정은 운동 선수나 예술가에게도 똑같이 적용된다고 합니다. 에릭슨 박사는 연주자들의 연습 시간과 기량과의 상관 관계를 연구하고, 나아가 하루의 연습 시간은 제한적이므로 조기 교육의 중요성을 강조했습니다. 20세기 최고의 바이올리니스트들이 악기를 다루기 시작한 평균 연령은 5세라고 합니다.

2001년 8월 미국 버지니아주 알링턴에서 "돼지 경주 대회"가 열렸습니다. 생후 8주된 아기 돼지들이 결승선을 향하여 질주하는 모습을 본적이 있습니다. 아기 돼지에게도 달리기를 연습시키면 달리기 대회에 출전할 기회가 옵니다.

일반적으로 사람의 머리를 5가지로 나누는데 필자는 이것을 좋아하지 않습니다.

- 머리가 둔한 둔재(鈍才)
- 머리가 평범해서 범재(凡才)
- 머리가 좋아 잘 외우는 수재(秀才)
- 머리가 총명해서 창의력을 발휘하는 영재(英才)
- 영재의 수준을 뛰어넘어 매우 탁월한 재능을 발휘하는 천재(天才 또는 超英才)

20세기 최고의 물리학자 알버트 아인슈타인의 뇌가 43년만에 임종을 맞았던 미국 뉴저지주의 프린스턴 병원으로 돌아왔습니다. 아인슈타인은 화장해 달라고 유언을 남겼으나 당시 치료를 맡았던 하베이씨는 "위대한 천재의 뇌인 만큼 당연히 연구해야 한다."는 생각으로 뇌를 200조각을 내어 연구자들에게 제공하였다고 합니다. 연구의 결과는 보통사람들과 머리가 같았고 단지 생각 부위가 남달리 컸다고 합니다. 그가 남긴 말 가운데 이런 말이 있습니다.

"상상력이 지식보다 중요하다"

(Imagaination is impotrant than knowledge)

평소에 그의 머리는 풍부한 상상력으로 가득 차 있었습니다. 천재는 창조되는 것이 아니라 개발되는 것입니다.

사람의 뇌용량은 컴퓨터 1,000대, 마이크로 필름 카드리지 100억 개 분량, 복사기, 폴라로이드 카메라, 비디오, 와이드 스크린 영사기 전부를 저장할 만큼 엄청난 용량을 가지고 있다는 것입니다. 상상을 초월합니다.

세계대백과사전에 나오는 글을 인용하면 천재와 범재의 관계성을 이렇게 말하고 있습니다.

"지능 테스트에 대해 연구한 터먼은 IQ 140이상의 사람들을 천재 또는 영재라고 규정했는데 이들을 연구한 결과 이들 중 창조적 업적을 낳은 사람은 거의 없다. 오히려 역사상 천재라는 사람들의 학교 성적을 조사했더니 전과목에 걸쳐 좋은 성적을 올린 우등생형은 소수이고, 성적의 불균형이 두드러져 특정 과목만 열의와 재능을 발휘했다.

학교의 수재가 천재는 아니며 또한 천재는 높은 지능 지수와 상관 있는 것도 아니며 IQ 테스트는 지능의 일부분밖에 측정되지 않는다. 또한 IQ 테스트와 창조성 테스트 사이의 성적에는 크나 큰 차이가 있다. 지능 지수에 대한 평범한 사람, 천재 연관설은 신빙성을 잃어가고 있다"

만디노는 "자신의 가치를 100배로 증가시켜라. 천재의 손이 닿으면 뽕잎은 비단으로 바뀐다. 천재의 손은 양털 하나로도 왕이 입을 수 있는 훌륭한 옷을 만든다. 천재의 손은 진흙으로도 견고한 성을 쌓을 수가 있다."고 했습니다.

의학적으로 우리의 뇌는 학자들마다 좀 틀리기는 하지만 130억 개
~150억 개 정도의 뇌세포가 있다고 합니다. 150억 개의 뇌신경 세포
조직이 인간의 작은 머리 속에서 50마이크로볼트(micro V)의 기전력
으로 끊임없이 가동되고 있습니다. 그래서 인간의 뇌의 창조량은 무
한하다고 하지 않습니까? 심리학자들에 의하면 "인간의 뇌를 전부 활
용하면 일주일에 백만 개의 아이디어를 낼 수 있다."고 합니다. 참 어
마어마하지요? 백만 개는 고사하고 열 개의 아이디어도 내지 않고,
그냥 멍하게 있는 머리가 더 많습니다.

비엔나 대학의 심리학 연구소 키럿 부흘러 소장은 위대한 인물
200명을 조사했는데 괴테, 오스카, 제니랜드 등은 우연히 그런 천재
적인 일을 한 것이 아니라 자신이 정해 놓은 삶의 목표를 향해 노력한
결과 성공하게 되었다고 말했습니다. 천재가 일을 하는 것이 아니라
목표를 바라보는 생각과 마음이 원동력이라는 것입니다.

천재처럼 생각하기

최근에 저는 제1차 세계지식포럼에 참가하여 2박 3일을 공부한 적
이 있습니다. 「천재처럼 생각하기」(Think like a genius)의 저자 특강
을 들고 한 시간여 동안 토드 사일러(Todd Siler) 박사와 은유
(methaphor)에 대하여 대화를 나눈 적이 있습니다.

은유의 정의를 사전적으로 말하자면 추상적인 관념의 표현에 구체
적인 언어를 사용하는 것을 말합니다. 이를테면 아이디어를 "구축"
하자고 할 때 "건설(建設)"의 은유를 사용하고 있습니다. 오해의 "벽
(壁)"을 없애야 한다고 할 때 역시 건설의 은유를 사용하고 있는 것입
니다. 노력이 결실을 맺게 한다고 할 때 식물의 은유를 사용한 것입니
다. 은유로 표현할 때 더욱 구체적인 표현이 됩니다. 은유와 함께 생

각할 것은 알레고리(allegory)라는 것이 있습니다. 알레고리란 우화나 풍유, 상징 등이 이에 속합니다. 알레고리에서 전개되는 내용들은 은유로 되어 있습니다. 이러한 알레고리는 읽는 자로 하여금 암묵지를 풍부하게 하고 경험을 상기시켜 주기도 합니다. 은유는 암묵지를 겉으로 드러나게 해 줍니다.

여우 한 마리가 사방으로 돌아다니다가 포도원의 울타리를 넘어오게 되었습니다. 여우는 새까만 포도가 주렁주렁 달려있는 것을 보고는 들어갈 구멍을 찾다가 조그만 구멍을 찾았습니다. 그런데 그 구멍은 너무 작아 들어가려고 해도 배가 걸려 들어갈 수가 없었습니다. 그래서 여우는 사흘 동안을 굶어 가지고 홀쭉한 배로 간신히 들어가 배가 부르도록 실컷 따먹고 다시 나오려고 했습니다. 그러나 배가 걸려서 나올 수가 없게 되자 또 사흘을 굶어 겨우 빠져 나왔습니다.

여기서는 동물 은유를 사용하여 "욕심을 부리면 안 된다"는 교훈을 주고 있습니다. 이 교훈은 사람의 머리 속에 암묵지의 한 페이지로 남게 합니다. 여우로 하여금 암묵지를 더욱 구체화시키고 있습니다.

"우물안 개구리"의 한 예를 보겠습니다.

개구리가 우물 가운데서 살고 있었습니다. 하루는 그곳을 지나가던 자라가 우연히 그 우물 속으로 들어오게 되었습니다. 개구리는 우물 속에 솟아있는 돌 위에 거만하게 앉아서 자라에게 물었습니다.

"너는 어디서 왔느냐?"

"바다에서 왔다."

그러자 개구리가 우물가를 두루 다니며 자라에게 물었습니다.

"바다가 이보다 더 크냐?"

"이것보다 대단히 크다."

그러자 이번에는 우물 속으로 들어가 바닥까지 갔다가 나와서 물었습니다.

"바다도 이와 같이 깊으냐?"

"그보다 더 깊지."

개구리가 화를 벌컥 내며 말했습니다.

"그러면 바다가 크고 깊다는 것을 내게 말해봐라."

자라는 개구리를 측은히 여기며 말했습니다.

"네가 우물 속에만 있으니 넓고 깊은 것을 어떻게 알겠느냐?"

바다는 네가 평생 들어가도 밑을 보지 못할 것이다.

그러나 개구리는 여전히 거만하게 말했습니다.

"너는 너의 처소를 자랑하고 있다. 천하에 어디 이 우물보다 더 크고 깊은 물이 있겠느냐?"

여기서 개구리와 자라는 은유로 사용된 인물들(동물 은유)입니다. 개구리와 자라는 암묵지(머리 속에 잠재되어 있는 상태)를 구체화시키는 역할을 하고 있습니다. 일종의 드라마의 주인공들이지요?

이러한 맥락을 과학에 연결시키면 더욱 더 창조적 발견을 가져다 주게 됩니다. 화학 세계나 물리 세계 등에서도 어떤 사물을 설명할 때 은유를 많이 하게 됩니다. 하나의 메커니즘을 설명하는 과정에서 관념적인 표현보다 구체적인 언어로 은유하게 되면 보다 더 쉽게 독자에게 전달이 됩니다.

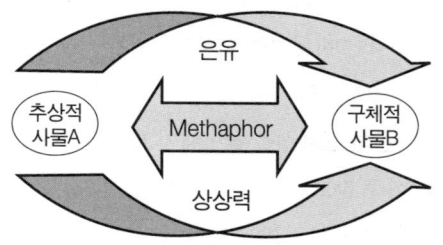

[그림 12]
천재처럼 생각하기 KWAK모델. 창조력은 풍부한 상상력으로 시
작한다. 새처럼 나는 비행기를 연상하는 것은 은유의 한 예다. 풍
부한 상상력을 가지려면 사물의 이치를 많이 알아야 한다. 식물이
나 동물이나 자라나는 습성이나 특성들을 많이 보고 사물의 경험
을 다양하게 해야 하며 정서적인 활동을 많이 하면 할수록 좋다.

　새로운 지식이나 정보를 은유로 표현하는 것은 중요합니다. "새처
럼 나는 비행기"라고 표현한다면 새의 은유를 사용한 것입니다. 나는
새를 보고 비행기를 연상한 사람은 라이트 형제입니다. 새의 정보를
구하면 비행기의 정보를 구하는 것입니다. 비행기가 없던 시절에도
새는 얼마든지 잡아서 날개나 몸통의 크기, 다리 등의 특색을 분석할
수 있었습니다. 날개의 무게와 몸통의 무게비는 얼마가 되는지? 날개
길이와 꽁무니 길이의 비는? 날개의 두께는? 등등의 정보는 미래에
없는 비행기의 간접 정보를 새로부터 얻는 것입니다. 이러한 정보의
활용은 멋진 은유 정보입니다. 지구상의 대부분의 기술 개발은 처음
엔 은유로 시작하는 경우가 대부분입니다.

　그렇다면 은유자의 특징은 어떻게 나타날까요? 대표적인 몇 가지
를 적어 보겠습니다.

- 꿈을 크게 갖고 담대합니다

  (새를 보고 나는 비행기를 연상합니다).
- 상상력이 풍부합니다

  (그래야 사물의 관계성을 찾아내기 때문입니다).
- 호기심이 아주 많고 의문을 많이 가집니다 .
- 사물을 보면 의구심을 가지고 이 모양 저 모양 여러 측면에서 생각하기 좋아합니다.
- 논리를 깨는 것을 좋아하며 오픈 마인드를 가지고 있습니다.

위 특성을 가진 은유자는 끝없이 생각의 꼬리를 놓치지 않고 가장 높은 단계까지 올라갑니다. 에디슨은 성공할 확률이 1%도 안 되는 것에 더 큰 희열을 느꼈다고 고백하지 않았습니까?

우리 속에 내재되어 있는 창조력을 발견하기만 한다면 사실 천재는 만들어집니다. 천재적인 생각을 가진다면 세상에서 창조적 일급 정보원이 되는 것입니다. 전파를 쏘아야 공기 중에 그림이나 소리를 잡아낼 수가 있습니다. 창조적인 두뇌는 모든 정보의 근원이 되는 것입니다. 계곡을 막으면 얼마든지 물이 모이는 저수지를 만들 수 있습니다.

사일러 박사는 "상관 없어 보이는 관찰물들이 비유를 통해 새로운 관계를 맺게 되고 위대한 창조물로 연결된다."고 했습니다. 은유는 새로운 관계를 탄생시킵니다. 그 탄생을 상상하고 깊이 생각하면 새로운 발명과 창조물을 형성한다는 것입니다. 은유 기법은 예수님이 가장 많이 활용했습니다. 38개의 진리를 은유법을 통해 설명하였습니다. 이제 지식 경제 시대가 왔습니다. 이제는 평생 동안 배우고 (life-long learning), 창조하고, 계발하고, 혁신시키고, 가르치며, 얻은 정보를 나누어 가져야 합니다. 은유하는 것에 몰두하시기 바랍니다. 21세기에는 은유로 표현할 줄 아는 자들의 세계가 될 것입니다.

아이디어는 전혀 다른 것과 연결될 때 창조됩니다. 일본의 '회전초밥'의 창시자 시라이시는 양조장 컨베이어 벨트 위에 놓인 맥주병을 보고 아이디어를 얻어 "회전식 스시"를 개발하였습니다. 즉 아이디어는 연결(connection) → 발견(invention) → 응용(application)이라는 3단계를 거쳐서 창출됩니다.

우리 속에 내재되어 있는 창조력을 마음껏 발휘할 때 우리는 위대한 발견을 할 수 있고, 더 나은 질의 인생을 살 수 있습니다. 개인의 창조력이 최대가 될 때 개인이 발전하고 나아가 국력이 성장하게 됩니다.

위대한 사람들의 고백

● 스코틀랜드를 빛낸 위대한 문인 월터 스콧(Walter Scott)은 임종이 가까웠을 때 하인에게 책을 가져오라고 했습니다. 서가에 수많은 책이 있어 어느 책을 가져와야 할지 당황하여 물었습니다.

"어느 책을 말씀하는지요?"

"세상에 책은 하나밖에 없느니라"

그제야 그는 얼른 어른의 눈치를 알아차리고 성경을 가져다주었습니다.

위대하고 천재적인 문인이었던 그가 죽음을 눈앞에 두고 찾은 것은 성경이었습니다. 우리가 말하는 천재성은 바로 성경 안에 있습니다. 천재란 자기의 머리를 그렇게 인정하는 데서 시작됩니다.

● 링컨은 성경에 대하여 이렇게 말했습니다.

"나는 성경이 하나님께서 인간에게 주신 최상의 선물이라고 믿는다. 이 세상의 온갖 유익한 것들은 이 책을 통해서 우리에게 온다".

링컨의 주위에는 수많은 똑똑한 사람들이 있었습니다. 그러나 그는 언제나 성경 속의 말씀을 통해서 지혜를 얻었습니다. 링컨은 평소에 이런 말을 자주 했다고 합니다.

"나는 어려울 때마다 무릎을 꿇고 기도한다. 나는 특별한 지혜가 없지만 기도를 하고 나면 특별한 지혜가 종종 머리에 떠오르곤 한다."

하나님의 우둔함이 인간의 지혜보다 더 낫다는 표현이 있습니다.

● 코페르니쿠스(Nicolaus Copernicus)는 사람들이 1000년 이상 믿어오던 태양이 지구를 돈다는 천동설을 깨고 지구가 태양을 돈다는 지동설을 주장한 사람입니다. 그는 지금까지 역사상 가장 위대한 천문학자로 남아 있습니다.

그의 유언에 따라 묘비에는 이렇게 기록되어 있습니다.

"주님, 저는 사도 베드로에게 주신 은혜를 구하지 않습니다. 바울에게 주신 은혜도 구하지 않습니다. 다만 주님의 십자가 옆에 있었던 강도에게 주신 은혜를 구합니다".

천재적인 발견을 하였던 위대한 과학자였지만 주님 앞에 겸손하였습니다. 지혜는 위에서부터 오는 선물입니다.

● 갈릴레이(Galileo Galilei)는 코페르니쿠스의 지동설을 주장하다가 교황청의 반발을 사서 신문에서 다시는 지동설을 펴뜨리지 않겠다고 서약하게 되었는데, 그는 자리를 떠나면서 "그래도 지구는 돈다!"고 하였습니다. 그는 하나님은 우리에게 두 권의 책을 주었는데 하나는 성경의 책이고 하나는 자연의 책이라고 했습니다. 그는 또 "성경과 자연은 모두 하나님의 말씀으로부터 나온다. 이 두 가지 진리는 결코 상호 모순되지 않는다."고 하였습니다.

● 뉴턴(Isaac Newton)은 물리학자로서 과히 천재적 두뇌를 발휘한 사람입니다. 그는 과학에 못지 않게 신학에도 많은 정열을 쏟은 사람이었습니다. 그는 세상을 통치하고 창조하고 역사 속에서 행동하시는 하나님의 말씀을 믿었습니다. 그는 이렇게 고백했습니다.

"성경의 신앙보다 더 훌륭하게 입증되는 과학은 없다."

"성경은 가장 뛰어난 철학이다. 나는 어떤 세속사에서 보다 성경에서 확실한 증거를 발견한다."

위대한 과학자인 그는 가난한 자들에게 성경을 보급하기 위해 헌금하는 일에 열심이었으며, 런던 지역에 50개의 교회를 세우는 일에 앞장서기도 했습니다. 얼마나 훌륭한 고백입니까? 물리학자 뿐 아니라 일반인 대부분에게 알려진 뉴턴은 천재라기보다 성경 말씀을 통해서 지혜와 영감을 받은 사람입니다. 성경을 통하여 우주 만물의 기본 원리를 깨달은 후 뉴턴은 그의 저서인 「원리」(Principles)에서 이렇게 고백했습니다.

"태양, 행성, 혜성으로부터 생기는 매우 아름다운 천체는 지성을 갖춘 강력한 창조주의 계획과 통치가 아니면 불가능하다. 이 존재는 영원, 무궁, 완전하신 분이다"

● 탐험가인 스탠리는 아프리카를 횡단하면서 73권의 책을 가지고 가던 중 300마일 정도 지점에서 너무 힘이 들어 하나둘 버리기 시작했습니다. 그가 마지막까지 버리지 않은 책이 하나 있었는데 바로 성경이었습니다. 그는 나중에 영국의 하원의원이 됩니다. 이 지구상에 모든 책들은 성경 한 권에서 가지쳐 나온 것입니다.

● 박물학자 월리스는 다윈과 함께 처음에 진화론을 대표하는 인물이었습니다. 그러나 죽기 전 87세에 이르러 그는 완전히 창조론으로 돌아오게 됩니다. 그는 두 가지를 들어서 창조론을 주창했습니다.

"첫째, 진화론은 인간의 영혼에 대하여 어떤 것도 말해주지 못한다. 인간과 동물의 상이성은 무엇으로도 메꾸어지지 않는다.

둘째, 대자연을 살펴보면 지구 역사상 어느 때 한 번은 창조가 있었다는 사실을 인정하지 않을 수 없다. 이 창조는 하나님의 선물이다. 이 선물로부터 생명의 선물이 나와서 모든 생물체의 무한하고 경이로운 번식을 이루게 되었다."

● 파스칼(B. Pascal, 1623-1662)은 "인간마다 마음속에 공백이 있는데 이 공백은 다른 무엇으로도 채울 수가 없고 오직

그리스도에 의해 채워질 수가 있다."고 했습니다. 배가 크다고 밥을 많이 먹습니까? 배가 고파야 밥을 많이 먹을 수 있습니다. 배가 크다고 사람이 많이 타고 갈 수 있습니까? 엔진이 거대해야 거센 파도를 헤치고 나갈 수 있습니다.

- 교향곡의 아버지로 불리는 하이든(F. Haydn, 1732-1809)은 1808년 그가 작곡한 "천지창조"가 비엔나에서 연주되고 있을 때 휠체어를 타고 연주장에 입장했습니다. 연주가 끝나자 관중들은 모두 일어나 하이든에게 뜨거운 박수를 보냈습니다. 그때 하이든은 깜짝 놀라 위를 가리키며 말했습니다. "내가 아닙니다. 내가 아닙니다. 이 곡은 나로부터 나온 것이 아니라 나의 하나님께로부터 나온 것입니다. 그분께만 영광을 돌리시오!"
  우리가 하는 일은 내 안에 계신 주님이 하시는 것입니다. 천재는 그렇게 이루어집니다.

- 아이젠하워(D. Eisenhower)는 "사람이 자신의 두뇌와 준비된 실력과 기술을 다 바쳐 무슨 일을 한 다음에는 전능하신 하나님의 손에 맡겨야 한다. 그것들을 이루시는 분은 하나님이시기 때문이다."이라고 했습니다.

- 모르스(1872-1950)는 전신기를 발견한 사람입니다. 화가로서도 유명했던 그는 전자기학에 관심을 가진 후 하나님께 이렇게 기도했습니다.
  "하나님, 저에게 특별한 재능을 주심을 감사합니다. 주님이 창조하신 만물을 보고 묘사할 수 있도록 하여 많은 사람들의 마음을 기쁘게 하심을 감사합니다. 바라기는 저에게 전신을 발명할 수 있는 총명을 허락하여 주시옵소서."

1년 7개월 동안 노력 끝에 기도의 응답을 받아 전신을 발명하게 되었습니다. 전신기를 완공하여 축하식을 거행할 때 제일 먼저 성경 구절을 발신하였음은 말할 필요가 없습니다.

그는 전신기 발명에 성공한 후 이렇게 고백했습니다.

"사람들은 나에게 많은 찬사를 보내지만 나는 받을 자격이 없습니다. 나는 다른 사람보다 우수하기 때문이 아니라 하나님이 인류를 위하여 누군가에게 그것을 알리셔야만 했으며 그 대상이 바로 저였을 뿐입니다. 이것은 하나님이 저에게 주신 선물입니다."

참으로 멋진 고백이 아닐 수 없습니다.

거대한 발명도 작은 발명도 사람의 머리가 중요한 것이 아니라 기도 중에 영감을 받는 것에 불과합니다. 그래서 여호와를 경외하는 것이 지식의 근본이라는 것입니다. 어느 통계에 보면 이제까지 노벨상을 수상한 사람 중에 60%이상이 주님을 섬긴 사람들이었고, 20%가 정통 유대교를 믿는 사람들이었습니다.

천재의 연구 결과 두 가지

연구와 경험 속에서 알아낸 결과는 다음 두 가지라고 합니다.

첫째, 자신에게 무한한 가능성이 있다는 것을 확고한 신념으로 믿고 자신을 칭찬하고 격려함으로 인정해 주면 엄청난 잠재 능력이 그 힘을 통해서 발휘하게 된다.

둘째, 밤낮 정신없이 두뇌를 사용하라. 인간의 뇌는 쓸수록 닳아서 노화되는 것이 아니라 더욱 빛을 발하게 된다. 철이 철을 날카롭게 하는 것처럼, 생각은 세포를 더욱 활성화시킨다.

● 사이제스 박사는 그의 저서 「평범한 자와 천재」(Philistine and Genius)라는 책에서 교육 이론에 대하여 다음과 같이 피력하고 있습니다.

"교육의 이상은 결코 시험 점수가 높은 것이나 수학한 학과의 수가 많은 것이 아니다. 교육의 이상은 선천적 개성의 발전과 독립적 견해의 획득과 독창적 사상의 양성이다. 생물학, 생리학, 정신병리학 등의 연구에 의하면 우리들은 태어나면서부터 비상한 능력을 부여받고 있다. 다만 이 능력은 우리들의 표면에 나타나지 않는다. 속 깊이 잠재하고 있다. 나는 이것을 '잠재 능력'이라고 칭한다. 그리고 이 잠재 능력이 바로 천재인 것이다. 따라서 천재라 함은 우리들이 일반적으로 믿고 있는 것과 어느 소수의 사람에게만 주어져 있는 특수한 능력이 결코 아니다. 어떤 사람이나 다 가지고 있는 잠재 능력 그 자체인 것이다. 우리들은 이 잠재 능력을 쓰기만 하면 비상한 일을 할 수가 있다. 그러나 많은 사람들은 교육을 잘못 받았기 때문에 이 잠재 능력을 쓸 수 없다. 세상에 천재가 적은 것은 이 때문이다."

● 위대한 음악가 헨델(George Friederich Handel)은 23일간을 두문불출하고 작곡에 몰두했습니다. 24일째 되던 날 하인

이 문을 여니 두 눈에 눈물이 비오듯이 쏟아지고 있었습니다. 하인이 놀라 무슨 일이 있었는지 물었습니다. 그러자 그는 이렇게 발했습니다.

"하늘이 내 앞에 열렸네. 전능하신 하나님을 뵈었다네."

바로 그날 그는 그 유명한 "메시아"를 작곡한 것입니다. 빅토리아 여왕의 계관식 때 헨델의 "메시아"가 연주되었는데 여왕은 전통을 깨고 일어나 왕이신 하나님께 경배를 드렸습니다. 헨델이 묻힌 웨스터민스터 사원에 있는 그의 동상에는 이렇게 적혀있습니다.

"나는 주님이 살아계시는 것을 알고 있도다."

헨델은 엄청난 자아를 찾아낸 사람입니다. 진정한 자아는 하나님 안에서 분명히 찾을 수가 있습니다.

● 록펠러 2세(John D. Rockefeller Jr.)는 "나는 어떤 큰 일이 있으면 그것을 누구에게 맡길 것인가를 신중하게 생각합니다. 언뜻 떠오르는 인물은 항상 밝은 얼굴로 원기왕성하게 일을 하는 사람인데 반드시 그에게 일을 맡깁니다."라고 말했습니다. 항상 웃는 자아상을 만들어 가십시오.

『포천』(Fortune)지가 5백대 기업의 임원들을 선정 조사하였는데, 94%의 사람들이 자신의 성공 요인 중 어떤 것보다 "내면적 자세"를 첫째 요인으로 꼽았다고 합니다. 교육은 태도를 변화시키는 것입니다.

변화한다는 것은 기존의 것을 청산하고 새로운 것을 접하고 바라본다는 것입니다. 오늘부터 당신의 태도를 긍정적이고 적극적이며 생산적인 것으로 바꾸어 가십시오. 태도는 생각과 말을 바꾸어 가면 됩니다.

바보 같은 천재들

● 아인슈타인의 시험 낙방

천재라면 우리는 아인슈타인을 떠올립니다. 알고 보면 아인슈타인은 시험에도 낙방의 고배를 마신 사람이었습니다. 어렸을 때에는 멍청했고 내성적이며 말을 익히는 데에도 힘이 들 정도로 머리가 좋지 않았습니다. 부모조차도 "이 아이는 보통 이하인 것 같아!"라고 걱정할 정도였습니다. 그런데 세기에 드문 과학적인 천재가 되었습니다.

● 에디슨의 둔한 머리

에디슨(Thomas A. Edison, 1847-1931)은 8살 때 초등학교를 3개월 다닌 후 중퇴했습니다. 담임선생이 불러 "이 애는 생각하고 행동하는 것이 상식 밖이어서 도저히 못 가르치겠어요. 이렇게 머리가 둔한 아이는 처음이에요. 다른 학교로 전학을 보내야겠어요."라고 했을 때 에디슨의 어머니는 이렇게 대답했습니다. "에디슨아 가자! 너는 너무 똑똑한 아이이기 때문에 여기에서는 배울 것이 없구나! 이 애들하고 너는 완전히 수준이 다르니 내가 직접 너를 가르쳐 주겠다."

그런데 그는 나중에 어떻게 되었습니까? 수많은 업적을 남긴 발명가가 되지 않았습니까? 에디슨은 "99%의 노력은 누구나 할 수 있다. 그러나 1%의 영감은 아무에게나 주어지는 것이 아니다."고 했습니다.

그는 기자들이 와서 묻는 질문에 이렇게 대답했습니다.

"아니 어떻게 그렇게 많은 것을 발명해 낼 수 있었습니까? 과연 천재는 99%의 노력으로 만들어지는군요."

"아닙니다. 아무리 99%의 노력이 있다 하더라도 1%의 영감이 없으면 소용없습니다. 나는 1%의 영감이 주어지면 그것을 붙들고 99%의 노력을 퍼붓습니다. 1%의 영감이 절대적으로 필요합니다. 하나님은 고독의 방에 쪼그리고 앉아서 기도하는 당신에게 영감을 주십니다. 에디슨은 그렇게 하나님을 의지하여 영감을 얻은 덕택에 3,000여 종 이상의 발명품을 내지 않았습니까?

오늘부터 골방에서 영감을 받읍시다. 그것이 아이디어를 내는 길이요, 천재로 가는 외길이요, 삶의 최고봉을 쥐는 기회입니다.

에디슨은 천 번 실험하여 하나를 만들어 내었습니다. 그는 전기를 발명하기 위해 1만 4천 번 이상의 시도를 했습니다.

"나는 우연히 돌발적으로 가치가 있는 일을 해낸 적이 없습니다. 나의 모든 가치 있는 일과 발명은 나의 수고로운 일에서 나온 것입니다. 1%의 아이디어는 하나님, 99%의 노력은 나에게 있습니다."

● 세르니아코프의 어이없는 학교 중퇴

그는 어려서 아주 공부를 못한 사람이었습니다. 15살 때 담임선생은 그를 불러 놓고 말했습니다.

"너는 둔해서 어차피 학교를 졸업하기 어려우니 중퇴하고 장사나 배우는 것이 더 나을 것이다.”

그는 그 선생님의 충고대로 했습니다.

17년이란 긴 세월 동안 저능아로서 여러 직장을 전전했습니다. 그런데 32세 되는 어느 날 우연히 자기의 IQ가 161이나 된다는 사실을 알았습니다. 그 순간부터 그는 사람이 달라졌습니다. 천재처럼 말하고 천재처럼 행동하기 시작하여 많은 책을 저술하고 많은 특허품을 발명했습니다. 그리고 사업에 큰 성공을 한 후에 천재협회 회장으로 선출되기까지 했습니다.

세르니아코프처럼 17년간 쓸데없이 시간을 낭비할 필요가 없습니다. 믿음은 당신에게 고생 연수를 엄청나게 줄여준다는 것입니다. 성경 에베소서 1장 8절에 “그가 모든 지혜와 총명으로 우리에게 넘치게 하사”라고 되어 있습니다. 데일 카네기(Dale Carnegie)가 “열심가가 되려면 열심가처럼 행동하라”고 한 것처럼, 오늘부터 당신을 천재라고 생각하고 천재처럼 행동하십시오. 그러면 약속대로 됩니다.

● 레오나르도 다빈치(Leonardo da Vinci)는 역사상 최대의 천재로 불리는데 화가이자 조각가, 건축가, 과학자인 동시에 탁월한 미래학자였습니다.

   그는 끊임없이 새로운 아이디어를 창출한 사람입니다. 특별한 것을 만들어내는 독창적인 재능을 당대에 발휘한 사람이었습니다.

● 월트 디즈니는 일곱 번이나 실패를 하여 신경쇠약에 걸린

적도 있었지만 계속 전진하여 결국 성공하였습니다.

한 가지 아이디어를 끝까지 끌고 가서 성공시키는 마음은 천재적 두뇌입니다. 천재라고 실패 안 하는 것은 결코 아닙니다. 그러나 천재는 동일한 실수를 거듭하지 않습니다. "네가 만일 환난 날에 낙담하면 네 힘의 미약함을 보임이니라"(잠언 24:10). 포기의 선을 넘는 사람만이 승리의 월계관을 쓸 수가 있습니다.

21세기 인재의 필수 조건

골드 칼라의 대표적인 인물은 누구일까요? 빌 게이츠, 토니 블레어 영국총리, 스티븐 스필버그 영화감독…. 이들은 아이디어로 금세기를 수놓은 사람들입니다. 학력과 경력을 중심으로 사무 능력을 발휘하는 인재라기보다 적성 분야에서 자발적 열정과 창의력으로 높은 성과를 내는 새로운 인재들입니다. 이제 화이트 칼라의 대부분의 일은 컴퓨터가 맡아서 거의 다 하게 되었습니다. 이제 지구촌에서 사람이 할 일은 오로지 "생각하는 능력"만 남았습니다. 누군가 먼저 미래를 예측하고 그 누구도 하지 않은 일을 창출해내느냐에 따라 인재라는 칭호가 얻어지게 되었습니다.

유추 지수(analogy quotient)는 배후의 의미를 짚어 미래의 방향을 조망하는 새로운 지수를 말합니다. 골드 칼라는 아무도 경험하지 않은 것을 추리하거나 짐작으로 윤곽을 파악하는 힘을 가지고 있습니다. 골드 칼라는 감성이 풍부하고, 비논리적이고, 주관적인 사고를 좋아하며 예술적 감각을 좋아합니다. 달리 말하면 골드 칼라는 우뇌형 인재입니다.

골드 칼라의 10가지 특성은 다음과 같습니다.

■ 적성 분야에서 일한다.

■ 일을 즐기며 자발적으로 일한다.

■ 팀웍에 기여하고 친화력이 있다.

■ 발상이 자유롭고 창의적인 방법으로 일한다.

■ 긍정적 사고와 낙천적 사고를 지닌다.

■ 학력, 경력을 무시하고 새로운 것에 도전한다.

■ 업적 평가에 따른 보상 체계를 선호한다.

■ 승진에 연연하지 않고 성취감을 즐긴다.

■ 평생 직업을 중시한다.

■ 직업을 생계 수단이 아닌 자아 실현의 장으로 여긴다.

지난 1000년 최대 사건

최근 미국의 월간 『라이프』(Life)지 특집에서 지난 1000년을 만들어낸 1백대 사건과 1백대 인물을 선정하며, 지난 1000년을 회고했습니다. 세기 1000년의 주도는 동양에 있었으나, 동양에서 전파된 책과 나침반 그리고 화약으로 무장한 유럽은 세계를 주무르는 중심 지역으로 부상했습니다.

지난 1000년을 만든 1백대 인물 중 순위 10번째까지는 다음과 같습니다. 10명 중 8명이 창조주를 열렬히 믿었던 사람입니다. 토머스 에디슨이 순위로는 1등, 100번째는 식물학자 칼폰 린네로 선정되었습니다. 1백대 발견 중 절반이 19~20세기에 걸쳐서 나왔으며, 남녀로 보면 남자가 90명, 여자가 10명이었습니다.

1. 토머스 에디슨(19세기, 발명)

2. 크리스토퍼 콜럼버스(15세기, 탐험)

3. 마르틴 루터(15세기, 종교)

4. 갈릴레오, 갈릴레이(16세기, 물리학)

5. 레오나르도 다 빈치(15세기, 미술)

6. 아이작 뉴턴(17세기,물리학)

7. 페르디난드 마젤란(15세기, 탐험)

8. 루이 파스퇴르(19세기, 화학)

9. 찰스 다윈(19세기, 생물학)

10. 토머스 제퍼슨(18세기, 정치)

지난 1000년을 만든 사건 10개만을 보면 다음과 같습니다. 기록을 남기는 일이 가장 중요한 발명으로 선정되었습니다.

기록의 중요성이 여기서도 잘 나타나 있습니다.

1. 구텐베르크의 금속활자 발명(1455년)

2. 콜럼버스의 신대륙 발견(1492년)

3. 마르틴 루터의 종교 개혁(1517년)

4. 제임스 와트의 증기 기관 발명과 산업 혁명(1769년)

5. 갈릴레오의 지동설(1610년)

6. 파스퇴르의 미생물 발견(1864년)

7. 중국의 화약 발명(1100년)

8. 미국 독립 선언(1776년)

9. 히틀러 출현과 유태인 학살(1933년)

10. 나침반 유럽 전파(1190년)

다가올 1천년은 지금보다 수천 배 똑똑한 컴퓨터 세기가 될 것입니다. 사람이 할 일은 더욱 더 줄어들게 되어 가만히 앉아서 세계가 돌아갈지 모를 일이며, 지상의 비행기 조종사만으로도 항공기가 서울을 떠나 미국 LA까지 안전 착륙하는 것이 그리 상상의 일이 아닐지 모릅니다.

인 · 생 · 경 · 영 · 키

▶ 1000년을 장식한 사람들의 특성을 보면 한결같이 창조주를 열심히 믿은 사람들이고 위로부터 지혜를 받은 사람들입니다. 그것은 우연의 일치가 아닙니다.

록펠러 조금만 더 파라

석유왕 록펠러(J. Rockefller)는 고등학교를 마친 후 "나를 위하여, 돈을 위하여!"라는 다짐을 적어 놓고 인생을 살다가 불치의 병에 걸려서 주님을 만난 뒤에 일생의 목표를 "하나님을 위하여, 인류를 위하여!"로 바꾸었다.

광산업을 하던 그가 금광맥을 찾기 위해 파 들어갔으나 찾지 못하고 폐광 직전의 지경에 이르렀을 때

"록펠러! 조금만 더 파라! 조금만 더 파라!"라는 주님의 음성을 들었습니다. 그가 그 음성에 순종하여 계속해서 금광맥을 파고 들어갔을 때 갑자기 이상한 물질이 나오기 시작했는데 그것은 석유였습니다. 그는 석유회사를 만들고 순식간에 거부가 되었습니다. 그는 거대

한 수익금으로 어마어마한 자선 사업을 했습니다. 시카고 대학도 그의 기부에 의하여 1892년에 설립된 것입니다.

인·생·경·영·키

▶ 여러분 자신의 삶의 다짐을 한번 적어 보십시오. 있고 없고의 차이가 아주 큽니다.

다짐의 예)

― 나는 오늘도 변하고 있다.
― 나는 오늘도 새로운 습관을 형성하고 있다.
― 나는 새벽에 일어날 수 있다.
― 나는 오늘도 성공의 길을 걸어가고 있다.
― 나는 구름 위의 태양을 바라보고 구름 속의 비를 보지 않는다.
― 나는 오늘도 좋은 일이 기다리고 있다.

제3장 팀의 IQ는 개인의 IQ보다 높다

팀의 IQ는 개인의 IQ 보다 높다

"

현대 물리학에서 불확실성의 원리 "Uncertainty Principle"의 창시자인 베르너 하이젠베르그는 다음과 같이 고백했습니다.

"과학은 대화에 근거한 것이다. 서로 다른 사람들의 활동은 아주 중요한 과학적 결과를 가져 올 것이다. 금세기의 전반 50년 동안 전통적인 물리학을 뿌리째 뽑고 재편했던 파울리(Pauli), 아인슈타인, 보어(Bohr) 등의 위대한 사람들과의 일생 동안의 대화를 잊을 수가 없다.

대화는 협동 학습 결과의 어마어마한 잠재력을 발휘한다. 다른 사람과 협력하면 혼자서 하는 것보다 더 많은 통찰력을 가질 수가 있고 지적으로 될 수가 있다. 팀의 IQ는 잠재적으로 각 개인의 IQ보다 높을 수 있다."

"

이제 팀의 IQ를 높일 때입니다. 미개척 분야는 더불어서 개척해야 합니다. 저는 대학에서 중간 고사를 2~3명의 팀을 구성해서 치르게 했습니다. 함께 일하는 능력을 키워주기 위함입니다. 외운 것을 단순히 적는 것이 아니라, 그것을 그들의 삶이나 일에 활용하는 능력을 테스트하기 위해서입니다.

사회는 더불어서 함께 일하는 것을 원합니다. 함께 일하는 능력을 키워야 합니다. 항상 "누가 점수를 더 높게 받았나"에 길들여져 있는 우리들은 이제 "함께 일하는 능력"을 키울 때입니다. 팀은 언제나 개인의 힘보다 높습니다. 실패해서 혼자 인생의 부끄러움을 당하는 것보다 힘을 합해 성공하여 기쁨을 나누어 누리는 것이 더 낫습니다. 힘과 책임을 서로 나누면 각자의 인생 목표에 더 빠르게 도달하게 되고 더 많은 인생의 기회를 가지게 될 것입니다. 역할 분담이 철저히 이루어진 팀의 IQ는 언제나 올라갑니다. 영화는 여러 사람이 모여서 팀의 IQ를 발휘한 대표적인 사례입니다.

개인의 IQ에 있어서 가장 크게 영향을 주는 것은 인식 능력이라고 할 수 있습니다. 그러나 개인의 IQ도 좀더 다른 각도에서 다루어야 합니다. 필자가 생각하는 21세기 개인의 총체적 IQ는 다음과 같습니다.

- 외부 환경 인식 능력
- 정보 가공 능력
- 목표 설정 능력
- 열정(passion)

시대에 따라 개인의 IQ도 다양화됩니다. 총체적으로 다루어져야 합니다. 최근 정보의 흐름이 자유로와 짐에 따라 정보 IQ가 특히 활발해야 합니다.

최근 미국 스탠퍼드 대학 경영대학원의 하임 멘델슨 교수는 조직 (기업)의 IQ를 정의한 적이 있는데 기업이 얼마나 신속하게 외부 환경에 빠르게 대응할 수 있는지를 가늠하는 기업의 신경망을 측정할 수 있다고 하였습니다.

아래 4가지는 기업의 IQ를 알 수 있는 간접 항목입니다.

- 외부 환경에 대한 인식 능력(recognition): 상황판단에 빨라야 합니다.
- 신속한 의사 결정 능력: 거대한 조직은 IQ가 낮아질 수밖에 없습니다.

- 대내외 정보 네트워크의 효율성: 정보의 흐름이 막히면 판단이 흐려집니다.
- 집중력(priority): 일의 우선 순위가 정해질 때 집중할 수가 있습니다.

기업의 목표와 비전이 개인과 공감대가 형성되어 있을 때 증폭됩니다. 개인의 IQ와 조직의 IQ는 서로 공유될 때 증폭됩니다.

- 팀의 IQ(힘)가 개인의 IQ(힘)보다 큰 실례
  - 영화 만들기(감독, 작가, 촬영, 의상,......)
  - 비행기 조종(기장과 부기장의 역할)
  - 실명제 레포트(각 part 담당자 설정해야 함)
  - 릴레이 경주(각 구간 실명제)
  - 팀제 시험(각 문안 실명제)
  - 단체 배젓기 시합

그러나 팀의 IQ(힘)가 개인의 IQ(힘)보다 낮은 실례도 있습니다. 훈련소 단체 기합 받을 때(목봉 기합)는 각자 최소의 힘을 내려고 합니다.

인 · 생 · 경 · 영 · 키

▶ 혼자 잘한다고 생각하는 것이 있으면 적어 보십시오. 나 고유의 특성적인 일을 더불어 하면 일석이조(一石二鳥)가 됩니다. 앞에서 당기고 뒤에서 미는 협력이 필요합니다. 함께 하는 능력을 배워야 합니다.

마음 경영 시대

손발을 움직여 사는 시대는 가고 두뇌 경제(hitec 경제)가 세상을 장악하고 있습니다. 그렇다면 2000년대는 무엇이 세계를 움직여 갈까요? 경제로 보면 사이버 경제 시대요, 정보로 보면 고도 정보 시대요, 신체로 보면 마음 경제 시대가 온 것입니다.

경제의 흐름을 보면 손발 경제→두뇌 경제→마음 경제로 이동하고 있습니다. 손과 발이 행동(action)이라면 두뇌는 IQ입니다. 손과 발 그리고 두뇌가 세상을 움직이던 시절은 갔습니다. 21세기는 마음(heart) 경영이 최고의 무기가 될 것입니다. 누구에게라도 감동을 주어야 하며 마음의 동함을 얻어야 합니다. 지금 세계는 상대의 마음을 잡으려고 노력을 하고 있습니다.

두뇌는 손과 발보다 빠르고 마음은 두뇌보다 빠르게 세상을 읽습니다. 인간이 가진 소유물 중에서 날아가는 시간에 편승할 수 있는 것은 마음밖에 없습니다. 연이 바람을 타고 맞서 나는 것과 같습니다. 사이버 공간에서 이루어지는 최후의 마지막 공간은 마인드 공간입니다.

이스라엘 베긴(Menachem Begin) 수상이 집권하고 있을 때 전쟁이 일어났습니다. 훗날 승리의 비결을 묻자, 베긴 수상이 이렇게 대답했습니다. "이스라엘 군대에서는 절대로 내려서는 안 되는 명령 하나가 있습니다. 그것은 '앞으로 가라!' 는 명령입니다." 대신 "나를 따르라!" 는 명령을 내립니다.

훌륭한 리더가 피해야 할 10가지를 아래에 기술하였습니다.

- 사람을 피상적으로 이해한다.
- 상상력이 부족하다.
- 책임을 전가한다.
- 안일함과 만족스러운 감정을 가진다.
- 조직적이지 못하다.
- 화를 낸다.
- 모험하려고 하지 않는다.
- 불안하고 자기 방어적이다.
- 비협동적이다.
- 변화를 싫어한다.

인·생·경·영·키

▶ 당신의 현재와 미래를 구상해 보십시오. 두뇌는 생각을 좋아하고 마음

을 감동을 좋아합니다. 당신의 과거, 현재 그리고 미래를 시간 개념으로 적어 보십시오.

▶ 청소년 지도자 마크 무어헤드(Mark Muirhead)는 "과거는 나의 역사 선생이다. 그것은 미래로 쏘는 총과 같다."고 했습니다. 그러나 과거를 거울로만 활용하고 얽매이지 마십시오

메뚜기형 벤처 정신을 가져라

콜럼버스는 신대륙 발견을 사람들이 "신세계를 발견한 것이 뭐 그리 대단한 일인가? 단지 배를 서쪽으로 몰고 가다 우연히 마주친 것뿐이지."라며 비꼬자 이렇게 응수했다고 합니다. "맞습니다. 나는 이번 발견으로 자만하지 않습니다. 단지 내가 남들보다 먼저 했다는 점을 자랑할 뿐입니다."

21세기 벤처 정신은 무엇일까요? 과거의 고통에 얽매이는 사람은 미래의 잠재력을 결코 발휘할 수 없습니다. 과거는 앞의 일을 하는 데 거울이 되지만, 거기에 얽매이면 미래를 볼 수 없습니다. 미래는 당신 속에서 출발합니다. 당신의 생각에서 출발합니다.

전에 가져 보지 못한 것을 가지려면 전에 해보지 못한 것을 해야 합니다. 누구도 생각하지 않은 일을 해야 합니다. 콜럼버스는 누구도 생각하지 않은 것을 먼저 했습니다. 그것이 벤처 인생입니다. 그는 위대한 벤처 인생을 살다 간 사람입니다. 경험하지 못한 일들은 항상 두려움을 갖게 합니다. 두려움은 당신이 하고자 하는 일의 최대의 적입니다. 인생 전체에서 두려움만큼 큰 적은 없습니다.

일본 구스다 사장이 제시한 "벤처 사업가 자질 20항목"은 다음과 같습니다.

1. 현재의 회사에서 승진과 같은 미래 비전이 보이지 않는다고 창업하려고 하는 것은 아닌가?
   안이한 생각으로는 성공하지 못한다.
2. 과거에 습득한 능력만으로 창업하려고 하지 않는가?
   항상 새로운 것에 도전하는 용기와 결단력이 중요하다.
3. 팩스, 복사, 타이핑 등을 언제나 부하 직원에게 시키지 않는가?
   말로만 일하는 평론가 타입은 창업해도 성공하지 못한다.
4. 학창 시절에 성공하고 싶다는 생각을 3번 이상했는가?
5. 외부 인사들의 명함을 3,000장 이상 갖고 있는가? 인적 네트워크는 최대 자산이다.
6. 자신의 이름만 들어도 얘기를 들어줄 수 있는 다른 회사 사람이 300명 이상 되는가?
   독립 후에는 과거 근무했던 기업과 직책으로는 아무 것도 기대하기 어렵다.
7. 창업에 동참하는 초기 경영진은 각자 다른 전문 지식과 경험을 갖고 있는 게 바람직하다.
   인간 관계만 좋은 동우회형은 공멸하기 안성맞춤이다.
8. 회사 설립까지 2년 정도, 적어도 1년 이상 준비했는가?
9. 회사 설립까지 자신의 계획을 50명 이상에게 설명했는가?
10. 금융 기관 관계자에게 이해하기 쉽게 사업 계획을 설명해 줄 수 있는가?
11. 친구나 친지 중에 세무사, 공인회계사, 변호사 등이 있는가?
12. 사람들 앞에서 설명하는 것에 언제나 자신이 있는가?
13. 자기에 대한 비판을 포함해 다른 사람의 의견을 잘 경청하는 편인가?

14. 꿈을 실현하기 위해 하루 15시간 이상 휴일 없이 근무할 자신이 있는가?
15. 설립 당시의 일뿐만 아니라 5년 후, 10년 후를 내다볼 수 있는 비전이 있는가?
16. 약속은 반드시 지키는가? 신뢰는 모든 사업의 기반이 된다.
17. 경쟁 상대의 강점과 약점 등의 정보를 항상 입수할 수 있는가?
18. 가족의 이해와 지원을 얻을 수 있는가?
19. 건강 관리에 자신이 있는가?
20. 국내 벤처 기업의 도산 유형을 연구하고 있는가?

- 매일경제 2000

상위권 10위 유지 90년의 비결은?

1912년도와 2001년도에 시가 총액 기준 10위권 내의 기업체를 소개한 적이 있습니다. 1912년도에 10위권 안에 들어간 회사 중에 GE사, 엑슨사, 셸사, 로열더치사의 4개 회사는 2001년도에도 여전히 10위권 안에 들어갔습니다. 약 90년간에 걸쳐서 상위 10위권을 유지하는 비결에 대하여 학자들의 의견을 내어 놓았습니다. 그들의 주장을 요약하면 다음과 같습니다.

분석자	스탠포드 대학의 제리포라스 교수	하버드 대학의 가빈 교수	영국 경제학자 존케이 박사
90년 동안 상위 10위권을 유지한 비결은?	외적관계유지 —사회에 끊임없는 기여활동 —사회와 깊은 연대감	외적관계보다 내적 실력 —활발한 혁신 —뛰어난 조직 적응력	내적인 실력 —적응력 —경쟁력 지속 (인재의 육성과 발굴)

[표2]

[표2]에서 보는 것처럼 90년 동안 상위 10위권을 유지한 비결을 종합하면 첫째, 수익의 사회 환원, 둘째, 적응력, 셋째, 경쟁력 유지 (인적 자원)로 요약됩니다. 개인의 인생에도 유사한 맥락으로 적용될 것입니다. 자기 혁신 속에서 경쟁력과 적응력이 나오며 그 결과 부가 가치가 증가하고 생기는 수익의 일부를 이웃을 위해서 쓴다면 벤처 인생의 전형적인 모습일 것입니다.

 인·생·경·영·키

▶ 지금 세상에는 벤처 바람이 일고 있습니다. 진정한 벤처는 '나를 위한 것'이 아니라 '이웃을 위한 벤처'일 때 성공할 수 있습니다.
▶ 당신이 가져보지 못한 것을 가지기 위해서는 한번도 가지 않은 길을 걸어가야 합니다. 대개 보면 성공이 시작되기 전에 지리적인 이동이 시작됩니다. 그곳은 일찍이 당신이 가보지 못한 곳이어야 합니다. 그곳에서 당신은 성공을 맛볼 것입니다.
▶ 벤처 인생을 창조하려면 삼성그룹의 이건희 회장님이 적은 글 중에 "큰 사람 작은 사람"이 있습니다. 그는 사람을 몇 가지 부류로 나누었습니다.
　- 스파이더형: 실력보다 연줄로 문제를 해결하려는 사람
　- 화학비료형: 생색내기와 과시를 좋아하는 사람
　- 예스맨형: 해바라기형으로 언제나 듣기 좋은 말만 하는 사람
　- 소신파형: 당당하게 자기 주장을 펼치며 자부심과 책임감을 가지고 있는 사람
　- 관료형: 권위주의에 빠져있는 사람(큰 인물이 나올 수가 없고 창의력의 꽃을 피울 수 없다.)
이러한 분류는 그 분의 오랜 경험에서 나온 것으로 보입니다.
▶ 오늘부터 벤처 인생을 한번 계획해 보십시오. 가장 작은 것부터 그리고 가장 자신 있는 것부터 시작하십시오.

제 5 물결은 가슴시대

최근 노무라 종합연구소에서 지구촌의 흐름을 다각도로 분석하였습니다. 여기서 필자가 가장 관심을 가지는 것은 제 5의 물결 시대 창조화사회에서 "머리" 다음 단계로 무엇이 나타날까하는 문제입니다. 사람이 써먹을 것은 다 써먹은 것 같습니다. 필자의 생각에는 아마도 제5의 물결은 "창조화사회"에서 "감동사회"로 넘어갈 것이며, "감동사회(가슴설레는 사회)"에서는 머리가 아닌 "마음(가슴)"이 핵심이 될 것입니다. 손과 발의 시대도 지나가고 눈, 귀, 입 그리고 머리시대가 끝이 나면 사람이 가진 것 중에서 가장 깊숙이 감추어 놓은 "마음시대"가 열릴 것입니다. 그래서 누군가에게 감동을 주는 사람이 된다는 것이 중요하게 생각되어지고, 감동을 줄 수 있는 상품들도 인기를 끌게 될 것입니다. 가슴을 설레게 해주는 사람이나 물건은 제 5의 물결사회에서 가장 큰 인기를 끌 것입니다.

구분	농업화사회	공업화사회	정보화사회	창조화사회	비고
1. 물결	제1의 물결	제2의 물결	제 3의 물결	제4의 물결	제5의 물결?
2. 시대	BC 3000년	18 세기	20 세기 후반	21 세기	
3. 사회변화	농업화	공업혁명	정보혁명	창조혁명	
4. 혁명	농업혁명	공업혁명	정보혁명	창조혁명	
5. 가치	공동화	표준화	시스템화	네트워크화	
6. 인간외부화	발	손	눈, 귀, 입	머리	마음시대
7. 장점	코워크(협동)	스케일	스코프(scope)	창발	
8. 척도	석	칼로리	비트	창발량	
9. 법칙	자연법칙	정치법칙	경제원칙	문화법칙	
10. 국력	군사력	정치력	경제력	문화	
11. 생산형태	소품종 소량	소품종 대량	다품종 소량	다품종 단품	

12. 기술	철도구	증기기관에너지	IC컴퓨터	아이디어 Engconcept	
13. 특성	토지,도구,공동, 봉건,자연시	기계,에너지, 집중, 집권동시	정보,데이터, 분산, 분권도시	창조, 아이디어, 개성	
14. 키워드	오곡풍항	중후장대	경박단소	경박단소	

Source: 노무라종합연구소

[표3] 제5물결 시대 예측

봉생마중 불부이직

"

전문가는 일을 어떻게 해야 할지를 압니다(how).
전문가는 일을 언제 해야 할지를 압니다(when).
전문가는 그 일을 왜 해야 하는지를 압니다(why).
전문가는 일을 행동에 옮길 줄을 압니다(what).
전문가는 누가 그 일을 해야 할지를 압니다(who).
전문가는 어느 위치에서 그 일을 해야 할지를 압니다(where).

"

성공한 사람 옆에 있으면 이미 50%는 성공한 셈입니다. 옛말에 "봉생마중 불부이직(蓬生麻中 不扶而直)"이란 말이 있습니다. "쑥이 삼 가운데 자라면 돕지 않아도 곧게 자란다."는 말입니다. 평평하게 자라는 쑥이 쭉쭉 뻗으며 곧게 자라는 삼 가운데 자라다 보니 덩달아 자기도 곧게 자란다는 것입니다.

홀륭한 사람들은 뭔가 남달리 좋은 습관이 있다는 것을 결코 잊어서는 안 됩니다. 금메달을 딴 사람이 홀륭한 제자를 키울 수 있고, 노벨상을 수상한 사람은 남달리 홀륭한 제자를 배출해 낼 수 있습니다. 그 사람의 습관(노하우 등)이 전수되기 때문입니다. 당신 주위에 홀륭한 사람이 있으면 그 사람의 삶의 습관을 배우도록 노력하십시오. 습관은 적도 되고, 때로는 동지도 됩니다. 「성공하는 사람들의 7가지 습관」라는 책을 보십시오. 성공이란 단지 내면적인 습관을 바꾸는 것에서 출발합니다.

　인생 길에서 나보다 낫다고 생각되는 혹은 성공했다고 생각되는 사람을 만나면 결코 놓치지 마십시오. 유명한 강사의 운전기사가 유명한 강사가 되었다는 이야기는 지어 낸 이야기가 아닙니다. 성공이란 현재 주어진 상태에서 내면 깊이 감춰진 잠재력을 발휘하는 것입니다.

　기록하는 습관, 교류하는 방법, 대화 방법, 생활 습관 등. 성공한 사람에게는 반드시 성공한 줄기를 가지고 있습니다. 그런 사람의 생활 습관을 따라가다 보면 처음에는 모방이었지만 점차적으로 그것이 자기화됩니다. 여기서 자기화가 가장 중요합니다.

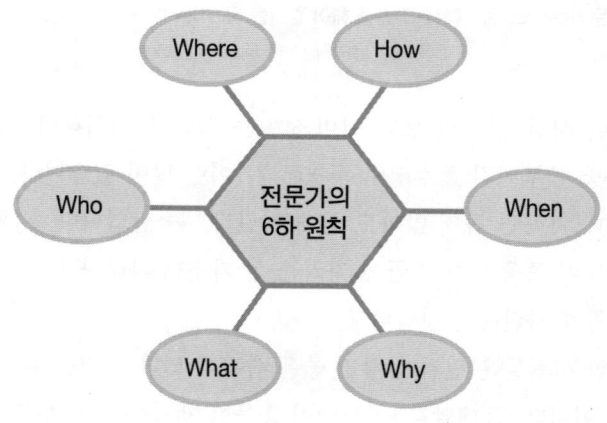

[그림13] 전문가의 6하원칙

　아직도 늦지 않습니다. 이제부터라도 당신 주위에 성공적인 삶을 사는 사람이 있다면 그 사람의 이름과 직업을 적어 보십시오. 그 사람을 만나도록 힘써 보십시오. 만나기가 어려우면 그 사람이 지은 책이

나 자서전 등을 찾아서 읽어보십시오. 그 사람의 생활 습관과 또 배우고 싶은 사항이 있으면 적어 보십시오.

 인·생·경·영·키

▶ 주위에 성공적인 삶을 살고 있는 사람을 3명 적어 보십시오. 그리고 그들이 가진 성공적인 습관을 각각 3가지 적어 보십시오.

▶ 이제 내가 그들로부터 본받을 좋은 핵심적인 습관 3가지를 나의 것으로 만들어 주십시오. 그러면 점차적으로 자기화되어 자기 고유의 습관으로 변하게 됩니다. 습관은 씨앗과 같아 여러분의 마음속에 심는 것입니다.

머리 속에 잠자는 정보 지식을 깨워라

하루에 10시간 노동을 한 사람보다 1시간 컨설팅해 준 사람이 10배의 임금을 받는 세상입니다. 정보는 많이 가지는 것이 중요한 것이 아니라 나의 삶에 활용하는 것이 중요합니다. 정보 자체는 목적이 아니라 수단에 불과한 것입니다. 정보 가공의 능력을 키우십시오.

지구상에는 크게 두 가지 형태의 정보가 있습니다. 하나는 내 머리 속에 잠재되어 있는 잠재 정보요, 다른 하나는 바깥 정보입니다. 이제까지 머리 속에는 수없는 정보가 들어 있습니다. 사람이 태어나서 지금까지 어마어마한 필름의 양으로 바깥 세상의 정보를 입력시켜 놓았다는 것입니다.

이제 바깥 정보는 인터넷의 발달로 클릭만 하면 세상의 모든 정보가 찰칵찰칵 나오고 있습니다. 그렇다면 잠재 정보란 무엇에 비유할 수 있을까요? 프로이트는 현재 의식과 잠재 의식을 물 위에 떠 있는 빙산에 비유했습니다. 물 위에 떠 있는 부분이 현재 의식이라면 물 속에 감추어져 있는 부분은 잠재 의식이라는 것입니다. 이 잠재 의식 (잠재 정보)은 뇌의 낡은 피질 부분에 숨어 있기 때문에 평상시에는 나타나지 않지만 꿈을 꿀 때나 최면 상태 또는 뇌에 전기의 자극을 준다든지 하면 나타난다는 것입니다. 몬트리얼 대학의 벤필드 박사는 이것을 뒷받침하는 실험을 한 적이 있습니다. 간질병 치료를 위해 한 여성의 뇌의 측두엽을 자르고 전기 자극을 주었을 때 "아주 어렸을 때 개천가의 목재 쌓아놓은 곳에서 즐겁게 놀던 일"을 생생하게 생각해 내었다는 것입니다.

책상 서랍 속에 여기저기 중요한 것들을 넣어놓기만 하면 어디에 어떤 중요한 정보가 들어있는지 모릅니다. 아이디어란 남몰래 경험한 것들이 머리 속에서 옷을 입고 나오는 것과 같습니다. 아이디어란 당신의 머리 속에 들어있는 잠재 정보를 끄집어 내는 것, 또는 활동이라고 할 수 있습니다. 그래서 잠재 정보는 어느 날 문득 떠오르는 것입니다. 우리의 머리 속에는 어마어마하게 방대한 정보가 쌓여 있습니다. 이제까지 보고들은 머리 속에 잠자는 정보만 잘 조합시켜도 수많은 아이디어를 잠재 의식 속에서 끄집어 낼 수 있다는 것이지요. 현재 의식과 잠재 의식 사이의 장벽을 낮출수록 많은 아이디어를 낼 수가 있습니다. 비몽사몽 중에 잠재 의식 속에 쌓여 있던 것이 밖으로 표출되어 나올 때가 종종 있습니다. 유명한 학자들이 꿈 속에서 힌트를 얻어내는 것도 그러한 맥락입니다.

현대에는 이 잠재 정보를 잘 활용하는 사람이 되어야 합니다. 내 머리 속에 잠자는 잠재 정보를 잘 끄집어 내어야 합니다.

그러면 어떻게 하면 잠재 정보를 잘 끄집어 낼 수 있을까요?

잠재 정보는 아이디어의 원천

생각이 옷을 입고 머리 밖으로 나오는 것이 아이디어입니다. 생각이 생각으로 끝나는 경우는 생각이 입을 옷(재료)이 없기 때문입니다. 무선전화기 발명 아이디어는 공중 전파가 송수신 되는 재료가 있을 때 가능한 이야기입니다.

그러니까 아이디어를 많이 내려면 생각할 정보(재료)를 많이 읽든지 보든지 혹은 들어야 합니다. 그리고 환상에서 벗어나기 위해서는 주위의 많은 사람들과 끝없는 교류를 하여야 합니다. 대개 토론을 할 때나 유사한 일에 종사하는 사람들과 대화를 나눌 때 정리가 되고, 생각할 좋은 재료로 바뀌게 됩니다. 냉장고(머리) 속에 요리할 재료가 많이 들어있을 때 요리사가 다양한 메뉴를 제공할 수 있는 것과 같은 맥락입니다. 아무리 요리사가 맛있는 요리를 하고 싶어도 요리할 원료가 냉장고 속에 없으면 끝장입니다. 원료가 많으면 많을수록 더욱 맛있는 요리가 나올 수 있습니다.

그러니 머리 속에 생각할 재료를 많이 채우시기 바랍니다. 잠재 정보가 많을수록 아이디어를 낼 수 있는 기회가 많아지게 됩니다. 아무리 생각을 많이 해도 아이디어가 떠오르지 않는 경우는 대개 생각할 재료가 부족하기 때문입니다.

많은 생각을 하는 것은 그만큼 머리 속에 생각할 재료가 많이 있다는 것입니다. 생각할 재료가 무엇입니까?

- 활자로 되어 있는 책이나 수많은 논문 또는 잡지
- 사물의 경험을 통해서 얻어지는 오관(촉각, 미각, 청각, 후각, 시각)
- 매스미디어 정보

■ 기타 정보

저의 경험으로 보면 아이디어는 본인의 경험이 가장 큰 영향을 줍니다. 본인이 하는 일에 이론도 중요하지만 많은 경험을 쌓으시기 바랍니다. 대부분의 아이디어는 경험이 누적될 때 가장 효과적인 아이디어 재료로 여러분의 머리 속에 쌓이게 됩니다.

인·생·경·영·키

▶ 아이디어 방정식은 지식+경험+정보+우뇌에서 생산되는 기막힌 작품입니다. 아이디어는 우연히 나오는 것 같지만 이제까지 축적된 생각의 결과입니다. 대부분의 사람들이 죽어서 매장될 때 아이디어도 고스란히 함께 매장되고 맙니다.

$$\text{아이디어 창출} = \frac{\text{지식+경험+정보}}{\text{우뇌}}$$

목표를 가지고 정보를 확보해야

대부분의 사람들은 직장에 가면 신문을 보게 됩니다. 신문을 볼 때 한 가지 이상 목표를 가지고 보는 것과 그냥 막연히 일어난 일들을 섭렵하는 것과는 엄청난 차이가 있습니다. 우선 신문을 보는 분명한 목표를 가지고 있게 되면 신문 보는 속도가 빠르고 원하는 관련 자료가 나오면 즉시 복사하여 별도로 보관하게 됩니다. 그 자료가 쌓이면 유익한 정보의 원천이 될 수 있습니다. 필자는 신문 이외에도 잡지 등을 볼 때 자기 계발이나 지식 창출에 관계된 사례나 그와 관련된 그림들은 언제 어디서나 정리해 두는 편입니다. 국내외적으로 그렇게 지난

5년간 자료를 모으니까 지금은 방대한 자료가 마련되었습니다. 그렇게 많은 자료를 모으는 것이 가능했던 것은 평소에 어떠한 자료를 모아야겠다는 분명한 목표를 가지고 있었기 때문입니다. 목표가 없으면 정보는 그냥 정보일 뿐입니다.

그렇게 자료를 모아온 덕택에 2000년 5월에 『인생경영키워드』라는 책을 출판할 수 있었습니다. 사소한 목표일지 모르지만 내가 원하는 자료를 평상시에 모으는 습관은 개인의 인생 가치를 증가시키는 유익한 활동 중에 하나입니다. 작은 물방울 하나 하나가 모여서 나이아가라 폭포가 된 것이며, 수만 번의 정소리를 울린 끝에 아름다운 조각품 하나가 나오게 된 것입니다. 작은 목표 하나 하나가 모여서 당신의 인생목표가 성취됩니다.

인·생·경·영·키

▶ 초망을 던질 때는 물고기를 잡기 위함입니다. 정보의 초망을 던질 때 분명한 목표를 가지십시오. 그렇지 않으면 유익한 정보를 놓치거나 확보하기가 어렵습니다.

잠재 정보를 찾아내는 능력

우리 눈에 보이는 정보는 이미 노출된 것이라서 다른 사람들이 다 활용한 것입니다. 사물을 바라보는 각도에 따라 완전히 달라집니다. 가을철에 아주 잘 익은 사과 하나를 놓고 보면 그것을 바라보는 자의 각도에 따라 완전히 달라집니다. 경제학자가 보면 한 개의 가격이 어느 정도 되는지를 바라보고, 미학자가 보면 어떻게 저렇게 탐스럽게 잘 익었는지를, 미술가가 보면 잘생긴 사과를 어떻게 그릴까 생각할 것이며, 배고픈 아이가 바라볼 땐 저 사과를 먹으면 허기가 가셔지겠 구나하고 생각할 것입니다.

- 가장 관심 있는 분야를 하나 정하십시오. 정보의 범위는 너무 넓기 때문에 그렇게 할 때 한 가지 정보에 집중하여 모을 수 있 습니다.
- 사물의 특징을 보고 어디에 활용이 가능한지를 생각해 보십시 오.

어떤 사람이 영화관에서 아이스크림을 사서 어둠 속에서 먹다 옷 을 더럽혔습니다. 여기서 아이스크림을 포장해서 판다면 녹아서 옷 으로 떨어질 염려가 없습니다. 요즘 아이스크림은 그런 종류가 많이 나와 있습니다. 미국에서는 온도계가 붙어있는 숟가락이 많습니다. 아이들에게 뜨거운 것을 먹이면 안 되니까 말이지요. 이것은 사물을 바라보고 생각해 낸 것입니다.

- 적어도 관련된 분야에 잡지를 3권 이상 정기구독 하십시오. 1권 정도는 해외에서 출판되는 책을 고르십시오.
- 속하고 있는 회사나 개인의 특징을 분석하십시오. 그들의 특징 을 하나하나 분석하여 나의 것으로 전환시키십시오.
- 사물을 관찰한 것은 기록에 남겨 주시기 바랍니다. 수시로 적어 놓은 것을 바라보면 당신의 머리 속에 들어있는 잠재 정보와 연 결되어 아이디어가 됩니다.

유익한 정보는 대개 우리 눈에 잘 보이지 않습니다. 어느 한 구석에 잠재되어 있기 때문입니다. 내가 전혀 모르는 다른 곳에서 잠잘 수도 있고 내 머리 속에 들어와 있지만 그것을 끄집어 내지 못하는 경우도 있습니다. 사진이란 한 장의 필름 속에 바깥 사물이 감광되어 나타나는 결과입니다. 바깥 사물을 바라보고 당신의 머리에 내재된 길고 긴 필름 속에 남기시기 바랍니다.

아이디어를 많이 내는 사람들을 보면 '어떤 사물을 보면서' 또는 '꿈 속에서' 또는 '아침 잠자리에서' '금방 깨어나서' 등등을 이야기합니다. 확실히 아이디어는 문득 머리 속에서 떠오르는 것이거나 직관일 가능성이 높습니다. 그러나 아이디어가 창출되는 사람을 보면 밤낮 그것만 생각하는 사람이거나 그 일에 미친 사람인 경우가 대부분입니다. 아무 것도 생각하지 않은 사람이 어느 날 뭉게구름 바라보다가 번개를 찾아내는 것은 어려운 일입니다. 비오는 날 천둥이나 번개가 나오지 맨 하늘에 천둥이 치지 않습니다. 현실을 분석하는 능력은 잠재 능력과 서로 밀접한 관계가 있습니다.

인 · 생 · 경 · 영 · 키

▶ 가만히 앉아 있어도 찾아오는 정보는 대개 별 볼일 없는 것들입니다. 어렵게 찾을수록 그 정보는 가치가 있습니다.

정보 가공(Information process) 능력의 사례
실험을 하다 보면 훌륭한 아이디어가 나오게 됩니다. 그 유익한 정보를 그냥 두면 사장되나 잘 다듬어서 논문도 쓰고 특허도 내면 그 정보는 아주 유익하게 가공된 지식 상품이 됩니다. 정보를 가공하는 능력은 21세기에 더욱 중요하게 되었습니다.

정보의 1차 가공은 대개 글로 쓴 기록물입니다. 기록을 잘하는 사람이 대개 정보 가공 능력도 뛰어납니다. 기록함으로 정리가 되고 어디에 적용할지가 상당 부분 정해지기 때문입니다. 많은 시간이 지나면 잊어버리기 쉬워 정보 가공물로는 가치가 떨어집니다.

한 가지 정보가 나오면 그 정보와 끝없이 대화를 나누는 것이 좋습니다. 그것은 정보 가공의 핵심 요소이기도 합니다. '발견'(discover=dis+cover)이란 덮여 있는 것을 벗겨내는 것입니다. 대개 정보는 누구의 손에 가려져 안 보이든가 다른 사물에 덮여 있어 우리 눈에 보이지 않을 뿐입니다. 덮여 있는 정보를 벗기기만 해도 훌륭한 정보 가공 능력입니다. 3M에서 나온 포스트잇은 오늘날 전세계에서 사용되는 사무용품입니다. 고분자 합성으로는 실패작이었지만 포스트잇을 만드는 데는 대성공 작품이 된 것입니다. 그냥 폐기해야 할 고분자 합성물이었지만 용도를 적절히 찾아내 대히트작이 된 것입니다. 이것은 훌륭한 정보 가공 능력의 좋은 예입니다.

KAIST에서 어느 대학원생이 있었습니다. 2년간 모든 방법을 동원해서 아무리 실험을 해도 실험 결과가 나오지 않아 졸업을 못할 형편에 놓였습니다. 그러나 그는 그 정보를 적절히 활용했습니다. 내가 이러 이러한 방법으로 해보았더니 결과가 나오지 않더라는 결론을 내렸습니다. 내가 한 실험대로 가면 결과가 없으니 이쪽 길을 택하지 말라는 정보를 보여 준 예입니다. 동일한 결과를 가지고 해석을 잘 한 것입니다. 실패를 성공으로 가는 길로 제시한 것은 훌륭한 정보의 가공 능력입니다.

나아가 '연구' (research=re+search)란 '다시 찾는 것' 을 말합니다. 이미 있는 법칙을 다시 생각하고 이해하여 새로운 법칙을 찾아내는 것입니다. 최근 노벨상을 받은 사람 중에 폴리머를 합성하는 중에 촉매(catalyst)를 너무 많이 집어넣는 바람에 엉뚱한 물질이 만들어졌으나 기대하지 않았던 엉뚱한 정보와 계속 대화한 결과, 결국 노벨상까지 받게 하는 대작을 낳은 분도 있습니다.

정보 가공 능력은 책에도 없어 어느 누구도 자세하게 가르칠 수가 없습니다. 오로지 스스로 경험하여 창출하는 수밖에 없습니다. 기차는 일정한 궤도만 지나가기 때문에 안전할 뿐만 아니라 일정 시간이 지나면 목적지에 도착합니다. 그러나 그 이상은 바라볼 수 없습니다. 많은 사람들의 인생이 기차처럼 그냥 철로 위를 따라 갑니다. 이미 누군가가 개척해 놓은 길로만 가면 생각의 기회도 없을 뿐 아니라 아이디어 역시 빈약할 수밖에 없습니다. 새로운 발견을 하려면 궤도를 완전히 벗어나서 새로운 궤도를 그려보아야 하는 것입니다.

인 · 생 · 경 · 영 · 키

▶ 정보 가공 능력은 21세기 최대의 능력입니다. 정보 가공 능력은 여러분의 큰 자원입니다. 평소에 정보를 활용하는 능력을 키우시기 바랍니다. 동일한 사람이 동일한 사건을 놓고 정보를 활용하는 방법은 천차만별입니다.

어느 여우의 정보 가공 능력

'이솝우화' 입니다. 어느 사자가 숲에 살면서 스스로 왕노릇하며 모든 짐승들에게 아침 저녁에 문안을 드리라고 했습니다. 숲의 모든 짐승들은 모두 문안을 갔는데 여우는 가지 않았습니다. 사자의 시종이 왜 문안 드리러 오지 않았느냐고 묻자 여우는 이렇게 말했습니다. "사자굴로 들어간 짐승들의 발자국 중 나온 발자국은 하나도 없기 때문이오." 여우는 발자국의 흔적을 통해서 사자가 문안드리러 온 짐승들을 다 잡아먹었다는 사실을 여우는 알아차린 것입니다. 여우는 굴의 주위 환경을 바라보고 정보를 잘 가공하여 살아 남았습니다.

나폴레옹이 놓쳐 버린 소나기 정보

사업하는 사람은 관련된 모든 정보를 다 끌어 모으고 종국에는 느낌으로 그 사업을 할 것인가 말 것인가를 결정하는 경우가 많다고 합니다. 컴퓨터 장기에서 결국은 사람이 이기는 것과 같은 원리인 셈입니다. 왜 그럴까요? 사람에게는 기계가 도저히 흉내낼 수 없는 직감이 있기 때문입니다. 아무리 계산이 빨라도 컴퓨터는 기계일 뿐 사람의 감성을 흉내낼 수가 없습니다. 더하기 빼기 나누기 곱하기는 컴퓨터가 비교할 바 없이 빠르지만 판단력은 사람이 앞설 수밖에 없습니다.

컴퓨터 속에는 "느낌(feeling)"이나 감성(emotional sensitivity)이 없습니다. 그래서 기업가는 감(感)으로 일을 벌리는 것입니다. 시장동향이나 예측까지 정보만 주면 기계가 술술 해답을 주지만 그것이 절대적이지 못합니다.

아무리 정보를 많이 수집한다 해도 한 가지 일을 결정지을 때 최종적으로는 사람의 경험과 느낌이 최종 결정의 잣대가 됩니다. 실패를 많이 해 본 사람이 성공할 확률이 높게 나타나는 것은 사물을 바라보는 감(感)이 경험적으로 쌓였기 때문입니다. 정보가 해결해 주지 못하는 느낌이 몸에 많이 쌓일수록 판단력이 증가하게 됩니다. 수치는 느낌의 강도를 결정하는 척도일 뿐입니다.

나폴레옹은 일기 상황을 안일하게 생각해 전쟁에서 패배하였습니다. 나폴레옹이 워털루 전쟁을 하루 앞둔 날 막 서산으로 지려는 해를 원망스럽다는 듯이 바라보았습니다.

"아아 만일 나에게 옛날의 여호수아처럼 저 해를 두 시간만 멈추게 할 힘이 있다면 그 대가로 무엇을 주어도 아깝지 않을 텐데."

나폴레옹은 전투 준비를 위해 태양 빛이 필요했습니다. 그러나 태양은 서산으로 기울어져만 갔습니다.

드디어 워털루 전쟁이 시작되는 날이 왔습니다. 전투를 시작하려고 했을 때 갑자기 하늘이 흐려지고 천둥과 번개가 치더니 소나기가 퍼부었습니다. 그 때문에 전투 시작 시간이 차질이 생겼습니다. 설상가상으로 소나기로 인해 수렁이 되어 나폴레옹이 자랑하던 포병은 포차 바퀴가 진흙 속에 깊이 빠져서 뜻대로 나아갈 수 없었습니다. 그리하여 나폴레옹은 그 전쟁에서 큰 패배를 맛보게 되었습니다. 전투의 천재인 그가 소나기를 작전에 넣지 못했던 것입니다. 소나기 정보가 그의 작전에서 빠진 것은 그의 전쟁 기록을 패배로 장식하게 되었습니다.

우리는 종종 정보가 충분하거나 그렇지 못하기 때문에 엄청난 돈을 얻을 수도 있고 또 잃을 수도 있습니다. '어떻게 미래에 일어날 정보를 미리 예측하느냐' 가 중요합니다. 그것은 영적인 차원에서 해결할 일입니다.

발자국에 숨은 정보 하나를 소개합니다. 한 인디언 추장이 있었습니다. 어느 날 백인이 그와 하룻밤을 보내게 되었습니다. 아침에 추장은 방문객을 오두막집에서 나오게 한 후 물었습니다.

"당신은 지난밤에 이 오두막집을 통과한 사람들이 몇 명이나 된다고 생각하십니까?"

그 방문객은 눈길을 자세히 보니까 거기에는 선명하게 한 사람의 발자국이 있었습니다. 다른 사람의 발자국을 찾아볼 수가 없으니 그는 "한 사람밖에 지나가지 않았군요."라고 대답했습니다. 그러나 그 추장은 지난밤에 수 백 명의 인디언, 한 부족이 지나갔다고 했습니다. 그런 후 추장은 이렇게 설명해 주었습니다. "인디언들은 그들이 어떤 방향으로 갔는지를 알리고 싶지 않을 때 추장이 제일 앞에 걷고 나머지는 그 발자국을 따라서 간답니다. 그렇게 지혜로운 계교를 부리기 때문에 부족의 적들은 그들이 간 길을 발견할 수가 없으며 따라 잡을 수가 없습니다."

싸움에서 적이 어디로 갔는지를 알아내는 것은 상당한 고급 정보에 해당됩니다. 이런 것을 모르는 백인들이 그들과 싸움을 한다면 어떻게 되겠습니까?

정보란 미래와 현재의 차이

정보는 어찌 보면 미래와 현재를 구별하는 것입니다.

시몬 베드로가 고기를 잡고 있었습니다. 그런데 밤새 한 마리도 잡지 못했습니다. 아침에 예수님은 베드로에게 "이보게 고기 좀 잡았는가?"라고 물었습니다. 예수님은 베드로가 무엇을 원하고 있는지를 알았습니다.

"그물을 오른쪽에 던지게, 그러면 고기가 많이 잡힐 것이네."

베드로에게 엄청나게 중요한 정보였습니다. 요즘 말로 하면 돈벌이가 되는 정보였습니다. 고기를 잡아서 팔아야 가정을 꾸릴텐데 그는 밤새 고기 한 마리 잡지 못했습니다.

정보는 현재와 미래를 구별하는 것입니다. 미래가 현재와 같다면 정보는 어떤 형태로든 없는 것이나 마찬가지입니다. 봄, 여름, 가을, 겨울은 1년 동안에 반드시 오는 것이므로 정보가 아닙니다. 100년 뒤에도 4계절이 올 것이므로 계절의 변화는 정보가 아닙니다.

미래와 현재의 차이를 누가 더 빠르게 파악하느냐가 정보 시대에서 관건입니다. 미래와 현재의 가장 큰 차이는 바로 우리들의 습관에서 온다는 사실을 잊어서는 안 됩니다. 우리 주위를 뒤돌아보면 모두가 습관의 변화에서 가지쳐 나온 산물들입니다.

태평양 전쟁이 거의 끝날 무렵 일본군이 뉴기니아 대전을 실시하려고 필리핀에서 군함 6척에 많은 군대를 싣고 심야 1시에 출항하기 전에 마지막 파티를 열었습니다. 이 자리에서 "오늘이 마지막이다."라는 말이 한 지휘관에서 나왔는데, 한 기생이 그 곳을 빠져 나와 미군에게 이 비밀 군사 계획을 알려주었습니다. 바로 이 정보를 들은 미군은 이 밤으로 전투 비행기를 총출동시켜 공습 폭격하여 필리핀을 떠나려던 일본군 군함 6척을 모조리 괴멸시켜 버렸습니다. "오늘이 마지막이다."는 미군에게는 최대의 정보였습니다.

인·생·경·영·키

▶ 고급 정보를 가질수록 사람의 가치가 올라가게 됩니다. 회사에서는 사장이 고급 정보를 가장 많이 가지고 있습니다. 그래서 월급도 가장 많이 받습니다. 정보가 많이 축적될수록 감(feeling)이 생기게 됩니다. 감(感)은 어떤 일을 결정할 때 탁월한 영향 요소입니다. 대개 감(感)은 오랜 경험에서 많이 생깁니다.

정보 가공능력을 키워라

> "
> 다른 사람에게 영향력을 미치게 하려면 4단계를 밟는 것이 좋습니다.
> - 제1단계: 먼저 상대방을 만나는 것에서 출발(knowing & meeting) 하는
>   것으로 기초적 단계
> - 제2단계: 교류의 단계(effective communication-정보를 공유하는 단계)
>   로 의사를 상대방에게 전달하는 단계
> - 제3단계: 상대방의 의도를 인식하는 단계(recognizing)로 여기서 성공
>   적인 교류냐 아니냐가 결정됩니다. 상대방의 속을 인식하는 단계는 참
>   으로 중요합니다. 가장 큰 영향을 미치게 할 수 있는 단계
> - 제4단계: 마지막 단계로서 영향을 미치는 단계(influencing)입니다. 인
>   식 단계와 영향을 미치는 단계는 상당한 시간이 요구될 수도 있습니다.
> "

교류는 쌍방입니다. 교류의 부족은 정보를 소멸시키고 맙니다. 최
근 어느 교수가 말한 초·중·고등학교에 커뮤니케이션 과목을 신설
해야 한다는 주장을 본 적이 있습니다. 그 만큼 지금 우리는 교류가
중요한 세계 속에서 살고 있습니다.

정보는 흘러 보내야

1994년 프랑스 니스에서 열린 괴텐버그 심포지엄에 참석한 일이
있습니다. 칸느 영화제가 열리기도 했던 니스 해변은 한번쯤 가볼 만
한 해변입니다. 거기서 받은 심포지엄 자료를 고국에 돌아와서 필요
하다고 생각되는 교수들에게 복사해서 나누어 주었습니다. 혼자 독
차지해서 좋은 연구하려면 당연히 아무도 안 주고 서랍 깊숙이 넣어

놓고 있어야 하겠지만, 아까워도 기꺼이 책 자체를 복사해서 주었습니다. 먼길을 가서 고생하면서 자료를 입수하는 것도 그렇지만, 여행 경비와 참가비를 합치면 400여만 원이 듭니다. 그렇게 구한 자료를 유사한 연구를 하는 교수들에게 준다는 것은 선뜻 하기 어려운 일입니다. 교수들에게는 학회 자료가 생명선이나 다름없습니다.

그로부터 4년 뒤에 나에게 잘 아는 사람으로부터 전화 한 통이 걸려왔습니다. 이러이러한 기술이 신기술로 검토되고 있는데 의견을 좀 달라는 전화였습니다. 자세히 알고 보니 4년 전에 심포지엄 자료로부터 아이디어를 얻어서 개선한 수처리 시스템이었습니다. 개발자는 정보를 사장시키지 않고 유익한 정보로 변환시킨 것입니다.

4년 전 나의 손을 떠나간 자료를 중심으로 아이디어를 얻어 새로운 신기술 신청이 이루어진 셈이었습니다. 국가적으로도 유익한 일이라고 생각했습니다. 그냥 책꽂이에 나 혼자만 활용하고 두었으면 사장되는 자료가 되고 말았을 것인데 그 정보의 씨가 그 동안 자라난 것입니다. 정보는 씨앗입니다. 때로는 자갈밭에 갈 때도 있고, 때로는 탱자나무 밑에, 때로는 메마른 땅에, 때로는 옥토에 떨어지는 것입니다. 하나의 정보는 다시 새로운 정보를 낳는 어미 정보가 되는 것입니다. 얼마 전에 그 교수로부터 신기술 인증서를 받았다는 소식을 듣고 함께 기뻐했습니다. 그 신기술을 가지고 다시 새로운 아이디어를 얻어서 나는 더 나은 기술로 개발할 기회를 얻었으니 저 또한 즐거운 일이 아닐 수 없습니다. 나는 그 교수가 마치 나를 위해 연구해 준 동반자로 생각됩니다. 머지않아 그보다 더 나은 처리 공정을 개발할 것이기 때문입니다. 자료의 공유는 개인을 발전시키기도 하고, 나아가 나라 전체의 기술력도 발전시킵니다.

인·생·경·영·키

▶ 007가방에 들어간 정보가 밖으로 나올 수 없다면 그 정보는 죽은 정보요, 가치 없는 정보입니다. 007가방의 정보는 궁극적으로 누군가에게 줄 때 가치가 있습니다. 샘물은 남에게 자꾸 퍼줄 때 신선한 샘물이 됩니다.

▶ 정보는 발이 없어서 가만히 두면 언제나 그냥 머무르게 됩니다. 씨앗처럼 뿌려야 합니다. 지금 당신이 가지고 있는 유익한 정보를 작성해 보고 남에게 줄 리스트를 작성해 보십시오. 그러면 몇 년 뒤에 그 정보씨가 자라서 돌아올 것입니다.

정보의 흐름

물이 높은 곳에서 아래로 흘러가는 것처럼 정보란 현재와 미래의 차이에서 옵니다. 그 차이가 크면 클수록 정보의 흐름은 더욱 가속도를 내면서 흘러가게 됩니다. 고객과 생산자가 물건에 대한 견해 차이가 크면 클수록 정보의 전달 속도는 더욱 빠르게 일어납니다. 계곡의 물은 거품을 내며 격렬하게 아래로 흘러갑니다. 큰 정보일수록 거침 없이 아래로 흘러가게 됩니다. 우리 주위를 바라보면 정보의 근원지는 몇 가지로 나눌 수 있습니다.

- 기술 개발의 힌트는 대개 고객들로부터 옵니다. 항상 사용하는 사람이 가장 많이 아는 법입니다. 그래서 "고객은 언제나 옳다" 입니다.
- 경쟁자로부터 많은 정보가 나옵니다. 유사하거나 동일한 제품

또는 기술을 보유하고 있는 회사나 연구소는 많은 경쟁적인 정
보를 기대할 만합니다.

- 전문가로부터 또한 유익한 정보를 수혈 받을 수가 있습니다.
- 대학기관에서도 고급 정보를 얻을 수가 있습니다.
- 정부기관은 규제나 법률을 개정하거나 신설함으로써 새로운 정
보를 창출하는 기관이므로 언제나 예의 주시해야 합니다.
- 관련학회, 심포지엄, 세미나 또는 잡지를 통해서 고급 정보가
나올 수 있습니다.

인 · 생 · 경 · 영 · 키

▶ 수많은 정보 네트워크를 활용하여야 합니다. 중요한 것은 아주 중요한
정보는 사람의 머리 속에 있다는 것입니다. 객관화된 정보보다 다른 사람
의 머리 속의 정보를 잘 활용하십시오.

책 저술은 자료 공유의 도구에 불과

저는 책을 저술한다는 생각보다 내가 가지고 있는 정보를 다른 사
람과 공유한다는 생각으로 「물리화학적 수처리 원리와 응용」이라는
책을 썼습니다. 그리고 750페이지나 되는 방대한 자료를 다른 사람과
공유하기 위해서는 무언가 특성이 있어야 한다고 생각했습니다. 정
보의 물이 잘 흘러가려면 도랑 청소를 잘하는 것이 급선무라고 생각
했으며, 삽과 곡괭이로 정보의 강이 흐르는 데 방해된다 싶은 것은 다
걷어냈습니다.

우선 다른 사람의 자료를 공유하려면 딱딱해서는 안 되고 가능하면 기존의 정보와 연상되는 표현을 사용했습니다. 편하게 읽으면서 공부도 되고 정보도 주기 위해서 가능하면 이제까지의 전공 서적 이미지를 파격적으로 깨버렸습니다. 교과서라는 이미지를 깨기 위해서 가능하면 어려운 문장들을 쉽게 풀어서 쓰고자 했으며, 표현 방식도 우리가 잘 아는 은유법을 사용하였습니다.

인·생·경·영·키

▶ 적게는 3년, 길게는 5년을 계획하면 누구나 저술가가 될 수 있습니다. 문제는 자신감입니다. 1,000권의 소설을 읽으면 당신도 소설을 집필할 수 있습니다.

정보를 모으는 도구들

의사 소통 방식에 따라 상대방에게 영향력을 크게 또는 작게 아니면 아무런 영향을 못 미치게 할 수도 있습니다. 비즈니스 사회에서 널리 쓰이는 효율적인 정보 수집 방법을 순서로 보면 다음과 같습니다.

- 면담(사람을 만남)
- 소그룹과의 토론
- 대그룹과의 토론
- 전화 통화
- 손으로 쓴 편지

- 워드 프로세스로 뽑은 편지
- 대량으로 찍은 인쇄 편지
- 브로우셔(책자)
- 뉴스 보도
- 광고
- 길거리 인쇄물

저의 지난 경험으로 보면 효율적인 정보 수집 우선 순위는 다음과 같습니다.

- 면담(얼굴을 맞대고 눈을 맞추며 나누는 5분의 대화는 전자메일로 5시간 접촉하는 것보다 낫습니다.)
- 전화(목소리는 상대방과 친근감을 쌓는 방법입니다. 적극성을 나타내는 방법으로 의사 소통에 있어서 만나는 것 다음으로 중요한 것입니다. 글로 쓴 편지와 조화되면 최고의 의사 전달 효과 창출)
- 소그룹 토론(2-3명 수준)
- 손으로 쓴 편지(전화와 편지가 곁들여지면 금상첨화)
- 워드 프로세스로 쓴 편지 또는 전자 메일(사인이 들어간 편지, 사인을 복사해서 보내면 꼭 필요한 정보가 아니면 나는 거의 읽어보지 않습니다.)
- 대규모 그룹의 집단 미팅(100명 이상의 사람이 모일 때 역시 정보는 흩어지고 산만해지기 때문)
- 전단지 또는 대량 인쇄지(직접 관련된 내용이 아니면 거의 읽지 않습니다. DM으로 들어오는 것의 경우 제목은 봅니다. 하지만 바로 쓰레기 통으로 가든가 파지로 사용됩니다.)
- 뉴스 보도(피드백 하기가 어렵습니다. 전 국민을 대상으로 하는

정보로써 신뢰성은 있으나 단지 듣는 입장이기 때문에 참고 정
보로서만 받아 들입니다.)

- 광고(눈에 띄면 보고 그렇지 않으면 지나가는 정보이므로 일부
러 기억하는 것은 드문 일입니다. 반복 효과로만 의사가 전달)

인 · 생 · 경 · 영 · 키

▶ 정보 수집은 정보 가공 능력을 키우기 위한 전초 단계입니다. 방대한
정보를 소유하면 그 만큼 가공하기도 쉽습니다. 정보를 분류하는 작업은
또한 정보 가공의 시작 단계입니다.

정보의 차이를 해소하는 방법

개인인 경우 이리저리 쫓아다니면서 정보를 여러 가지 방법으로
여러 장소에서 찾아내는 방법밖에는 없습니다. 자문을 구하거나 도
서관에 가서 전문 서적을 뒤지거나 하면 됩니다. 그러나 단순히 정보
를 찾기만 한다면 그것은 껍데기 정보밖에는 안 됩니다. 안다고 해도
그 다음 적용 단계에서 막히면 그 정보는 어렵게 구한 것이라고 해도
유익한 정보가 되지 못합니다.

그러나 조직인 경우 해당 고급 정보나 지식을 소유한 자를 등용하
거나 관계된 기술을 사서 정보를 얻거나 또는 장치를 하나 사서 분해
해 보면 됩니다. 더 큰 방법으로는 그 기술을 보유한 회사와 합병, 인
수, 제휴 등을 통해서 고급 정보를 확보할 수가 있습니다. 문제는 돈
입니다. 주어진 상황에서 어떤 방법을 사용하는 것이 가장 경제적이

고 유익한 것인지는 장단점 분석을 통해서 결정할 일입니다.

창조란 처음엔 모방에서 출발합니다. 고객이나 납품업자 또는 동업자가 소유한 자료를 분석하여 새로운 창조물을 만들어 낼 수가 있습니다. 정보의 빈 공백 또는 지식의 빈 공백은 채워주지 않으면 발전에 있어 장애를 받게 됩니다.

인 · 생 · 경 · 영 · 키

▶ 정보 확보 전쟁이 일어나고 있습니다. 각국 나라들도 정보 수집 비용으로 수조~수십조를 지구촌에 뿌리고 있습니다. 정보를 모으는 일도 훌륭한 능력 중의 하나입니다.

교류에서 타인에게 영향력을 행사하려면
다른 사람에게 영향력을 미치게 하려면 4단계가 필요합니다.

- 제1단계: 상대방을 만나는 것에서 출발(knowing & meeting)하는 기초적 단계
- 제2단계: 교류의 단계(effective communication-정보를 공유하는 단계)로 의사를 상대방에게 전달하는 단계
- 제3단계: 상대방의 의도를 인식하는 단계(recognizing)로 여기서 성공적인 교류냐 아니냐가 결정됩니다. 상대방의 마음속을 인식하는 단계는 참으로 중요합니다. 가장 큰 영향을 미치는 단계
- 제4단계: 마지막 단계로서 영향을 미치는 단계(influencing). 인

식 단계와 영향을 미치는 단계는 상당한 시간이 요구될 수도 있습니다.

두뇌를 갈고 닦고 여러 가지 훈련을 잘 쌓으면 사회에 나가서 성공할 확률이 10%라고 합니다. 그러나 인간 관계를 잘 쌓으면 성공할 확률이 80%나 된다고 합니다. 직장에서 일을 잘못해서 해고당하는 것보다 사람 관계 때문에 해고당하는 것이 거의 두 배라고 합니다. 인간관계를 잘 형성하여야 합니다.

교류 중에는 어떤 일을 위임하는 것도 포함합니다. 꼭 필요한 사항은 다음과 같습니다.

- 일의 위임에 대한 목록을 만드십시오. 구두로 하면 부정확합니다.
- 요구하는 것을 정확히 기록하십시오. 군대에서는 반드시 명령을 하고 복창을 하게 됩니다. 그만큼 말은 부정확하다는 것입니다.
- 그 임무를 완성하는 데 필요한 정보와 권한을 부여하십시오. 일을 시킬 때에는 정보도 함께 주어야 합니다. 정보만 확보되어도 일의 반은 끝난 것입니다.
- 일의 마감 시간을 주십시오. 일의 효율이 가장 올라갈 때는 휴가 가기 전날입니다. 가기 전에 해야 할 일을 다해야 하기 때문입니다. 그것은 마치 마감 시간을 두고 일하는 것과 같은 것입니다. 평상시에도 그렇게 마감 시간을 두고 일하면 일의 효율은 몇 배로 올라갈 것입니다.
- 일에 대한 보상을 주십시오. 세상에 공짜는 없다는 말은 너무나 잘 아는 이야기입니다. 사람은 간사하여 받은 만큼 일하고자 하

는 속성이 누구에게나 있습니다.

인 · 생 · 경 · 영 · 키

▶ 타인에게 영향을 준다는 것은 "의견 차이"를 최소화시키는 작업입니다. 대개 의견 차이는 그 사람과의 내면적인 환경의 차이입니다. 그래서 사전에 그 사람에 대한 정보가 많을수록 영향력 또한 쉽게 미칠 수가 있습니다.

잘 들립니다. 아주 또렷하게 들려요

교류에서 언어를 통한 교류가 아주 크다는 것을 먼저 이해해야 합니다. 창조주의 말씀 하나로 이 지구가 만들어졌다는 것을 이해한다면 마땅히 말의 힘이 얼마나 큰지를 알 것입니다. 판사는 말 한 마디로 누구는 10년 징역, 누구는 사형, 누구는 무죄 등으로 말합니다. 그 말 한 마디에 한 사람의 일생이 완전히 바뀌기도 합니다. 판사에게는 그런 권세가 있기 때문에 그런 것이라고 말할지 모릅니다.

그러나 말은 사람의 육체도 변화시키고 마음과 생각까지 변화시키는 힘이 들어 있습니다. 말은 행동을 지배할 뿐 아니라 환경과 운명까지도 지배합니다. 병원에서 의사가 실수로 던진 불치병이라는 말 한 마디는 환자의 죽음으로 연결될 수 있습니다. 한 여인이 심장 진찰을 받고 의사끼리 오가는 말 중에 "TS"라는 말을 들었습니다. TS가 무슨 약자인가 곰곰이 생각하다 T=terminate, S=situation, 즉 '나의 심장이 종말을 치닫는구나' 라는 생각을 하자 심장에 급속한 이상을 일으키게 되었고, 레빈 박사가 아무리 우측심방에 문제가 있는 의학 용어라고 설명해도 그녀의 생각대로 심장은 악화되어 끝내는 운명을 달리했다는 이야기가 있습니다. 부정적인 말이나 생각을 했던 최악의 사례입니다.

동일한 병원에서의 이와 전혀 입장이 다른 어느 환자 이야기입니다. 심장 기능이 그야말로 생사를 왔다갔다하는 바닥에서 헤매는 그런 환자였습니다. 아침에 레빈 박사가 회진을 하면서 그 노인의 심장에 청진기를 대보니 전문 용어로 제3심음이 뚜렷하게 들렸습니다(심장이 뛸 때 쿵!탁! 쿵!탁! 하는데 쿵은 제 1심음, 탁은 제 2심음을 낸다고 합니다. 그런데 심장이 박동을 멈추려는 상태가 되면 전혀 다른 제 3심음의 소리를 낸다고 합니다). 이런 박동 소리를 평상시에 거의 들을 수 없기 때문에 담당 의사는 황급하게 학생들을 불러서 교육 삼아서 노인의 심장 소리를 듣게 했습니다. 노인에게는 좀 슬픈 일이었지만 심장 박동의 제3심음을 들을 수 있는 절호의 기회였습니다. 그 노인의 심장에 청진기를 대어본 학생들은 기쁨의 탄성(?)을 질러댔습니다.

"잘 들립니다. 아주 뚜렷하게 들려요."

레빈 박사는 가족들에게 장례 준비를 하라고 했습니다. 그런데 노인은 계속 호흡을 하고 있었습니다. 벌써 하늘 나라에 가야 할 사람이 계속 살아있자 오히려 가족들이 지쳐 버렸습니다. 혼수상태에 있던 환자가 얼굴에 생기가 돌더니 1주일만에 심장이 정상으로 돌아와 퇴원하게 되었습니다.

퇴원하는 날 레빈 박사는 회진하면서 노인에게 말을 건넸습니다.

"할아버지, 이렇게 심장이 좋아지리라고는 생각지도 못했습니다."

"의사 선생! 지난번 아침 회진 때 당신과 학생들이 내 심장 소리가 잘 들린다고 기뻐하지 않았소!"

말은 육체까지 변화시키는 힘이 있습니다! 사경을 헤맬 때 노인은 학생들이 떠드는 소리를 듣고 자기의 심장이 좋아지고 있다는 말로 받아들인 것입니다. 말은 중요합니다. 그래서 많은 사람들이 긍정적인 말을 하라는 것입니다. 부정적인 사람은 부정적이 되어 인생 전체가 부정적이 됩니다. 그러나 늘 잘 될 것이라는 자아상을 가지면 그 말이 씨가 되어 그대로 됩니다. 긍정적인 말은 마치 씨앗을 옥토에 뿌리는 것과 같고 부정적인 말은 자갈밭에 씨를 뿌리는 것과 같은 맥락입니다. 성공한 사람들의 말은 언제나 "할 수 있다!"이지 "못한다!"고 하지 않습니다.

교류에는 또한 폐쇄적인 말과 개방적인 말이 있습니다.

① "왜? 누가?" 보다는 "어떻게?"
    예) 왜 이렇게 늦었어요? 일이 많으니까 늦었지? ─ 추궁형
        어떻게 하다 이렇게 늦었어요? 요즘 일이 많아? ─ 이해형
② "이렇게 하라" 보다는 "너는 어떻게 했으면 좋겠니?"
    예) 너는 축구부에 들어가거라 ─ 해답형
        너는 어느 부에 들어가는 것이 좋겠니? ─ 질문형(판단, 결정, 창의력 갖게 됨)
③ "…을 하라" 보다는 "이제 …하면 어떻겠니?"
    예) 이제 공부해! ─ 명령형(마음이 굳어짐)
        이제 그만 쉬고 공부하면 어떻겠니? ─ 권면형(열린 마음)
④ "위협적인 말" 보다는 "설명형"으로
    예) 울지마! 쥐나온다! ─ 위협형(공포감 조성)
        이제 누나는 집에 가야해. 또 놀러 올거야. ─ 설명형

위의 예에서 보는 것처럼 말이면 다 비슷한 것처럼 생각하지만 유사한 이야기라도 얼마나 큰 차이가 있는지 모릅니다.

서양 속담에 "개구리는 입 때문에 먹힌다."는 말이 있습니다. 비슷한 것으로 "꿩도 울지 않으면 총에 맞지 않는다."는 말이 있습니다. 개구리는 시끄럽게 울기 때문에 뱀에게 발각되어 잡아먹히고 꿩은 울지 않으면 사냥꾼에게 발각될 염려가 없으니 죽을 리가 만무합니다. 짐승도 말을 잘못 했다가는 잡아먹히는데 하물며 사람이 말을 잘못하면 그 말에 큰 지배를 받게 됩니다.

사람은 98% 이상 말의 지배를 받으며 살아갑니다. 말은 뇌세포를 자극하고, 뇌세포는 척추신경을 자극하고, 척추신경은 행동을 낳게 한다고 합니다. 스마일 박사는 "생각은 행동을, 행동은 습관을, 습관은 성품을, 성품은 삶의 운명을 바꾼다고 했습니다. 새처럼 나는 생각을 하면 행동으로 옮아가게 됩니다. 라이트 형제가 바로 그런 사람이었습니다. 새가 없었으면 아직도 인류 문명은 걸어다니거나 기차나 버스로 다닐지 모릅니다. 말의 지배는 위대한 것을 낳기도 하고, 가장 초라한 것을 낳기도 합니다.

 인·생·경·영·키

> ▶ 창조주는 우주를 '말씀'(Words)으로 만들었습니다. 그래서 우리의 말에는 권세가 있습니다. 우리의 인생은 말하는 대로 이루어집니다.

교류 네트워크를 만들어 놓아라

나는 좋은 자료가 있으면 평소에 아는 관계자들에게 다 보내줍니다. 내가 준 자료가 그들에게 도움이 된다면 기꺼이 보내 줍니다. 이제까지 경험으로 보면 자료를 주면 피드백을 하는 사람은 5% 미만입니다. 일방적 교류지만, 5%를 위해서 나는 그렇게 하고 있습니다. 최근에 와서는 좀더 효율적인 일환으로 사이트 하나를 개설해서 정보를 공유하고 있습니다. 파레토 원리에 따르면 20%정도는 보낸 자료에 대해 관심을 가진다고 생각합니다. 나머지 수신자의 80%는 그냥 확인만 하고 넘어가는 것이지요. 받은 자료는 48시간 이내에 응답해 주어야 합니다. 저는 종종 받은 정보에 대하여는 특별한 사안을 제외하고는 48시간 안에는 답하는 편입니다. 정보의 흐름을 가로막지 않기 위해서입니다. 한 나라 안에서 또는 조직 내에서 그렇게 정보의 흐름이 빠르게 응답될 수 있다면 지식의 흐름도, 정보의 흐름도 빨라져 일의 효율이 몇 배로 증가할 것입니다.

3C와 3P의 시대

21세기는 종종 3C 시대라고 합니다.

- 컴퓨터(computer): 이제 컴퓨터는 일상 생활에서 빼놓을 수 없는 생활 도구가 되었습니다.

- 교류(communication): 교류를 잘 하여야 인생을 풍요롭게 살 수 있습니다.

- 경쟁(competition): 이제 무한한 경쟁입니다.

조직에 있어서도 3P 시대가 왔다고도 합니다.

- People: 사람이 가장 중요한 자원입니다. 돈도 아니고 정보도 아니고 이제 사람의 머리 속에 나오는 생각이 세계를 지배하는 시대가 왔습니다. 사람에 대한 교육과 관심을 어느 때보다 많이 기울여야 합니다. 우리 나라의 대기업에서 사람 교육을 중요시하는 큰 기업체를 살펴보십시오. 교육을 중요시한 업체는 절대 방해하지 않습니다. 교육은 미래를 창출하는 힘입니다.

- Process: 자료의 공유는 조직이 성장하는 지름길입니다. 공감대 형성을 해야 합니다. 정보 공유는 공감대를 형성하는 기본도구입니다.

- Purpose: 목표를 가져야 합니다. 비전을 가져야 합니다. 개인이든 조직이든 분명한 목표를 가져야 합니다. 그래야 힘이 분산되지 않습니다. 오늘날 거대한 우리 기업들이 가장 큰 고생을 하는 것은 바로 이 분명한 목표의 부재입니다.

교류에는 언제나 긍정적인 말을 사용하는 것이 좋습니다. 이를테면 영업 사원이 "이런 식으로 나간다면 금년 매출액을 달성할 수 없습니다."라고 말한다면 부정적인 시각으로 바라보는 것입니다. 대신에 "이런 저런 전략을 구사한다면 매출액 달성에는 무난할 것 같습니다."라고 하는 것이 긍정적입니다. 긍정적인 말에는 엄청난 위력이 들어 있습니다. "할 수 있다"의 말이 가슴속에 있는 한 이 땅에서 무엇이든지 할 수 있습니다. 교류에서 부정적인 말을 일삼는 사람은 일이 잘 되지 않는 사람입니다.

 인 · 생 · 경 · 영 · 키

▶ 보고서에 "안 됩니다", "못합니다"와 같은 부정적인 표현은 금물입니다. "안 된다"고 하는 것은 본인의 생각이지, 다른 사람의 생각이 아닙니다. 보고서는 설사 부정적 표현을 꼭 해야 할지라도 "…을 하면 가능성이 있습니다.", "…의 방법을 쓰면 재도전할 가치가 충분히 있습니다." 등의 표현을 사용해야 합니다.

협상은 정보 차이를 줄여 나가는 것이다

이제 갓 결혼한 부부는 함께 있는 시간만 길면 됩니다. 그 동안의 불충분한 시간을 결혼함으로써 함께 나누는 시간이 충분히 확보되기 때문입니다. 만약 어느 한쪽이 시간을 내지 못하면 제 1순위가 깨어지기 때문에 신혼 부부의 싸움이 가장 빈번하게 일어나는 계기가 됩니다.

대개의 협상은 우선 순위에 따라 정해집니다. 양자의 우선 순위가 일치되면 협상은 끝납니다. 그러나 시간이 지날수록 그 우선 순위는 뒤로 밀리기 시작합니다. 그때는 또다시 서로의 제 1순위가 무엇인지 서로 맞추어야 합니다. 그리고 보면 인생의 협상은 시간이 큰 변수로 등장하기도 합니다.

많이 아는 사람이 이긴다

더 많은 정보를 준비한 자가 협상에서 이깁니다. 군대에는 정찰 부대라는 것이 있습니다. 사전에 답사하기도 하고 철저한 정보를 수집합니다. 준비를 점검하려면 몇 가지를 체크하면 됩니다. 대개 개인의 직관적인 느낌이나 이제까지의 경험을 중심으로 협상 준비를 한다면 실패할 경우가 종종 나옵니다.

- 우선 외부 정보를 얼마나 알고 있는지를 점검하십시오.
- 이제까지 사용한 중요한 정보원을 적어보십시오.
- 주어진 협상 내용과 관련하여 세계적인 권위 있는 잡지나 서적을 적어 보십시오.
- 이제까지 벌인 협상을 기록한 실례를 적은 족보를 펼쳐 보십시오.

이것들은 협상을 하기 전에 얼마나 준비를 잘 하고 있는지에 대한 기준들입니다. 적어도 3개 이상은 사전에 준비되어 있어야 합니다.

개인의 인생 경영도 이제는 소니(Sony)사의 경영 키워드 4가지를 적용할 때입니다. 무지막지하게 인생을 그냥 두면 소출이 없다는 이야기입니다.

- 독창성(unique): 어느 누구에게도 없는 독특한 아이디어로 살아야 합니다(specialist).

- 질(quality): 이제 양보다는 질적 인생을 알아주는 세상입니다.

- 속도(speed): 빌 게이츠가 지은 「생각의 속도」를 읽어보시기 바랍니다. 생각의 속도는 당신을 변화시킵니다. 교류는 속도입니다. 누가 더 빠른 속도로 교류하느냐가 성공의 지름길입니다. 88년에는 PC의 신제품 등장 주기가 22개월이었는데 반하여 98년에는 4개월로 단축되었다는 보고가 있습니다. 수년이 지난 지금은 어떻습니까? 수개월이 아니라 수주로 접근하고 있습니다.

- 가격(cost): 가격은 질과 관련됩니다. 가격까지 낮추면 최고의 제품입니다.

인생의 가치를 증가시키면 더 많은 인생의 기회가 다가옵니다.

몸 언어도 협상의 도구

말할 때 상대방의 수용적 태도는 대개 다음과 같습니다. 일종의 몸 언어(body language)입니다.

- 앞으로 기댄다.
- 시선이 자주 마주친다.
- 다리를 포개지 않는다.
- 이마나 턱을 만진다.
- 고개를 곧추 세운다.

그러나 상대방이 거부하는 태도를 보면 대개 다음과 같습니다.
- 얼굴을 출구쪽으로 향한다.

- 시선을 마주치는 일이 드물다.
- 발목을 고정시킨다.
- 주먹을 쥔다.
- 안절부절 못한다.

어느 흑인 기사와의 택시 요금 협상

필자는 낯선 외국 호텔에서 혼자 택시를 탈 때 나름대로의 기준을 정하여 놓고 있습니다. 우선 호텔 직원에게 어디로 가는데 거기까지 택시로 얼마쯤 걸리는지 그리고 요금은 어느 정도 나오는지를 확인하고 택시를 탑니다. 종종 버릇 나쁜 기사가 있기 때문입니다. 1994년도 LA에서 있었던 일입니다. 주일 아침이라 LA에 있는 순복음교회를 가려고 택시를 탔습니다. 흑인 기사였는데 40세 정도 되어 보였습니다. 정보에 의하면 약 20분 정도의 거리. 택시 요금도 대략 알고 있는 터라 뒷자리에 편안하게 앉았습니다.

그런데 문제가 생겼습니다. 30분이 지나 50분이 다 되어 가는데도 기사는 아직도 달리고 있었습니다. 나는 긴장했습니다. 떠날 때 분명 주소도 주고, 기사도 그 위치를 안다고 했습니다. 거기다 요금이 50불이 넘게 나와 있었습니다. 기사에게 물었습니다. 호텔 직원에 의하면 약 20분 정도면 온다고 하는데 왜 50분이 지났는데도 목적지에 도착을 못하시오. 좀 거칠게 따졌습니다. 그 소리에 기가 죽었는지 그 때부터 기사는 요금을 일단 정지시키고 길을 찾았습니다. 약 5분 정도 이리저리 차를 좌우로 흔들더니 금방 교회 앞에 멈추었습니다. "얼마를 드릴까요?" 하니 "요금대로 주시오."라고 하였습니다. 25분이나 시간을 도둑맞았기 때문에 30불밖에는 줄 수가 없다고 했습니다.

협상이 시작된 것입니다. 요금가지고 협상하기는 아마 처음이었습니다. 문이 열리는지도 슬그머니 체크해 보며 은근히 겁이 났었습니다. 잠시 침묵이 흘렀습니다. 침묵도 협상의 연속이라는 것을 나는 잘 알고 있었습니다. 그 순간 나에게 한 가지 아이디어가 떠올랐습니다.

"당신 사무실에 무전기를 쳐라. 그 호텔에서 여기까지 얼마가 나오는지? 그 요금대로 주겠다."고 했습니다.

그러자 그 기사는 어쩔 수 없이 무전기로 송신을 보내고 수신을 기다렸습니다.

"호텔에서 목적지까지 27불!"이라는 송신이 들렸습니다.

흑인의 눈이 둥그래졌습니다.

"보시오. 내 말이 맞잖소." 나는 30불을 주면서 "3불은 팁이오."하고 여유 있게 내렸습니다. 성공적인 협상이었습니다. 몇 달 뒤에 LA에서 폭동이 일어나는 것을 보고 가슴이 철렁했습니다. 겁도 없이 흑인 기사와 담판을 짓다니….

인·생·경·영·키

▶ 다 그런 건 아니지만 택시를 타기 전 '정보'가 중요합니다. 내가 호텔 직원으로부터 정보를 모르고 탔더라면 나는 고스란히 50불을 주고 목적지에 갔을 것입니다. 정보를 아는 것과 모르는 것과의 차이는 아주 큽니다.

▶ 협상의 성공은 때때로 제 3자의 '중재'가 중요한 역할을 합니다. 택시 사무실에는 구간별 거리와 요금이 개략적으로 나와 있기 때문에 사무실에 연락하여 그 정보를 활용할 수 있었던 것이 요금을 흥정할 수 있는 비결이었습니다.

협상에서 관심을 이끄는 대화

먼저 남성의 관심을 이끄는 대화 기법은 다음과 같습니다.

- 구실을 대지 않는다. 대개 여성은 남성보다 쉽게 변명을 하거나 구실을 댄다. 이를테면 "이것에 대해 확실히는 알 수 없지만……"이라는 표현이 이에 속한다.

- 간명하게 말한다. 여성에게 대화는 친밀을 의미하지만, 남성은 정보교환을 위해 대화한다.

- 빗대어서 이야기하지 않는다. '보고 싶다'는 말 대신에 '영화를 보러 가자'고 하면 남성은 '영화를 좋아하지 않는다'고 말해버린다. 그런데 사실은 여성은 '보고 싶다'는 말 대신으로 한 말이다. '만나고 싶다'고 단도직입적으로 이야기하라.

- 협상에서 감정 표현은 피한다. 소리내서 운다면 협상에서 밀린다. 왜냐하면 운다는 것은 그 상황을 책임질 능력이 없다는 의미가 되기 때문이다. 대개 여자는 남자보다 4배 정도 더 많이 운다고 한다.

역으로 여성의 관심을 이끄는 남성의 대화 기법을 볼까요?

- 깔보면 안 된다. 남성의 마음속에는 그런 마음이 자리잡고 있다.

- 공감대를 형성한다. 남자는 대개 "말수는 적게, 그리고 강하게!" 식의 교육을 받는다. 여성과 협상을 할 때 여성은 그렇게 되어온 과정들을 자연스럽게 이야기한다. 한 마디도 하지 않으면 흥미를 잃을 것이다.

- 개인적인 공감대를 형성하라. 여성은 세세한 것을 좋아한다. 협상 전에 테이블 맞은편에 앉은 여성과 인간적인 이야기를 하는 것이 좋다. 미국 사회에서는 여성은 남성의 옷가짐에 대하여 비평할 수는 있지만 남성은 그런 자유가 없다. 남성들은 개인의 인생에 대한 생각들을 말하는 것은 자유롭지만 여성은 그렇지 못하다.

지도자의 협력 능력

지도자의 교류 능력은 중요합니다. 쌍방간의 협력 정도는 교류의 능력에 따라 달라질 것입니다. 협력의 정도를 분류해 보면 다음과 같습니다.

- 상생(相生;win-win): 신뢰와 협력이 최고조에 이를 때 상호협력은 최대가 된다. 하나의 공감대가 형성되는 관계이다. 최근에 와서 회사간에 이루어지는 합병은 좋은 예다. 유사한 제품 제조사끼리 협력하는 것은 한 예가 될 것이다. 개인으로 보면 한 사람보다는 두 사람의 힘이 크다. 팀의 IQ는 개인의 IQ보다 높은 경우가 많다.

- 측생(側生;win-lose): 어느 한쪽이 지든지 이기든지 하는 관

계로 상호간 신뢰와 협력하는 힘이 극히 낮을 때 일어나는 양상이다. 경쟁자를 어떤 방법으로든 이기면 된다는 논리다.

● 상생과 측생의 중간 형태(semi win-win): 상호 신뢰와 협력이 중간 형태가 되면 진정한 공감대는 형성되지 않는다. 모임에서 서로 존중하면서 말을 주고 받으나 돌아서면 별로 남는 게 없다.

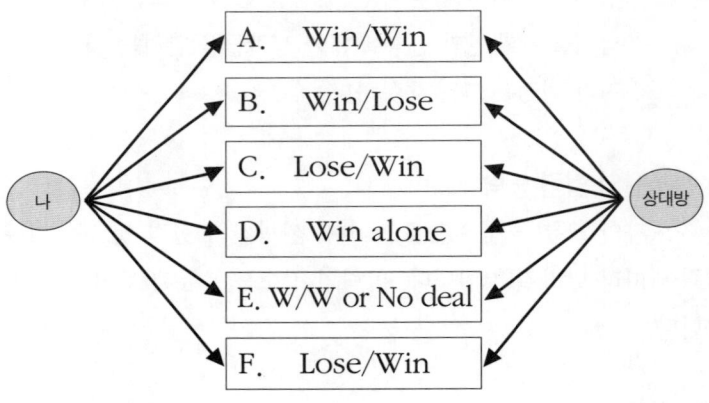

[그림14] 창조적 인간 관계

먼저 끌지 않으면 끌려간다

참된 리더는 차봉지와 같습니다! 뜨거운 물에 들어갈 때까지는 별 가치가 없는 것입니다!

아이젠하워(D. Eisenhower) 전 미국 대통령은 뛰어난 통솔력을 발휘한 사람이었습니다. 그에게 기자들이 탁월한 지도력의 비법을 물었습니다. 그는 50cm의 실을 책상 위에 펴놓고 뒤에서 밀어보라고 했습니다. 기자들이 뒤에서 밀어 보았으나 그 실은 구부러지기만 할 뿐 앞으로 나가지 못했습니다. 그러자 그는 실을 앞에서 끌어 당겼습니다. 실은 앞으로 나갈 수가 있었습니다.

새로운 조직에 들어가면, 영향력 있는 사람과 충분한 교감을 갖고 의사 전달을 충분히 한 다음 조직을 앞에서 이끌어 가십시오.

- 전통을 무시하지 마십시오. 조직은 오랜 기간 동안 다듬고 다듬어진 것입니다.

- 구성원 각자에게 크고 작은 일을 위임하고 동참의식을 나누어주십시오. 그냥 배만 타고 목적지에 가는 것보다 무언가 기여하면서 가기를 원합니다.

- 행동으로 취하기 전에 여러 가지 모양으로 의견을 수렴하여 잡음이 없게 하십시오. 걸림돌이 전혀 없이 조직을 변화시키는 것은 어렵습니다. 그러나 최소화하십시오.

- 여러 조직 중에서 해당 조직이 가장 앞서가고 있다는 것을 인식시켜 주십시오. 소속해 있는 부서가 힘있고 진취적이고 미래지향적이면 소속원들은 더욱 생기가 솟아납니다.

- 정보를 주고받고 공유하십시오. 계속적인 지시형 정보 전달은 효과가 떨어집니다. 피드백을 통해서 그들의 생각을 새로운 아이디어를 조직에 적용하는 데 반영하도록 하십시

오. 팀의 IQ는 개인의 IQ보다 높다는 것을 인정하십시오.

● 반대 의견도 구성원들로부터 우선은 거부 없이 다 받으십시오. 그 자리서 안 된다고 거절하지 말고 함께 생각해 보자고 하십시오. 시간을 가지고 찬찬히 생각해 보게 하십시오. 그들의 생각이 타당하고 합리적이면 서로 합치점을 찾으십시오. 그러나 어떤 일도 구성원들로부터 100% 동의는 얻을 수가 없다는 것도 인정하셔야 합니다.

● 조직 내에 오랜 경험 있는 자의 말을 귀담아 들어 주십시오. 그들의 소리는 중요합니다. 아는 것을 경험한 노장들의 의견과 아이디어를 잘 포착하십시오.

● 평소에 덕을 쌓으십시오. 조직 구성원들이 당신을 도와주는 것은 어렵지만 방해하기는 쉽습니다.

● 신뢰감을 형성하십시오. 이것은 하루 이틀에 이루어지는 것이 아닙니다. 목표를 두고 오랫동안 자신의 신뢰감을 쌓아 올리십시오. 한 가지 한 가지 일을 해 나갈 때 반드시 체크하십시오. 조직에 변화를 주는 것은 결코 순탄하지 않습니다

● 자신감을 가지고 밀고 나가십시오. 본인이 미지근하게 나가면 구성원들은 결코 지지하지 않을 것입니다. 구성원들에게 결코 자신감을 잃으면 안 됩니다.

▶ 참된 리더는 늙지 않습니다. 이런 말이 있습니다. "사람들은 늙지 않는다. 성장하지 못함으로써 늙는 것이다." 당신이 선택하지 않으면 선택당하게 됩니다. 오늘부터 누구를 이끌어 가는 방법을 찾으십시오.

① 당신의 부하(학생)를 성장시키는 데 필요한 영양제가 무엇이라고 생각하십니까? 위의 서술한 것을 참고하시어 3가지만 정리 해보십시오.
② 부하가 아이디어를 많이 이끌어내도록 하기 위해서는 어떤 전략을 펼쳐야 하겠습니까?

리더와 유머

유태인 속담 중에 다음과 같은 것이 있습니다.

"하나님 앞에서는 울어라. 그러나 사람 앞에서는 웃어라."

미국인들은 무슨 대화나 회의를 할 경우 반드시 유머로 시작합니다. 지미 카터 전 미국 대통령의 수석 고문과 《타임》지의 편집 주간을 지냈던 하드리 도노번은 "유머 감각은 지도자의 필수 조건"이라고 했습니다. 각국 대통령들에 얽힌 유머를 소개하겠습니다.

■ 프랑스의 정치지도자 클레망소에게 신문기자가 이렇게 물었습니다.

"지금까지 본 정치가 중에 누가 가장 최악입니까?"

"이 나이가 되도록 아직 최악의 정치가를 찾지 못했습니다."

"그게 정말입니까?"

그러자 클레망소가 분하다는 표정으로 말했습니다.

"저 사람이 최악이다 싶은 순간 더 나쁜 사람이 나타나더군요."

■ 링컨 대통령이 의회에서 한 야당 의원으로부터 이런 비난을 받았습니다.

"당신은 두 얼굴을 가진 이중 인격자요."

그러자 링컨이 억울하다는 표정으로 반문했습니다.

"만일 나한테 얼굴이 두 개라면 왜 이런 중요한 자리에 하필이면 이 얼굴을 갖고 나왔겠습니까?"

■ 링컨이 어느 날 백악관에서 손수 구두를 닦고 있었습니다. 한 방문객이 그것을 보고 놀란 표정으로 물었습니다.

"아니 대통령이 자기 구두를 직접 닦는 게 말이 됩니까?"

그러자 링컨 대통령이 대꾸했습니다.

"그럼 대통령은 남의 구두를 닦아주어야 합니까?"

■ 윈스턴 처칠이 1차 대전 때 폭탄이 떨어지는 전장의 참호 속에서도 이런 말을 했다고 합니다.

"좀 웃으시오. 그리고 부하들에게도 웃음을 가르치시오. 웃을 줄 모른다면 최소한 빙글거리기라도 하시오. 만일 빙글거리기라도 못한다면 그럴 수 있을 때까지 구석으로 물러나 있으시오."

유머 하나로 전쟁의 와중에서도 용기와 희망을 준 처칠이었습니다.

■ 루즈벨트 대통령과 어느 신문기자의 대화내용입니다.

"걱정스럽다든가 마음이 초조할 때는 어떻게 마음을 가라앉히십니까?"

"휘파람을 붑니다."

"그렇지만 대통령께서 휘파람을 부는 것을 들었다는 사람이 없던데요."

"당연하죠. 아직 휘파람을 불어본 적이 없으니까."

이 유머 속에는 루즈벨트의 여유와 배짱, 그리고 낙관적인 면이 숨어 있습니다.

■ 로널드 레이건 대통령이 총상으로 수술대에 누웠습니다. 수술하기 전에 외과 주치의가 말했습니다.

"각하! 이제 수술을 시작하겠습니다."

그러자 레이건이 주치의와 다른 의사들을 쳐다보며 물었습니다.

"당신들은 물론 모두 공화당이겠지요?"

이 말을 들은 주치의가 빙그레 웃으며 대답했습니다.

"친애하는 대통령 각하, 우리는 최소한 오늘은 전부 공화당입니다."

레이건의 이런 병상 유머는 뉴스를 통해서 미국의 국민들에게 그대로 전달되었습니다. 그 몇 마디의 유머로 미국을 비롯한 전 세계에 흔들리지 않는 지도자라는 강한 인상을 남겼습니다.

■ 클린턴과 미테랑과 옐친이 식인종 추장에게 잡혔습니다. 추장이 이렇게 말했습니다.

"너희들 중 좋은 헌법을 만들어 주는 사람은 살려주고 그렇지
못한 사람은 잡아먹겠다."

클린턴과 미테랑은 1백 조가 넘는 헌법을 만들었지만 추장을 만
족시키지 못해 결국 잡아먹히고 말았습니다. 그러나 옐친은 단
2조짜리 헌법을 만들고도 무사했는데 그가 만든 헌법은 이런 것
이었습니다.

"제 1 조, 추장은 항상 옳다."

"제 2 조, 만일 추장이 틀렸다면 제 1조를 참조하라."

■ 한 신사가 말을 타고 가다가 병사들이 나무를 운반하는 장면을
목격했습니다. 워낙 무거운 나무인지라 나무가 좀처럼 움직이
지 않고 있었지만 그 중 상사인 한 사람은 구령을 붙이며 작업
을 지휘만 하고 있었습니다. 신사가 상사에게 물었습니다.

"자네는 왜 같이 일하지 않는가?"

"전 졸병이 아니라 명령을 내리는 상사입니다."

그러자 신사가 웃저고리를 벗고는 병사들 사이에 끼었습니다.
한참만에 나무를 목적지까지 옮기고는 신사가 말에 올라타면서
말했습니다.

"다음에 또 나무를 옮길 일이 있거든 총사령관을 부르게."

상사와 병사들은 그제서야 그 신사가 조지 워싱턴 장군임을 알
았습니다.

지도자는 모범을 보여주는 사람입니다.

세상에서 가장 슬픈 전화 정보

21세기에 가장 비극적인 일이 2001년 9월 11일에 미국에서 일어났습니다. 미국의 상징이던 세계무역센터가 무너지기 직전, 비행기가 추락하기 직전 그들은 생의 마지막 메시지를 다음과 같이 남겼습니다. 세상에서 가장 아름다운 그리고 슬픈 정보였습니다.

● 여보, 사랑해. 뭔가 엄청난 일이 벌어진 것 같아. 근데 나는 아마 살 수 없을 것 같아. 아이들 잘 부탁해!(세계무역센터에 있는 직장에 출근해 변을 당한 스튜어트 T 멜처(32)가 부인에게)

● 여보, 내가 탄 비행기가 납치됐어. 그런데 상황이 아주 안 좋은 것 같아. 여보, 나 당신 사랑하는 거 알지. 당신 다시 볼 수 있게 되면 좋겠어. 만약 그렇게 안 되면…. 여보, 인생 즐겁게 살아.(세계무역센터 빌딩에 충돌한 여객기에 타고 있던 승객 브라이언 스위니(38)가 전화 자동 응답기를 통해 부인에게)

● 여보, 당신을 정말 사랑해. 사랑해. 사랑해. 우리 딸 에미 좀 잘 돌봐 줘. 당신이 남은 인생에서 어떤 결정을 하든 꼭 행복해야 돼.(피츠버그 추락 여객기에 타고 있던 승객 제르미 글릭이 부인에게)

● 빌딩이 지금 뭔가에 맞은 것 같아. 내가 여기서 빠져나갈 수 있을는지 모르겠어. 여보, 정말 당신을 사랑해. 살아서 당신

을 다시 봤으면 좋겠어. 안녕.(세계무역센터의 채권거래회
사 캔터 피츠제럴드의 케네스 밴 오켄이 부인에게)

● 제발 도와줘. 도저히 빠져나갈 수 없어. 연기가 가득찼
어.(캔터 피츠제럴드의 로스앤젤레스 지사가 뉴욕지사에
건 전화에서 뉴욕지사 직원)

● 엄마, 우리 납치 당했어. 저기 세 명이 있는데 폭탄을 가졌
대. 엄마, 사랑해. 사랑해. 사랑해.(피츠버그에 추락한 여객
기에 탔던 마크 빙햄이 피랍 직후 어머니 앨리스 호글런에
게)

● 여보, 우리 비행기가 납치됐어. 아무래도 여기 탄 사람 모두
죽을 것 같아. 사랑해. 여보.(피츠버그에 추락한 여객기에
탔던 사업가 토머스 버넷이 부인에게)

● 난 아무래도 여기서 빠져나갈 수 없을 것 같아. 넌 정말 좋
은 친구였어.(세계무역센터 건물에서 한 남성이 친구에게
보낸 E메일)

● 엄마, 이 건물이 불에 휩싸였어. 도저히 숨을 쉴 수가 없어.
엄마, 사랑해. 안녕.(세계무역센터에 갇혔던 베로니크 바워
(28)가 어머니에게)

● 리즈, 우리 빌딩이 폭격을 당했나봐. 난 지금 78층까지 내려

왔는데 아무래도 동료들을 도와줘야 될 것 같아. 걱정 말고
나중에 봐.(세계무역센터에서 일하는 대니얼 로페스가 부
인의 자동 전화 응답기에)

인·생·경·영·키

▶ 마지막 메시지를 남긴 사람들 모두 한결같이 "사랑"이라는 단어를 남
겼습니다. 사랑 메시지보다 더 큰 교류는 이 세상에 없을 것 같습니다. 오
늘 하루만큼은 누구에게라도 "당신을 사랑합니다"라고 고백해 보십시
오.

인생의 실패 방정식

> "해와 달이 밝게 아름답게 빛나려 하면 구름이 덮어 숨겨 버린다.
> 강물이 맑게 되고자 하면 흙모래가 더럽게 해 버린다.
> 무리지어 무성하게 자라고 있는 난이 향기를 풍기는 꽃을 달고자 하면
> 추풍이 불어서 날려 버린다."
>
> - 日月欲明이나 浮雲蔽之라. 河水欲淸이나 沙土穢之라.
> 叢蘭欲秀나 秋風敗之라   - [文字] 上德

교만이란? 내가 무엇을 가지고 자랑하며 우쭐대는 것을 말합니다. "나는 아들이 5명이다. 나는 재산이 100억이다. 나는 박사다. 나는 기술이 좋다."라고 말합니다.

그러면 거만이란 무엇입니까? 아무것도 없으면서 거들먹거리는 것을 말합니다. "우리 형이 환경부장관 친구다. 청와대 경제수석이 내 친구 아버지다."라고 거드름을 피우는 사람을 말합니다.

교만하면 하는 일마다 젖은 나무가 뙤약볕에 말라 뒤틀리듯이 꼬이게 됩니다. 교만한 사람 주위에는 훼방을 놓는 무리가 있기 때문입니다. 교만은 패망의 선봉입니다. 위의 시는 그것을 잘 비유해 주고 있습니다.

세상에서 뽐내기 싫은 사람이 누가 있겠습니까? 한번 잘 나가고 싶

은데 참는 것입니다. 불가사의하게도 그렇게 참는 사람은 더 빛난다는 것입니다. 어두울수록 별이 더욱 초롱초롱하게 빛나는 것처럼, 우리의 삶의 가치는 내가 죽어야 빛이 나게 되어 있습니다. 으시대고 싶은 마음, 잘난 체하고 싶은 마음, 뽐내고 싶은 마음은 이 땅에 태어난 사람이라면 누구나 한번쯤 액세서리처럼 지녀보고 싶은 것들입니다. 그런데 그것이 길면 누구 발에 걸린다는 것입니다. 교만해서 성공했다면 메뚜기밖에는 없을 것입니다.

교만 방정식

성공하면 대개 교만해지니까 교만을 막는 방정식을 알아야 합니다. 1923년 미국에서 가장 성공적으로 사업을 했다는 큰 재벌 사장 6명이 시카고 어느 호텔에서 회합했는데 그들의 돈이 미국의 재무성에서 관리하는 돈보다 더 많았다고 합니다.

수년 동안 그들의 성공 사례가 신문지상에 나돌았는데 그로부터 25년의 세월이 흐른 뒤에 어떤 일이 일어났을까요?

● 최대의 강철회사 사장이었던 찰스 슈와브(Charles Schwab)는 죽기 전 5년간 남에게 돈을 꾸어서 생계를 유지했고 한 푼도 없이 죽었습니다.

● 최대의 소맥투기업자였던 아서 커튼(Arther Cutten)은 사업에 실패하여 고생하다가 외국에서 죽었습니다.

● 뉴욕 증권거래소 사장이었던 리처드 휘트니(Richard Whitney)는 최근 미국 뉴욕에 있는 싱싱형무소에서 출감하

였습니다.

● 대통령 각료였던 앨버트 폴(Albert Fall)은 형무소에서 특사를 받아 그나마 집에서 죽을 수 있었습니다.

● 국제은행 개발위원장이었던 레온 프레이저(Leon Fraser)는 자살했습니다.

● 세계최대회사의 사장이었던 아이바 크로이거(Ivar Kreugar)도 자살했습니다.

물론 돈을 많이 가진다고 위와 같은 일이 다 일어나는 것은 결코 아닙니다. 그만큼 돈벌기보다 간수하기가 어렵다는 것입니다.

풍선이라고 다 같은 풍선이 아닙니다. 질소를 넣으면 공중에 올라가는 속도가 늦지만 수소를 넣으면 두둥실 순식간에 떠오릅니다. 높이 올라간다고 좋아할 것은 없습니다. 너무 높이 오르면 터질게 뻔하기 때문입니다. 교만이 가득 차면 풍선처럼 터지게 됩니다.

거룩한 교만도 있습니다. 기무라 목사가 나이아가라 폭포를 구경 갔을 때 일입니다. 어느 미국인이 물었습니다.

"자 어때요. 굉장하지요. 일본에는 이런 폭포가 없지요?"

그러자 기무라는 이렇게 대꾸했다.

"무슨 말이오? 이 폭포는 우리 아버지 것이오!"

이 말을 들은 미국인은 깜짝 놀랐습니다.

"당신 아버지는 도대체 누구요?"

그러자 기무라는 서슴없이 대답했습니다.

"하나님 아버지요."

며칠 후 나이아가라 폭포 부근 교회에서 기무라 목사 초청 설교가 있었는데 광고문에는 이렇게 되어 있었습니다.

"금일 오후 7시부터 기무라 선생이 설교하신다.

기무라 선생의 아버지는 나이아가라 폭포의 주인이시다."

교만하려면 이 정도의 교만은 되어야 합니다.

교육용 위장

위장이 두 개로 되어 있었으면 얼마나 좋을까요? 도시락도 쌀 필요 없고 아침 먹고 일하러 갔다가 저녁에 와서 먹으면 되는데, 우리 몸에는 신장도 두 개, 귀도 두 개, 눈도 두 개, 팔도 두 개, 발도 두 개 등 살피면 두 개씩 있는 게 꽤 됩니다. 하루에 일찌감치 두 개의 위장에 다 채우고 일하면 능률도 오르고 마음도 든든하고 얼마나 좋을까요? 한쪽에는 서양식, 다른 한쪽에는 한정식으로 한다면….

그러나 창조주는 우리 인간을 창조할 때 위장 한 개가 가장 적절하다는 결론을 내리신 것 같습니다. 배가 고프면 여러 가지 생각을 많이 하게 되고 나아가 배고픔을 이기기 위하여 더 열심히 일하게 하는 일종의 동기 부여를 주는 위장으로 만든 것 같습니다. 바꾸어 말하면 교육용 위장이기도 한 것입니다. 아무리 장사라도 위장에 며칠씩 아무것도 안 넣어주면 정신을 차리고 바르게 살 것이며, 일을 하지 않을 수가 없으며, 올바르게 살아가지 않을 수 없을 것입니다. 그래서 사람은 빈궁에 살아보기도 하고 부하게도 살아 보아야 하는 것입니다. 궁하게 살아본 사람만이 궁한 사람의 위장의 아픔을 알 것입니다. 빈궁에 젖어본 사람은 자기 배가 불러도 남의 배고픔을 알기에 그냥 바람이 갈대숲 스쳐가듯이 지나가지 않을 것입니다.

지구촌에서 배 안 고파 본 사람이 성공한 사례는 극히 드뭅니다. 당장 우리 나라를 보십시오. 진짜로 성공한 사람들은 한결같이 못 살았습니다. 왜 그럴까요? 바로 배고픔은 아래와 같은 엄청난 힘이 들어 있기 때문입니다.

강철왕 카네기에게 어느 기자가 성공 비결이 무엇이냐고 했을 때 그는 이렇게 이야기했다고 합니다.

"성공의 첫번째 비결은 가난한 아들로 태어나는 것이오. 나는 항상 가난을 한탄하는 부모님의 한숨 소리를 들으며 분발했소. 부모님을 근심시키는 가난이란 놈을 퇴치시키겠다고 다짐했소. 두 번째 비결은 어떤 직업이라도 좋으니 항상 제 1인자가 되는 것이었소. 분발과 제일주의가 성공의 비결이오."

> 배고픔은 사람에게 사물을 깊이 생각하게 하며,
> 배고픔은 인생의 앞길을 비추어주는 등불이며,
> 배고픔은 사람에게 소망을 갖게 하며,
> 배고픔은 사람에게 일을 억척스럽게 하게 하는 힘이 있으며,
> 배고픔은 사람을 성공시키게 하는 동기 부여를 해 주는 것이며,
> 배고픔은 배고픈 이웃을 위해 선을 베푸는 강렬한 힘이 들어 있습니다.

그러고 보니 위장 한 개를 만들어 놓은 것이 얼마나 다행인지 모릅니다. 두 개 만들어 놓았다면 아마 오늘의 지구촌처럼 발전하지 못했을 것입니다.

그리고 하루에도 몇 끼니를 먹어야 몸이 지탱이 되도록 하신 것은 일을 열심히 하여 먹고 살라는 신호입니다. 위장이 만약 두 개가 되었다면 오늘날 사람들은 더욱 나태해졌을 것입니다. 한번 먹으면 온 종

일 먹지 않아도 되니 일도 적당히 하고 쉬고 말 것입니다.

어릴 때 저는 낙동강이 구비구비 흐르는 강을 낀 동네에 살았습니다. 대청마루에서 보면 낙동강이 보이는 집이었습니다. 초등학교 4학년 때 그러니까 1969년, 어느 날 우리 마을에 낯선 가족이 이사를 왔는데 그들은 우리 집과 개울 하나를 사이에 둔 집이었습니다. 흙담으로 지은 집인데 밀면 넘어질 듯한 집이었습니다. 아직도 머리 속에 남아있는 잔상은 저녁이면 배가 고파 5월의 개구리처럼 울어대는 두 아이들의 모습입니다. 부모들은 이틀이 멀다 하며 싸우고 아이들은 하루에도 몇 번씩 울어댔습니다. 밤이 조용하면 저녁을 먹는 날이고 우는 날이면 부모가 대판 싸웠거나 양식이 없거나 둘 중의 하나였습니다. 양식이 생기기만 하면 배가 볼록하게 튀어날 정도로 먹는 아이들의 모습이 아직도 눈에 선합니다. 그들은 배만 부르면 만사가 즐거웠습니다.

저는 그때 그들을 도와줄 생각을 전혀 할 수 없었습니다. 낙동강이 홍수가 나면 그 해는 쌀 구경하기란 명절날 아니면 큰 제사 때 쌀밥 몇 숟가락을 먹을 수가 있었습니다. 양식을 아끼려고 무밥을 많이 먹었는데 밥 위에 무를 썰어서 넣고 밥이 다 되면 섞어서 한 그릇 퍼주면 간장에 비벼 먹는 1960년대의 즐거움(?)―요즘 아이들이 들으면 지어낸 거짓말이라고 생각할지 모르겠습니다.

강물이 구석진 곳을 메꾸어 나가듯이 가진 사람은 가지고 있으면 할 수 있는 범위에서 나누어주어야 합니다.

배부른 사람은 강물이 되어라.

낮은 곳은 채워주고

높은 곳은 저쪽으로 흘러가게 하며

흐르다가 길이 막히면 돌아가고
연이어 흐르다가 바다로 가면
다시 낮은 곳이 없나니
이는 이미 기회가 지나갔음이라.

 인·생·경·영·키

▶ 가난의 경험이 있으면 적어 보십시오. 가난이 우리에게 주는 지혜는 희망입니다. 오늘의 빈약한 소유를 내일의 부요의 근원으로 삼으십시오. 오늘날의 배고픔은 육신의 배고픔보다 정신적 배고픔이 더 큰 시대가 되었습니다.

나폴레옹의 유언

나폴레옹이 죽을 때 유언을 이렇게 남겼습니다.

"내가 죽으면 관을 덮지 말고 두 손을 관 밖으로 내어달라."

공수래 공수거! 그렇습니다! 빈손으로 왔다 빈손으로 가는 인생 진리는 동서고금을 통해서 너무나 잘 알고 있습니다.

영국의 한 신문이 "돈에 대한 정의"를 놓고 현상 모집을 하였습니다. 많은 경쟁자를 물리치고 당선된 돈의 정의는 "돈은 행복 이외에는 모든 것을 살 수 있는 세계적 도구이며, 하늘 나라를 제외한 어디든 갈 수 있는 승차권이다". 이 땅에서 살면서 사서 유용하게 쓸 수 있는 것은 그리 많지가 않습니다.

하늘 나라를 가는 데 돈이 필요 없으니 얼마나 다행입니까? 수조원을 주어도 천국행 티켓을 살 수 없으니 참으로 다행입니다. 가난한 자에게도 부자에게도 인생은 공평합니다.

> 인생은 나그네길이요
> 낮에 잠깐 비치는 그림자와 같은 것
> 베틀의 북같이 빠르기가 그지없고
> 들에 핀 꽃과 같이 피었다가 쇠하여지는 것이요
> 마르는 풀과 같이 아침 햇살 돋으면 시들어지는 것
> 해는 동에서 떠서 서로 지고 갔는가 싶더니
> 다시 오기를 바쁜 걸음 재촉한다.
> 바람은 불다가 지쳐 이리저리 흩어지고
> 다시 불었던 곳으로 휘감고 돌아가니
> 인생의 무상함이 이뿐이더냐
> 죽을 날을 모르니
> 우리 인생 손바닥 인생인가! (2000, Kwak)

내가 가진 것을 자랑하고 남을 무시하기 전에 내가 가진 것을 누구를 위해 쓸 것인가를 먼저 생각해야 합니다. 진정으로 재물을 사랑하는 사람이란 누구를 위해 쓸 것인가를 먼저 생각하는 사람입니다. 누구에게 주기 위하여 재물을 모으는 것과 나 홀로 쓰기 위하여 재물을 모으는 것의 차이는 형용할 수 없이 큽니다.

먼 훗날 누구를 돕기 위해 공부하는 학생과 그냥 힘(권력)을 얻기 위해 공부하는 학생이 있다고 생각해 보십시오. 어떤 차이가 날까요? 누구를 돕기 위해서 공부한 친구는 불철주야 부지런히 공부할 것이며 어떤 어려움이 와도 그 목적을 향하여 달음질할 것이나, 단순히 힘을 얻으려고 공부한 학생은 잠 오면 자고 힘들면 쉬고 하기 싫으면 접어버릴 것입니다.

어떤 목적을 가지고 공부를 하고 인생을 사느냐에 따라 먼 훗날 인생 길은 바다 위에 지나가는 두 줄기 뱃길처럼 서로 멀어지는 것입니다. 10년, 20년이 지나면 두 인생은 완연히 다른 인생을 살고 있을 것입니다. 희한하게도 이 땅에서 베푸는 사람에게는 더 많은 물질이 갑니다.

우리 나라 사람들은 봉사하는 마음이 대체적으로 선진국에 비하여 인색하다고 합니다. 내가 공부를 열심히 하고, 일을 열심히 하고, 인생을 열심히 사는 것이 남에게 봉사하기 위함이라면, 한 번 온 인생이지만 수많은 인생을 사는 것과 맞먹는 것입니다. 부는 물질이요, 물질이 곧 힘이라고 생각하면 곤란합니다. 힘이라 하면 코끼리 힘이 최고 아닙니까? 우리가 가진 힘은 유한한 것이요, 힘은 그냥 두면 아침 안개처럼 사라집니다. 그러니 가지고 있을 때 나누어주어야 합니다.

철이 철을 날카롭게 하는 원리를 알고 있습니까?

힘은 남을 위해 자꾸 사용할 때 예리해지며 활용 가치가 올라가는 법입니다. 가진 힘을 이용해 남을 무시하는 것은 지구촌 어느 인생 헌법에도 없습니다. 그런데 인생들은 희한하게도 헌법에도 없는 조항들을 눈 하나 까딱하지 않고 불법으로 만들어 활용하고 있으니 그런 자는 부를 누릴 줄을 모르는 자들입니다. 내가 돈을 많이 벌었을 때 누구를 위해 쓰라고 한다면 나중에 돈을 많이 벌어도 누구를 위해 돈 쓰기를 아낄 것이 뻔합니다. 물은 가볍되 무거운 배를 띄우는 재능이 있으며, 물은 잔잔하되 바람이 불면 힘을 발하여 배를 뒤엎을 수 있는 힘도 있습니다. 우리의 인생 길은 물위에 배 한 척이 나아가는 것과 같습니다. 잘 나간다고 물의 고마움을 잊지는 마십시오. 물이 있으므

로 배가 나아가는 것처럼, 못사는 그들이 있으므로 나의 소유가 빛난
다는 것을 기억하십시오. 그러므로 부자가 된 것도 하나의 선물로 생
각하고 나누어줄 줄 알아야 합니다. 선물을 받았으니 선한 일에 많이
써야 할 것이며, 선물이니 또한 자랑할 것이 없습니다.

인 · 생 · 경 · 영 · 키

▶ 물질은 삶을 살아가는 데 '편리함'을 줍니다. 소유의 개념을 분명히
가지고 있는 사람은 물질을 현명하게 모읍니다. 물질을 왜 모아야 하는지
를 적어 보십시오.

실패의 방정식

어느 무명 마라토너의 우승 소감은 성공의 개념을 다시 한 번 생각
나게 해줍니다. 제20회 뮌헨 올림픽 마라톤에서 쇼터(F.C. Shorter)가
우승했습니다. 세계 언론은 그가 출전했는지도 몰랐으며, 어느 누구
도 그가 우승하리라고는 기대하지 않았습니다. 그러한 무명선수 쇼
터가 마라톤에서 우승한 소감을 묻는 기자들의 질문에 다음과 같이
말했습니다.

"마라톤은 힘든 경기입니다. 남과 겨룬다고 생각하면 생각할수록
힘든 경기입니다. 그래서 저는 남과 겨루지 않았고, 또 남들을 의식하
지도 않았고, 철저하게 제 나름대로 뛰었습니다. 물론 몇 등을 해야겠
다는 생각은 전혀 없었고, 미국의 명예 같은 것은 전혀 관심 밖에 두
었습니다."

쇼터는 성공하기 위해 뛴 것이 아니라 단지 자신과의 싸움을 했을 뿐입니다. 처음부터 성공을 위해 뛰었다면 그의 스트레스는 일등을 가로막았을 것입니다. 성공은 가치 있는 일을 할 때 따라오는 종속적인 것입니다.

성공이 무엇입니까? 실패의 방정식을 통해서 성공의 의미를 알아봅시다.

[실패의 방정식]=[교만 요인]×[그것을 철저히 믿는 사람]+[자신감이 없는 사람]

성공이란 무엇입니까? 사람들은 성공하면 큰 돈, 큰 빌딩, 넓은 땅, 큰 명예 등을 먼저 생각합니다. 물론 맞습니다. 필자도 한때는 성공이란 많은 돈을 벌거나 큰 회사를 운영하거나 국제적으로 명성이 있는 그런 사람을 성공한 사람이라고 생각했습니다.

그러나 그렇게 따지면 지구상에 있는 사람 중 99.9%는 성공 한 번 해보지 못하고 이 땅에 짚신만 헐게 하고 그냥 떠나가는 것이 아닙니까? 그냥 인생을 헐값에 도매급으로 넘기자는 것입니까? 성공이란 나 자신의 어제와 오늘, 작년과 금년의 비교입니다. 성공이란 자신이 가치 있는 일을 설정해 놓고 그것을 이루면 성공이고 이루지 못하면 아닌 것입니다. 개미가 자기 집을 짓는 것이나 사람이 100층 짜리 빌딩을 짓는 것이나 성공의 개념으로 보면 피차 일반입니다. 성공의 개념을 이렇게 바꾸어야 합니다.

"성공이란 나 자신이 가치 있는 목표를 설정해 놓고 그것을 이루는 것이다! 그것이 개미집을 짓는 일이든 팔층 누각을 짓는 것이든 …."

성공의 깊은 의미를 다시 한 번 생각하여야 합니다.

- 나의 배경이나 교육이 신통치 않아 성공할 수 없다: 성공은 누구나 할 수 있는 것입니다. 목표가 없는 사람이 대개 이런 걱정을 합니다.

- 성공하는 사람들은 실수를 하지 않는다: 성공하는 사람들도 모두 실수합니다. 그러나 성공하는 사람은 실수를 반복하지 않습니다. 반복해서 실수하는 사람은 성공인의 자세가 아닙니다.

- 성공하는 사람들은 일주일에 잠 안자고 일만 한다: 그들은 단순히 일을 많이 하는 것이 아닙니다. 중요한 것은 일을 올바르게 많이 한다는 것입니다.

- 성공은 하나의 법칙에 따라갈 때 이루어진다: 누가 그 법칙을 만듭니까? 아무도 없습니다. 상황마다 다 다릅니다. 때로는 법칙을 따라가는 것이 필요하나 모든 것은 자신이 만들어 가는 것입니다.

- 성공하는 사람을 도와주는 것은 성공이 아니다: 독불장군 없습니다. 남이 성공하는 데 도와주는 사람을 인정해 주십시오. 성공하는 사람들의 주위에 성공한 사람이 있습니다.

- 성공은 행운이 따라야 한다: 물론 약간의 운도 있습니다. 그러나 많은 땀을 흘려야 하며, 근면해야 하며, 공부도 응용도 많이 해야 성공합니다.

- 많은 돈을 벌어야 성공하는 것이다: 물론 돈은 상당 부분 성공을 나타내는 척도이기는 하나, 100% 다 그런 것은 아닙니다. 자기의 가치를 실현하는 것도 돈과 관계없이 큰 성공입니다.

- 모든 사람이 알아주어야 성공하는 것이다: 돈을 많이 벌면 많은 사람이 당신을 인정하고 또 그들이 당신을 알 것입니다. 그러나 단 한 사람이 당신을 알아주어도 그 역시 성공인 것입니다.

- 성공하는 것이 목표다: 성공은 당신이 세운 목표를 성취했을 때 얻어지는 것입니다. 그러나 성공은 하나의 과정이며 당신 삶의 목표가 될 수 없습니다. 성공은 인생 길에서 이정표에 지나지 않습니다. 인생은 중간 결산을 하는 것이 아닙니다. 관속에 들어갈 때까지 최종 결산은 미루십시오.

- 한번 성공하면 항상 해만 뜬다: 아닙니다. 성공해도 여전히 전과 같이 당신 삶의 흥망성쇠는 끝없이 닥쳐옵니다. 성공할 때마다 즐거워하십시오. 성공은 인생에서 이정표입니다.

일생을 살면서 사람은 두 가지 싸움을 끝없이 한다고 합니다. 하나는 세상과의 싸움이요, 또 하나는 정신적인(영적인) 싸움이라고 합니다. 세상과의 싸움에서는 어떻게 하면 싸워서 이기느냐는 것이고, 정신적으로는 어떻게 하면 더 많은 즐거움과 평안을 얻느냐는 싸움입니다. 싸움은 언제나 상대적입니다. 내가 이기면 상대는 지는 것입니다. 승자가 있으면 패자가 있기 마련입니다. 오늘도 지구상에는 수많은 싸움이 일어나고 있습니다. 거기에는 실제로 주먹으로 치고 받는 싸움도 있고, 점잖게 앉아서 화려한 대화를 하며 싸우는 사람도 있습니다. 돈, 명예, 권력을 손에 쥐기 위해서 오늘도 지구촌 사람들은 눈만 뜨면 일터로 나가 시간과 싸우고, 돈과 싸우고, 일과 싸우고, 사람과 싸우는 것입니다.

진짜 성공은 자신과의 싸움입니다. 자신은 눈에 잘 안보이기 때문에 항상 KO당합니다. 그러므로 눈에 안 보이면서 언제나 나의 등뒤에서 힘을 주고 삶의 기쁨을 느끼게 하는 영적인 싸움에서 이겨야 진짜 이기는 것입니다. 자신의 정복 없이 세상의 정복은 없습니다.

사람이 한번 태어나면 이 모양 저 모양으로 승리를 맛보며 삽니다. 사람은 승리의 쾌감을 보기 위하여 말 못하는 닭, 황소, 개 등에게 일부러 싸움을 시키기도 합니다. 좀 잔인하지요. 생존 경쟁으로 싸우는 짐승들은 자연 발생적인 싸움이지만 일부러 싸움을 붙이는 것은 그 싸움으로부터 뭔가 "짜릿한 쾌감"을 얻기 위함일 것입니다. 대리 만족입니다. 스스로 경험하지 못하니 대신 경험을 누리는 것입니다.

닭싸움을 보면 싸우기 전에는 기고만장합니다. 서로의 기세가 하늘을 찌를 듯하나 한판의 싸움 뒤에는 여기저기 깃털이 흩어진 마당 위에 깃털뿐입니다. 그것은 졸렬한 싸움입니다.

 인·생·경·영·키 ─────

▶ 마라톤 선수 쇼터의 우승 소감을 곰곰이 생각해 보십시오. 성공하기 위해서 열정적으로 뛴 것이 아닙니다. 그는 최선을 다해서 뛰었을 뿐이라

고 말합니다. 성공 자체를 위해서 당신이 오늘 일하고 있다면 생각을 바꾸십시오. 여러분이 성공했을 때 성공의 소감을 미리 한번 적어 보시기 바랍니다.

큰 "大"자의 유래

큰 "大"자의 유래는 이렇습니다. 우선 "크다"의 의미로 사람 인(人)을 집어넣었습니다. 그 다음 뭔가 하나 더 넣어야 하는데 여러 가지 의견이 나왔습니다. 돈, 명예, 권세, 힘, 짐 등등. 고민 끝에 "사람은 무거운 짐(책임)을 져야 한다"는 데에 의견을 모으고 큰 대자는 "사람(人)"위에 "짐(一)" 한 개를 올려놓아 "大"자가 된 것입니다. 힘을 가진 자는 책임도 함께 가지는 것입니다.

힘은 어디서 오는 것일까요? '지식은 힘이다. 정보는 힘이다. 돈이 힘이다. 권력이 힘이다.' 어느 하나 틀린 것이 없습니다. 힘을 만든 자도 사람이요, 그 힘을 쓰는 자도 역시 사람입니다. 오늘날 이 "힘"을 가져보려고 얼마나 많은 사람들이 시간을 보내고 노력하며 힘쓰고 있습니까? 거대한 트럭 한 대가 순경의 손가락 하나로 섭니다. 왜 트럭이 섭니까? 권력입니다. 힘 때문입니다.

백화점에 다른 것은 다 있는데 유독 "힘 상품"은 없습니다. 백화점에서 힘을 판다면 돈을 많이 가진 자가 세상에서 가장 힘센 사람이 될 터인데 다행히 아직 힘을 파는 가게는 없습니다. 이 얼마나 공평한 세상입니까? 얼마 전 신문에서 보니까 영국은 의원후보자가 선거를 치르는 데 1,000만 원이 드는데 한국은 무려 30억 원이 든다고 하였습니다. 그렇지만 그 힘은 백화점에는 없습니다.

힘은 열심히 노력하는 자에게 찾아가는 선물이니 세상은 더없이 공평한 것입니다. 백화점에 없는 것들은 일단 생각을 깊게 해 볼 가치가 있는 것입니다. 힘은 스스로 노력해서 얻어지는 선물이기 때문에 앞으로도 백화점에서는 여전히 팔지 않을 것입니다. 스스로 노력해서 얻은 "힘(power)"은 가치가 있습니다. 원래 가치 있는 것은 그냥 두면 안개처럼 사라집니다. 가치 있는 것은 반드시 돌고 돌아야 더욱 가치가 있게 됩니다. 샘물은 자꾸 퍼서 남에게 줄 때 새물이 솟아납니다. 힘도 생기면 누구에게 주어야 합니다.

강물이 구석진 곳까지 메꾸어 흘러가듯이 한 나라가 되었든, 조직이 되었든 힘은 골고루 나누어 가져야 합니다. 힘을 혼자 가지고 있으면 사해(死海)처럼 썩고 맙니다. 시어머니가 곳간 열쇠를 가지고 있는 이상 며느리의 힘은 늘어진 지느러미 힘에 지나지 않습니다. 힘은 독식하면 할수록 쭈그러들어 추진력을 잃어버립니다. 열쇠 뭉치를 시어머니와 며느리가 공동 관리를 했더라면 며느리는 더 나은 방법으로 곳간 관리를 할 수 있었을 것입니다. 열쇠 뭉치는 항상 시어머니 허리춤에 자석처럼 붙어 다녔으니 곳간 관리는 비효율적이었을 것입니다. 권력의 중심이 열쇠 뭉치에 있다보니 당연히 며느리는 꼼짝 못하는 것입니다.

장대비를 피하려고 개미가 버섯 아래 숨었다면 미처 피하지 못한 개미들의 입에서는 운 좋은 날로 칠지 모릅니다. 그러나 우리 사회에서는 아직도 개미 사회처럼 버섯 우산이 통하고 있다는 것입니다. 쏟아 붙는 억수와 같은 비도 잘만 하면 한 뼘도 안 되는 버섯 우산으로 버틸 수가 있다는 것입니다. 그래서 힘은 도서관의 물리학 지식으로는 도저히 풀 수 없는 불가사의한 것입니다.

힘을 나누어 가진다는 것은 한편으로 보면 고급 정보를 서로 공유한다는 것입니다. 여우가 굴을 독차지하다가 언젠가는 정보에 어두워 연기에 질식할지도 모릅니다. 힘을 나누어주면 귀를 여러 개 가지게 되어 항상 신선한 정보를 수혈할 수 있습니다. 힘이 한 곳에 모일수록 귀에 들어오는 정보는 가공되거나 변색되기 쉽습니다. 그 힘의 그늘에 있으려면 그렇게 밖에 할 수가 없기 때문일 것입니다.

수년 전 우리는 나라 전체가 IMF 고액 과외를 하느라고 허리가 개미허리처럼 휘청 휘었습니다. 필자는 그것이 서로의 정보 교환 결핍에서 온 좋은 사례라고 보고 있습니다. 정확한 정보가 흘러들어가 공유되고 하나의 알찬 결론이 나와야 되는데, 파이프를 관통하다가 관이 막히거나 새거나 하여 사해(死海) 정보로 전락되었기 때문에 결국은 비통한 날을 맞은 것입니다. 한 마디로 힘을 골고루 나누어 가졌더라면 마음놓고 이런 저런 이야기를 하였을 것인데, 힘이 어느 한쪽에 모여 있다 보니 그 힘에 눌려 정보가 제대로 돌아다닐 수가 없었습니다.

힘이 소수에 집중되어 있으면 의사 전달은 주로 한쪽에서 흐르게 됩니다. 한강다리에 오는 길은 있고 가는 길이 없으면 다리의 역할은 반쪽만 하는 것입니다. 회의도, 만남도 서로 주고받는 관계가 되어야 합니다. 말을 한쪽으로 쏟아 붓는 사람은 보스나 그렇게 할 일이지 지도자가 할 일이 아닙니다. 힘있는 사람이 회의를 주재하면 말의 연결고리가 형성되기 어렵고 의견 수렴은 일방적이 되고 맙니다. 참석하는 사람들은 그저 자리 채우는 물리적 역할을 하기 십상인 것입니다. 보스형 지도자의 앞에서는 잘 따르는 체 하나 떠나면 상관하지 않습니다.

힘을 자랑하는 것은 아직도 힘을 사용할 줄 모르는 사람이며, 힘을 혼자만 가지고 있는 사람은 힘의 분배 법칙을 아직도 모르고 있는 것입니다.

 인·생·경·영·키

> ▶ 힘은 나누어주라고 있는 것이지 혼자 끌어안고 있으라고 받은 것이 아닙니다. 당신은 힘을 얻어서 무엇을 하겠습니까? 힘과 돈은 쥐기만 하면 눈이 멀어진다고 합니다. 성공한 사람은 그것을 이겨낼 의무가 있습니다. 물이 나가지 않으면 물은 썩습니다.

어느 후보자의 만세

어느 사람이 열렬히 선거 운동을 하였으나 게시판에 당선자 후보자 300중에 자기의 이름이 포함되어 있지 않았습니다. 그런데도 그는 만세를 불렀습니다. 왜 만세를 불렀겠습니까? 옆에 있던 동료가 그에게 "왜 낙선하였는데 만세를 부르느냐?"고 물었더니, "이 나라에 나보다 훌륭한 사람이 300명이나 있으니 어찌 만세를 부르지 않을 수 있겠는가?"라고 대답하였다고 합니다. 실패도 긍정적으로 받아들이는 것은 탁월한 성공인의 자세입니다. 이 삶이야말로 속에 가득 찬 사람입니다. 자기 속에 가득 찬 것이 많으면 다른 사람들도 그렇게 들어 있다고 생각합니다. 속이 빈 강정인 사람은 아마도, "내 이름이 빠졌으니 이건 무효야."라고 말했을 것입니다.

권세의 방정식

어떤 사람이 "여자의 화학 원소"라는 말을 적었습니다. 그 중에 여자의 화학적 성질을 이렇게 표현하고 있습니다.

"여자는 극도로 위험하고 경험이 없는 미숙한 사람이 취급하면 폭발성이 있다."

"여자는 금, 은, 백금, 보석과 아주 친화력을 갖고 있다."

"여자는 어떤 더 나은 것 뒤에 놓으면 푸른색으로 변한다."

"때로 압력에 저항하지 못한다."

"권세"는 어찌 보면 "여자의 속성"과 아주 닮은 면이 많은 것 같습니다. 서투른 사람이 권세를 가지고 있으면 화학 물질을 잘못 취급하여 폭발하는 것처럼, "권세"는 "여자의 화학적 성질"과 꼭 빼닮았습니다. 권세는 선물입니다. 권세는 소수만이 가질 수가 있습니다. 한 번 쥐었다하면 좀처럼 손에서 놓아주지 않습니다. 받은 선물을 다른 사람에게 주는 것 보았습니까? 그래서 권세는 선물입니다.

잠시 잠깐 가지고 있다가 사라지는 것은 분명 일생 중에 주어지는 인생의 선물입니다. 그런데 그 권세를 잡기만 하면 말이 달라지고 사람이 달라진다고 합니다. 동서고금 역사의 뒤안길을 보면 권세는 사람을 성하게도 하고 패하게도 하는 기묘막측한 것입니다.

바다 위에 배를 타고 가지만 그 배는 언제 전복될지 모른다는 것입니다. 권세의 배는 폭풍 속에 떠 있는 한 척의 배와 같아서 언제 회오리바람이 나타나 배에 위협을 가할지 모릅니다. 그만큼 권세는 오래 끌지 못합니다. 백 년 가는 권세도 없고, 열흘 피어 있는 꽃도 없습니다.

잠시 가지는 권세이기 때문에 사람들은 그 권세를 가지고 있는 동안 모든 일을 저질러 봅니다. 권세는 잡을수록 미꾸라지처럼 자꾸 도망가려는 힘이 있어 여차하면 떠나가 버립니다. 권세는 떠나기 전에 골고루 줄 수 있는 자에게 나누어 주어야 합니다. 조직에서도 그렇고, 나라 전체로도 그렇고, 가정에서도 힘을 서로 나누어 가지면 오래 가고 유지도 쉽습니다. 좋은 것일수록 나누어 가지면 더욱 좋아지며, 아무리 좋은 것이라도 혼자만 누리려고 하면 반드시 음모가 따르고 조직이 비틀거리며 개인의 인생도 결국은 싸라기눈처럼 쓸모없게 되어버릴 것입니다.

[권세의 방정식] = [선물] × [특정한 사람] × [막강한 힘] - [힘을 나누어 줌]

이 방정식에서 힘을 나누어 주는 것은 중요합니다. 즉 가장 큰 변수는 "힘을 나누어 줌"입니다. 권세를 잡으면 분배만 잘하면 됩니다.

성(城)을 지키는 사람

마음을 지키는 것이 성을 빼앗는 것보다 낫습니다. 지구가 존재하는 한 악은 언제나 존재할 것입니다. 중국학자들이 성악설이니 성선설이니 하는 학술을 주장했지만, 밥에 돌이 아무리 많아도 돌보다는 쌀이 더 많은 것처럼, 지구촌에는 악한 사람보다 선한 사람이 훨씬 많습니다.

자기 통제를 잘 하는 사람은 성공합니다. 특히 어릴 때부터 자기 통제력을 길러야 한다. 충동으로부터 오는 유혹, 만족으로부터 오는 유혹, 욕심으로부터 오는 유혹을 이기려면 자기 통제력을 길러야 합니다. 잘 해 놓고 마음을 잃어버리면 만사가 허사입니다. 새가 그물을 치는 것을 보면 허사입니다. 악한 마음을 가지지 않으려면 악을 멀리하면 됩니다. 태양은 가까이 갈수록 따뜻하나, 악은 가까이 갈수록 패망하게 됩니다. 그 근처에도 얼씬거리지 말아야 한다는 것입니다. 근묵자흑(近墨者黑)이요, 봉생마중 불부이직(蓬生麻中 不扶而直)이란 말이 있습니다. 좋은 사람 옆에 가면 좋게 되고 나쁜 사람 옆에 가면 나쁘게 됩니다.

인·생·경·영·키

▶ 당신만이 가진 성(城)은 무엇입니까? 학벌입니까? 성실입니까? 마음입니까? 많은 사람들은 마음이라고 합니다. 마음을 지키려면 마음 울타리에 있는 포악한 동물원을 부셔야 합니다. 그것이 문제입니다.

부뚜막의 소금도 넣어야 짜다

개구리는 폴짝폴짝 뛰는 것을 자랑하고, 토끼는 쏜살같이 달리는 것을 자랑하고, 오리는 물 위에서 헤엄치는 것을 자랑한다면 우리 사람이 자랑할 것이 무엇입니까?

지식은 생각이 구체화되어 글로 나타난 것입니다. 지식은 어떤 의미에서 남의 생각을 들여다보는 것입니다. 사람들은 생각 자체는 전할 수 없으니까 글이나 비디오 혹은 영화로써 남기는 것입니다. 힘은 백화점에는 없지만 지식은 백화점에 가면 진열되어 있습니다. 힘은 어떻게 보면 지식이 쌓일 때 나오는 것이고, 지혜는 지식이 머리 속에서 탈바꿈하여 나오는 것입니다. 진정한 지식은 내가 습득한 것을 얼마만큼 나의 삶에, 나의 일에 적용하느냐는 것입니다. 지식의 분량은 큰 의미가 없습니다. 작은 분량이라도 내가 활용하는 폭이 크면 그것이 더 유용한 것입니다. 그러니 지식 가지고 자랑하는 사람은 참으로 부끄러운 사람입니다.

21세기에는 머리에 든 지식을 누가 먼저 그들의 삶에 적용하고 활용하느냐는 것입니다. 지식을 자랑하는 삶은 이제 한물 갔습니다. 컴퓨터 안이나 도서관에 가면 지식은 산더미처럼 쌓여 있습니다. 공부를 잘했다거나 최고의 대학을 나왔다거나 최고의 학위를 받았다고 하더라도 그것이 영향은 주겠지만 성공과 직결되지는 않습니다. 중요한 것은 내가 하는 일에 어느 누구도 따라올 수 없도록 앞서가는 것입니다.

지식은 누구에게 혹은 자기 일에 반드시 써먹기 위함입니다. 나아가 지식인은 내가 가진 지식만 쓰는 것이 아니라 남의 지식도 잘 활용하는 사람입니다.

"나쁜 병사는 없다. 나쁜 리더가 있을 뿐이다."라고 했습니다. 자기의 지식이든 남의 지식이든 잘 활용하는 사람이 성공합니다. 지구촌의 지식을 어찌 다 헤아리고 다 알 수 있겠습니까? 누가 그 지식을 가지고 있고, 어디서 그 지식을 구할 수가 있으며, 그 지식을 언제 활용해야 하며, 그 지식을 어떻게 사용하느냐를 알면 됩니다. 필요한 사람을 적시적소에 잘 쓰는 것도 멋진 지식의 활용입니다. 내가 아는 것과 남이 아는 것을 내가 하는 일에 써먹고, 얻은 힘을 나누어주면 되는 원리를 잘 이용하면 지식을 최대로 활용하는 것입니다. 나아가 지식을 가진 자는 뒤범벅이 된 실타래를 푸는 것이 아니라 다시는 그런 일이 일어나지 않도록 해야 합니다.

예수님도 어떻게 하면 될 것이라는 것을 아시면서도 주위 사람에게 묻고 일을 행하셨습니다. 그것은 주위의 지식을 활용하는 것입니다. 주위와 상의하여 보다 나은 결론을 얻고자 하셨습니다.

▶ 당신의 지식을 계량화(수치화)할 수 있습니까? 머리 속에 막연히 채운 것만으로는 곤란합니다. 특허가 몇 건이니, 상표가 몇 개이니, 논문이 몇 편이니, 영어 토익이 몇 점이니, 등등 점수화 되어야 합니다. 당신의 지식을 수치화시켜 주십시오.

아인슈타인의 성공 방정식

이란의 테헤란 왕궁에 가면 세상에서 가장 아름다운 모자이크 작품을 볼 수 있습니다. 천장과 벽은 다면체로 반사하는 다이아몬드같이 번쩍입니다. 원래 그 궁전을 설계할 때 그 건물의 건축가는 벽마다 커다란 거울을 부착시키려고 했습니다. 그런데 거울을 실었던 첫배가 파리로부터 이곳에 오는 동안 그 거울은 박살이 나버렸습니다. 놀랍게도 건축가는 부서진 조각들을 모으라고 명령하였고 그것들을 더 잘게 부수어 작은 조각들로 만든 후 벽에다 붙였습니다. 바다에 버리지 아니하고 오히려 아이디어를 내어 그것을 활용했습니다.

그래서 벽은 은빛으로 희미한 빛을 발하는 거울의 모자이크가 된 것입니다. 부서진 것이 처음 것보다 더 아름다운 장식이 된 것입니다. 개인의 인생도 한 번 부서질 때 빛이 나는 법입니다. 고난을 통하면 인생은 부서진 거울이 빛나는 것처럼 빛나게 됩니다.

우리의 인생은 맷돌에 갈려 돌아가는 삶입니다. 수많은 부서짐을 통해, 부드럽고 고운 가루가 만들어지고 맛있는 떡의 재료가 됩니다. 아픔이 없는 만큼 성공의 크기도 그만큼 작습니다. 바람이 크면 파도가 크고, 골이 깊으면 산이 높습니다.

「노인과 바다」에서 나오는 고래는 1,500파운드나 되는 엄청나게 큰 고래였습니다. 고래가 큰 만큼, 노인의 기대도 컸습니다. 그러나 항구에 돌아올 때, 고래는 상어떼가 뜯어먹어 대가리와 꼬리만 남았습니다. 그런데 중요한 것은, 노인이 고래를 다시 잡으리라는 소망을 잃지 않았다는 것입니다.

실패했다고 멈추면 안 됩니다. 개미는 쓰러지면 다시 일어나 자기 덩치보다도 큰 짐을 메고 목적지를 향해 갑니다. 실패는 자기본분의 일을 할 때 일어날 수 있는 현실입니다. 실패는 결코 나쁜 것이 아닙니다. 실패는 막다른 골목이 아니라 방향을 제시하는 이정표입니다. 캄캄한 밤중에 별은 총총히 빛납니다. 밝은 대낮만 있다면 우리는 별을 볼 수가 없습니다. 우리는 실패의 밤을 맞이하면서 더 많은 것을 얻어냅니다.

6·25전쟁 때 낙동강에 융단 폭격이 있었습니다. 낙동강을 낀 저의 마을에서는 어릴 때 가끔씩 폭탄 파편을 주워 엿과 바꿔먹은 적이 있습니다. 그 쇳덩어리가 엿장수에게로 가는 것은 실패로 비유될 수 있습니다. 그러나 삼백오십 원 정도 했던 그 쇳덩어리가 달구어지고 두드려져서 말굽이 되면 팔천 원의 가치로 바뀌며, 바늘이 되면 이십오만 원, 면도날이 되면 이백삼십만 원, 고급 시계의 스프링이 되면 일억팔천만 원의 가치를 지니게 됩니다. 우리의 인생도 그 쇳덩어리와 같아 어떤 인생을 만들어 가느냐에 따라 그 가치가 달라집니다.

성공한 사람들은 언제나 구름 위의 태양을 바라보았고, 비가 오고 있는 중에도 태양은 여전히 위에 존재한다고 고백했던 사람들이었습니다. 성경에도 "의인은 일곱 번 넘어질지라도 다시 일어나려니와 악인은 재앙으로 인하여 엎드러지느니라"(잠 24:16)라고 적고 있습니다. 1%의 성공 가능성밖에 없던 인천 상륙 작전을 100%성공시킨 것은 맥아더 장군의 결단력이었습니다. 실패는 결단력이 약할 때 생깁니다.

- 영국작가 골드 스미드(Gold Smith)는 "절대로 쓰러지지 않는 것이 좋은 것이 아니라, 넘어지면 다시 일어나는 것이 귀한 것이다."라고 했습니다.

- 프랑스의 소설가 카뮈(Albert Camus)는 한 마리의 개미가 한 알의 보리를 물고 담벼락 오르기를 시도하여 예순 아홉 번을 떨어지더니 일흔 번째 목적을 달성하는 것을 보고, 노력만이 성공의 비결이라고 했습니다.

- 아인슈타인은 "어떻게 그 많은 업적을 이루셨습니까?"라는 제자들의 질문에 "S= X+Y+Z"라고 써 주면서, S=성공, X=노력, Y=열정, Z=생각이라고 답했습니다.

성공이란 노력과 열정, 그리고 끝없는 생각입니다. 머리가 좋다고 성공하는 것이 아니라 열심히 한 자가 성공하는 것입니다. 이런 이야기는 이제까지 우리가 수없이 들어왔기에 생소한 것이 아닙니다. 문제는 오늘부터 행동에 옮기는 것입니다.

인 · 생 · 경 · 영 · 키

▶ 이제까지 실패한 사례를 3가지만 적어 보십시오. 성공 방정식을 아인슈타인의 공식을 참고로 하여 작성하여 보십시오.

▶ 그 실패로부터 각각 무엇을 배웠는지 적어 보십시오.

▶ 겨울철에는 모든 나무가 죽은 듯이 보입니다. 그러나 나무는 봄에 새 싹을 내기 위해 열심히 활동하고 있습니다. 믿음(faith)은 보이지 않습니다. 그러나 겨울의 나무처럼 속에서는 동적(dynamic)입니다. 전진합니다. 자극적입니다. 믿음은 당신으로 하여금 "무언가 하도록 하고, 가능하게 하는 힘"이 들어 있습니다.

제4장 성공한 사람보다 가치있는 사람이 되라

■ ■ ■

- 인생은 봉사를 주어 성공을 팝니다
- 성공한 사람보다 가치있는 사람이 되라

인생은 봉사를 주어 성공을 팝니다

> **"**
>
> 인생은 봉사를 주어 성공을 팝니다.
> 교육은 지식을 팝니다.
> 대학은 전문적인 지식을 팝니다.
> 병원은 건강을 팝니다.
> 오늘 당신은 무엇을 팔고 있습니까?
>
> **"**

사해는 물이 들어오는 입구만 있고 출구가 없기 때문에 썩어서 생명체가 살 수 없습니다. 나누어 주는 봉사는 활력을 주며 우리로 하여금 살아 움직이게 합니다. 인생에 있어 우리에게 가장 큰 가치를 주는 것은 봉사하는 마음입니다. 봉사는 인생의 꽃입니다. 성공을 성공으로만 끝낸다면 참된 성공이 아닙니다.

세상에는 주는 사람과 받는 사람이 있는데 주는 사람이 성공한 사람입니다. 꿀벌은 자신의 목적인 꿀을 따면서 동시에 그 꽃을 수정시켜 줍니다. 어쩌면 인생이란 주는 것을 연습하기 위해서 태어났는지 모릅니다. 사람들은 죽을 때 그가 모은 재산을 누군가에게 주고 갑니다. 젊은 시절에 공부와 자기 일에 최선을 다하는 것은, 후일에 성공하기 위해서입니다. 성공은 권력(힘), 재물, 그리고 명예를 가져다 줌니다. 그런데 '그것들을 어디에 사용할 것이냐?'를 미리 결정해 두고 인생을 시작해야 합니다.

성공으로 얻은 것을 두 가지 방향으로 사용할 수가 있는데, 하나는 자신을 위해 사용하는 것이고, 다른 하나는 자신과 이웃(남)을 위해 사용하는 것입니다.

자신만을 위한 공부는 시련이나 어려움이 닥치면 포기하거나 뒤로 물러나기 쉽지만, 이웃을 위해 공부한다면 쉽게 포기하지 않고 용왕매진할 것입니다. 나의 도움을 기다리는 이들의 어려움이나 고난을 생각하기 때문입니다. 이런 자발적 동기 부여가 있어야 공부에 가속도가 붙고 희망이 용솟음치는 것입니다.

참된 성공은 남을 도와줄 때 생기는 것입니다. 부를 가졌지만 오로지 자신만을 위해 쓴다면 그것은 성공에서 멀리 있는 사람입니다. 내가 꼭 공부를 많이 하거나 재물을 많이 가져야 남에게 도움을 주는 것은 아닙니다.

● 오스트리아 태생인 바이올리니스트 크라이슬러(Kreisler)는 "나는 태어나면서부터 음악적 재능을 받아 알파벳을 알기 전에 본능적으로 악보를 이해했습니다. 나는 내가 음악으로 인해 벌게 된 돈을 나의 소유로 생각하지 않습니다. 그것은 하늘에 속한 돈이며 나는 그 돈을 잠시 관리하는 것에 불과합니다. 이 세상에는 고통과 기근이 심한데 자신을 위해 돈을 소비할 수는 없습니다."

● 전직 미국 대통령 중에 필자는 특히 지미 카터(Jimmy Carter)를 좋아합니다. 그는 틈만 나면 집 없는 사람을 위해

집을 지어주는 목수의 일을 하고 있으며, 지금도 주일에는 주일학교 학생들에게 교사로서 봉사의 청지기를 하고 있기 때문입니다.

한 나라의 대통령까지 지낸 사람이 얼마나 아름다운 모습입니까? 봉사는 인생의 최고의 가치를 보여주는 좋은 실례입니다.

● 중국의 정치가 장개석 총통의 일본사관학교 재학 시절의 일입니다. 사관학교에서는 중국인 사관생도들의 생활 습성이 청결하지 못하여 화장실을 따로 사용하게 했습니다. 그런데 장개석이 입학하면서 일본인 화장실보다 더 깨끗해졌습니다.

학교 교장은 청소한 학생이 누군지 알아보려고 밤을 새워 지키도록 했습니다. 새벽 2시에 중국인 학생이 깨끗이 청소한 후 돌아가는 것을 확인했습니다. 그가 바로 장개석이었습니다.

● 존 번연(J. Bunyan)은 「천로역정」에서 " 가난한 사람들을 위해 자기의 물질을 나누어주는 사람은 그 만큼 그리고 그 열 배를 소유하게 될 것이다."라고 적고 있습니다. 주는 것이 곧 받는 것입니다.

● 윌슨(B. Wilson)이 지은 「누구의 아이인가?」(Whose child is this?)를 보면, 그는 길가에 버려진 아이였습니다. 그의 어머니는 길가 시궁창에 데려다 놓고는 다시 나타나지 않았습

니다. 어느 날 길가에 앉아있는데 근처에 살고있는 루더니스(D. Rudenis)가 그의 딱한 사정을 보고 여름수련회에 등록할 수 있는 돈을 주었습니다.

그 이후 그 젊은이의 삶은 극적으로 변화되었습니다. 오늘날 윌슨은 매주 마약으로 얼룩진 11,000명에게 사랑의 손길을 뻗치고 있습니다. 루더니스의 손길로 한 인생이 바뀌어졌을 뿐 아니라 수많은 아이들을 보살피는 자선사업가가 되었습니다.

● 얼(E. War)의 묘비에는 "우리가 주는 것은 갖고 있는 것이요, 우리가 소비하는 것은 가졌던 것이요, 우리가 간직하는 것은 잃어버린 것이다."라는 말이 적혀 있습니다.

● 빌리 그래함은 "하나님께서 우리에게 두 개의 손을 주신 것은 하나는 받기 위한 손이요, 또 하나는 나눠주기 위한 손이다. 우리는 저장하기 위해 만들어진 우물이 아니요, 나눠주기 위한 줄기인 것이다."했습니다.

● 감리교의 창시자 존 웨슬리(J Wesley)는 "충성된 일꾼은 세 가지 목표를 가지고 있어야 한다. 열심히 벌어라, 가능한 절약하라. 할 수 있는 대로 주어라."라고 하였습니다.

▶ 내가 가진 것 중에서 이웃에게 줄 수 있는 것이 무엇입니까? 시간? 물질? 재능? 마음?

▶ 나의 것을 줄 대상을 찾아보십시오. 무수히 많습니다. 남에게 줄 때 인생의 가치를 발견하게 될 것입니다.

창조적인 경쟁을 하라

가능성을 생각하는 사람은 경쟁에 참가합니다. 경쟁은 당신 내면에 숨겨진 놀라운 힘을 찾아내는 가장 좋은 길입니다. 경쟁은 당신으로 하여금 더 큰 목표를 설정하게 합니다.

21세기를 살아가는 자는 경쟁자, 서로 도움을 주는 자, 나를 도와주는 자, 나를 자극하는 자, 나를 성공시켜 주는 자, 내가 성공할 때 때로는 울어 주는 자, 내가 잠잘 때도 나의 일을 열심히 도와 주는 자, 어쩔 수 없이 나의 인생에 없어서는 안 될 영원한 동반자로 보아야 합니다.

하버드대 마이클 포터(Michael E. Porter) 교수는 경쟁자에 대하여 피력한 적이 있습니다. 경쟁자는 현존하는 경쟁자뿐 아니라 잠재적 경쟁자, 물건을 납품하는 공급자, 구매자 그리고 대체재까지 경쟁자의 범주에 넣고 있습니다. 경쟁자의 분석이 미비하면 '혼자 치는 고스톱'에 불과합니다. 어쨌든 경쟁자는 언제나 나를 들뜨게 하는 존재기 때문에 인생에 동반자입니다.

작가 멘켄(H.L.Mencken)은 "평범한 사람은 결코 자기 인생의 시종에 대하여 생각하지 않는다. 80% 이상의 사람들이 창의적인 생각을 가져보지 못한 채 생을 마감한다."고 했습니다. 당신의 미개척 분야는 미래의 눈으로만 볼 수가 있습니다. 당신의 미래에 누구도 하지 않은 개척할 일 세 가지를 적어 보십시오.

로드 피어스턴은 이렇게 이야기했습니다. "성공하기를 원하는가? 그렇다면 이미 개척해 놓은 길이 아닌 그 누구도 가지 않은 새로운 길을 개척해야만 한다." 인류 역사상 뒤돌아보면 큰 업적을 이룬 사람은 한결같이 미지의 길을 개척해 나간 사람들입니다. 우리 주위를 살피면 아직도 가지 않은 길이 무수히 많다는 것입니다. 생각의 길과 속도를 바꾸어 보십시오.

성공한 사람보다 가치있는 사람이 되라

> 66
>
> 성공의 결과는 봉사입니다.
> 지식과 지혜는 당신 인생을 성공으로 이끄는 자산입니다.
> 성공은 자기 계발에서 옵니다.
> 성공은 땀의 결과입니다.
> 성공은 실수입니다.
> 성공은 '가능성' 에서 출발합니다.
> 성공은 이루어지는 것이 아니라 스스로 만드는 것입니다.
> 성공은 동기 부여입니다.
> 성공은 변화입니다.
>
> 99

성공이란 나 자신이 가치 있는 것을 선택해 놓고 이루어 나가는 것을 말합니다. 이 땅에 태어나서 성공하기 싫어하는 사람이 어디에 있겠습니까? 공부를 열심히 해 좋은 대학에 가고, 졸업해서 돈을 많이 벌거나 큰 명예를 얻거나, 아니면 권력을 얻는 것이 성공이라고 생각하고 있을지 모르겠습니다. 대부분 사람들은 성공을 그런 의미로 받아들이고 있습니다. 그런 성공을 한다는 것이 나쁘다는 것이 아닙니다. 그것도 과히 큰 성공입니다.

나폴레옹은 "성공은 성공지향적인 사람에게만 온다. 그리고 실패는 스스로가 실패할 수밖에 없다고 체념해 버리는 사람에게만 온다."고 했습니다. 성공에 대한 자세가 중요합니다.

먼저 이제까지 나온 성공에 대한 정의를 알아보겠습니다.

- 성공은 구체적이고 가치 있는 것을 소유하는 것이다.
- 성공은 뒤돌아 볼 때 후회하지 않는 것이다.
- 성공은 잠재력을 최대로 발휘하고 장애물을 극복하는 것이다.
- 성공은 날마다 되풀이하는 작은 노력의 결정체이다.
- 성공은 최선을 다하는 것이고 그것을 사람들이 좋아하는 것이다.
- 성공은 일이다.
- 성공은 권력이다(power).
- 성공은 내적 성취의 외적 현현이다.
- 성공은 참된 봉사를 통해 자신과 타인의 자존감을 높이는 일이다.
- 성공은 하나님과 자신의 인생에 대한 하나님의 목적을 알고 실행하는 것이다.

이처럼 성공이란 제각기 가치 기준에 따라 달라집니다. 이제 당신도 고유의 성공의 정의를 한 번 내려보시기 바랍니다.

성공의 결과는 봉사입니다

어떤 사람이 성공할까요? 한국에서 프랑스에 가는 비행기를 타면 샤를르 드 골 공항에 내리게 됩니다. 이는 프랑스의 대통령이었던 샤를르 드 골(Charles De Gaulle)의 이름을 딴 공항인데 그는 "생각은 모든 사람이 한다. 그러나 성공은 행동을 저지른 사람의 것이다."라고 했습니다. 성공은 생각을 행동으로 옮긴 사람의 것입니다. 그런데 성공한 다음에는 무엇을 하겠습니까?

100번째 생일을 맞이한 어느 노인이 이런 질문을 받았습니다.

"당신에게 가장 부담스런 것이 무엇입니까?" 그는 잠시 생각하더니 "지고 갈 짐이 아무 것도 없다는 거지요."라고 말했습니다.

우리의 손에 가진 것을 놓으면 하나님은 자신의 것을 우리 손에 놓아주십니다.

사람의 가치를 무엇으로 평가할까요.

한 기자가 거부에게 물었습니다.

"당신의 가치가 얼마인지 물어보아도 되겠습니까?"

그런데 그 거부는 "40만 달러"라고 했습니다.

"수백만 달러의 재산을 가지고 있는 것으로 알고 있는데요?"라고 기자가 응수했습니다.

그러자 그 거부는

"사실입니다. 사람의 가치는 얼마를 가지고 있느냐가 아니고 얼마를 누구에게 주었느냐가 참 가치의 기준이라고 생각합니다. 저는 작년에 40만 달러를 자선단체에 기부했습니다."

그렇습니다.

여러분의 인생의 가치는 남에게 줄 때 나옵니다.

 인 · 생 · 경 · 영 · 키

▶ 저는 매년 설날 때면 미얀마와 태국 국경지역 난민촌에 흩어져 사는 나라 없는 백성들을 위해 봉사를 떠납니다. 봉사를 통해서 우리의 인생이 가치 있고, 살 맛을 느낍니다. 당신의 도움을 누군가 지금도 기다리고 있습니다.

지식과 지혜는 당신 인생을 성공으로 이끄는 자산입니다

날 때부터 지식을 가지고 태어나는 사람은 아무도 없습니다. 누구든지 성장하면서 배우고 발전하게 됩니다. 가르치는 사람은 현재 행하는 것으로 미래에 어떻게 될 것인지를 보여주어야 합니다. 그리고 자기를 따르는 자에게 끊임없이 동기 부여를 주어야 합니다.

지혜로운 인생을 살기 위한 좋은 책이 지구상에 많이 나와 있습니다. 그런데 그런 지혜를 단지 읽기만 하고 당신의 삶에 적용을 하지 않으면 아무 소용없습니다. 당신의 삶에 변화를 일으키지 않고는 그어떤 열매도 당신의 나무에서 열리지 않는다는 것을 기억하시기 바랍니다.

지혜로운 자는 오늘 할 일을 미루지 않습니다.

남쪽으로 가는 거위 떼가 한 농부의 옥수수 밭에 멈추더니 옥수수로 배를 채웠습니다. 그런데 그 중 한 마리가 뒤에 처져 남았습니다. 먹고 또 먹었습니다. 그는 "오늘 하루만 더 여기에 있어야겠다. 저 친구들이 향하고 있는 곳에는 먹을 것이 없을 거야."라고 생각했습니다. 그런데 찬바람이 일 무렵 거위가 날개를 쳐들고 하늘로 치솟으려고 들판을 펄럭거렸을 때 비대한 몸으로는 날 수가 없었습니다.

지나왔던 길을 뒤돌아보지 말고 가야 할 곳을 똑바로 쳐다보고 나아가시기 바랍니다. 오늘 성공하기로 결정했다면 오늘부터 마음의 결정을 하십시오. 내가 결정을 내리지 않으면 그 결정을 다른 사람이 대신 하게 된다는 사실을 믿으십시오. 다른 사람의 결정을 기다리는 사람은 결코 성공으로 달려갈 수가 없습니다.

인 · 생 · 경 · 영 · 키

▶ 지식보다 상상력을 먼저 구하여 보십시오. 풍부한 상상력이 지식을 낳기 때문입니다. 지식은 상상력 줄기에 붙은 잎사귀입니다.

성공은 자기 계발에서 옵니다

누군가가 말하기를 "어떤 것을 열여섯 번 들으면 그것을 믿게 된다."고 했습니다. 배움의 기본 원리는 반복입니다. 반복만이 천재를 낳습니다. 반복은 우리의 뇌 속에 기억의 길을 새로 내는 것입니다. 반복함으로써 믿게 되어 있는 인간의 심리를 최대로 활용하는 것입니다.

성공한 사람들은 한결같이 학구열로 불탄 사람들입니다. 헨리 포드는 "사람이 배우기를 그치면 그 사람은 죽은 것이다."라고 했고, 괴테는 "가장 유능한 사람은 계속해서 배우는 사람이다."고 했으며 링컨은 "나는 항상 배우는 사람이다."라고 했습니다.

『무한한 힘, 나는 성공한다』라는 책을 저술한 엔터니 로빈스는 "성공하고 싶거든 철저하게 성공한 사람의 흉내를 내라."고 했습니다. 성공한 사람의 경험담을 듣고 자세를 배우고 따라가면 성공의 지름길로 걸어가는 것입니다. 처음엔 모방이지만 세월이 지나면 완전히 자기의 것이 되어 버립니다. 교육이란 나 자신의 내면적 태도를 바꾸어 주는 건설적 도구입니다.

교육이란 자세를 바꾸어 가는 이정표입니다. 당신이 스스로를 믿는다면 당신은 스스로 교육할 수가 있습니다. 그것은 "가능성

(possibility)"입니다.

많이 배우려는 자는 가르치기를 좋아합니다. 그것이 공부하는 방법 중에 하나이기 때문입니다. 교육을 많이 받으려면 아는 것을 자꾸 누구에게 가르치십시오. 샘물을 자꾸 퍼내면 주위에 있는 물이 그 우물가로 다 오게 되어 있습니다.

교육을 마치고 학위를 받거나 자격증을 받았다고 해서 자동적으로 문이 열리는 것은 아닙니다. 교육이란 단지 당신이 세상 밖으로 나가는 데 필요한 종합적인 상품으로 진열해 놓을 수 있는 자격을 주는 것에 불과할 뿐입니다. 당신이 받은 교육은 일종의 신용장으로 시장에서 능력을 테스트 받는 권리를 부여할 뿐입니다. 나아가서 교육은 생각을 바꾸게 하는 것입니다. 어느 신출내기 화가가 원로작가에게 가서 이렇게 물었습니다.

"선생님 저는 2, 3일이면 한 작품을 완성합니다. 그런데 그 그림이 팔리려면 2, 3년이나 걸린다고 합니다." 그러자 원로화가가 청년의 어깨를 두드리며

"2, 3년 걸려서 그림을 완성해 보게. 그러면 2, 3일 만에 팔릴 걸세"

누가 생각을 더 빨리 바꾸어 가느냐가 인생을 잘 사는 척도입니다.

미국 대통령을 지냈던 가필드(James Abram Garfield)의 이야기입니다. 대통령이 되기 전에 가필드 부친이 아들 가필드가 다니는 대학에 가서 이렇게 이야기했습니다.

"내 아들이 대학에 수학 중인데 수학 연한이 너무 긴 것 같습니다. 좀 줄일 수는 없는지요?"

그러자 대학 당국의 한 사람이 이렇게 말했습니다.

"창조주가 느티나무를 만들 때는 100년이 걸리고, 호박을 만들 때

는 2개월이 걸립니다. 가정 교육이든 학교 교육이든 무엇을 만들려고 하느냐에 따라 그 연한이 결정되는 것이지요."

교육은 원대하게 바라보아야 합니다. 성공이란 댐에 물이 오랜 기간 걸쳐서 채워지는 것과 같습니다.

인·생·경·영·키

▶ 최근 OECD에 의하면 한국에서는 성인 재교육 비용이 25개 회원국 가운데 멕시코와 함께 거의 꼴찌라고 합니다. 부지런히 자기 계발에 힘을 기울일 때입니다. 평생 교육 시대가 왔습니다.

성공은 땀의 결과입니다

1959년에 세상을 떠난 우장춘 박사는 세계적인 학자였습니다. 그는 일본에서 고아로 자라났습니다. 여러 모양으로 학대를 받으며 자라났지만 그는 책상 앞에 "밟히면서도 피어나는 민들레같이!"라고 써 붙여 놓고 자기를 민들레라고 생각했습니다. 민들레가 반드시 피어오르듯 자기도 꼭 성공할 날이 있을 거라고 열심히 노력했습니다. 그 큰 뜻을 가지고 힘쓴 결과 그는 세계적인 학자가 된 것입니다. 사람이 성공을 가져오는 것이 아니라 땀이 성공을 가져옵니다.

도토리 하나를 심으면 거대한 오크 나무가 되고 옥수수 한 알을 심으면 줄기로부터 두 개의 옥수수가 열립니다. 옥수수 한 개마다 700개의 알갱이가 달리므로 조그마한 옥수수 한 알로부터 2800개의 옥수수 알갱이가 생기게 됩니다. 한 톨의 씨앗은 적게는 수십 개, 많게는 수천 개의 열매를 가져옵니다.

저는 개미를 좋아합니다. 개미가 말을 한다면 우리에게 이렇게 말할 것입니다.

"만물을 주관하는 인생들이여! 우리 개미 부대가 뙤약볕에도 쉬지 않고 허리가 휘청거릴 정도로 일하는 것은 오로지 이 땅을 다스리는 당신들에게 부지런하면 잘 산다는 진리를 가르치기 위함입니다. 우린들 종일 일하면 피곤하지 않겠습니까? 오로지 인생들을 위하여 쉬지 않고 일하는 겁니다. 우리가 움직이지 않고 제자리에 가만히 있으면 자는 것이 아니라 죽은 것이니 부디 무자비하게 밟지 말고 삼가 애도를 표하여 주시기 바랍니다...... 개미 총사령관"

부지런할 때 기회가 찾아옵니다. 꿀 한 숟가락은 꿀벌이 4,000번 이상의 꽃을 찾아다니며 얻은 것이고, 영어사전『웹스터 사전(Webster Dictionary)』을 편집한 웹스터는 36년 동안 그 일만 했고, 작곡가 하이든은 800여 편의 작품을 완성한 다음 "천지창조"라는 오라트리오를 탄생시켰으며, 레오나르도 다빈치의 "최후의 만찬"은 8년 동안 2천 번이나 스케치한 결과입니다. 땀과 인내가 이룬 결과입니다.

 인·생·경·영·키

▶ 개미 인생이 당신을 가치 있는 사람으로 만듭니다. 땀 흘릴 때 인생의 기회가 옵니다.

성공은 우선 순위를 좋아합니다

개미의 자신감은 어디서 오는 것일까요? 부지런함입니다. 자기 덩치보다 큰 짐을 끌고 가다가 넘어지면 다시 일어나 가는 수많은 경험이 있습니다. 짐을 놓쳐도 다시 끌고 가는 노련함이 있기에 짐 수송하는 데에는 이력이 붙은 것입니다. 그래서 자신감과 경험은 불가분의 관계에 있습니다. 실수는 자신감을 낳습니다. 나아가 성공을 낳습니다.

어느 화가라도 한 두 점 정도의 얼룩을 지워 캔버스를 더럽히게 마련입니다. 아무리 훌륭한 회계사라도 지우개 달린 연필을 사용합니다. 실수를 한 번도 하지 않은 사람은 완전한 실패자입니다. 그 사람은 한번도 보람된 일을 하려고 노력하지 않은 사람입니다.

성공하는 사람은 또한 문제 파악을 잘하는 사람들입니다. 어느 병사가 낙하산 훈련 중에 다음과 같은 명령을 하달 받았습니다.

- · 뛰어 내린 후 15초 후에 낙하산을 펴라.
- · 만약 낙하산이 펴지지 않으면 보조 낙하산을 당겨라.
- · 지상에 도달할 때 트럭이 도착할 것이다.

그런데 15초 후 낙하산 고리를 당겼으나 고장이 났습니다. 설상가상으로 보조 낙하산도 고장이 났습니다. 병사는 "아 지금 내려가면 트럭이 아직 오지 않았을 텐데……."

지금 병사는 문제의 파악을 전혀 하지 못하고 있는 경우입니다. 일의 우선 순위를 모르는 병사입니다. 진짜 문제는 생각지 않고 있는 것입니다. 성공하는 사람은 문제가 터지면 무엇이 문제의 핵심인지를 파악할 줄 압니다.

▶ 우선 순위를 잘 매기는 사람이 시간을 가장 잘 활용하는 사람입니다.
우선 순위는 일의 목표에 깊게 연관되어 있습니다.

성공은 "가능성"에서 출발합니다

저는 "It is possible"이란 말을 좋아합니다. 이것은 제가 운영하는
회사의 사훈이기도 합니다. 보리밥 한 알로 잉어를 낚는다면 믿겠습
니까? 가능성이란 단지 1%만이라도 그렇게 되리라는 희망이 보이면
하는 것입니다.

코카콜라 사장 로버크 우드의 꿈은 "전 세계 모든 사람들에게 코
카콜라 한 잔이라도 맛보게 하는 것"이라고 했습니다. 그는 기자들에
게 "내 혈관 속에는 피가 아니라 코카콜라가 흐른다."고 했습니다. 가
능성은 꿈을 통해 현실로 나타납니다. 197개 나라에 코카콜라가 들어
갔으니 그의 꿈이 이루어진 셈입니다.

인·생·경·영·키

▶ 모든 사람은 태어날 때 "무엇인가 할 수 있는 가능성"을 가지고 태어
났습니다. 맥아더 장군은 1/500의 성공 가능성을 가지고 6.25때 인천 상
륙 작전을 감행했습니다.

성공은 이루어지는 것이 아니라 스스로 만드는 것입니다

성공은 조각품을 만들기 위하여 정으로 때리는 것과 같습니다. 물한 방울, 한 방울이 모여서 나이아가라 폭포가 이루어진 것처럼, 성공은 작은 것 하나 하나가 모여서 이루어진 것입니다. 정(釘) 한 방으로 조각품이 완성되기를 바라는 사람은 아직도 성공을 모르는 사람입니다. 조각품 하나가 이루어지기 위해서는 수 만 번의 정소리를 내어야 합니다. 오늘부터 정소리를 내어 주십시오. 정소리가 귀에서 멀어지면 성공도 멀어집니다.

습관은 창조주로부터 받은 선물입니다. 위대한 사람은 위대한 습관을 가지고 있다는 이야기는 천하가 다 아는 이야기입니다. 위대한 인생의 기회는 언제나 당신 옆에 있습니다. 당신의 미래는 생활 속의 반복되는 습관에서 찾아야 합니다. 당신의 미래가 저 멀리 세상 밖에 있는 것이 아니라 당신의 하루 생활에서 반복되는 습관 속에 있습니다.

한 억만장자가 이야기했습니다.

"나는 매일 오전 7시에 사무실에 도착하는데 그것은 습관입니다."

최근 1백만 부 이상의 책을 판 베스트셀러 소설가는 "나는 매일 아침 같은 시간에 일어납니다. 아침 8시에 글을 시작하여 오후 4시에 마치는데 그것을 매일 똑같이 합니다. 그것은 나의 습관이죠."

그렇습니다. 좋은 습관은 성공적인 당신 인생의 열쇠입니다.

당신의 일상 생활을 바꾸지 않는 한 결코 당신의 인생은 변하지 않습니다.

인 · 생 · 경 · 영 · 키

▶ 커밍워크는 사람의 성공 요인을 4가지로 말한 적이 있습니다. 즉 머리(IQ), 지식(knowledge), 기술(technology), 태도(attitude)라고 했습니다. 이 중에서 인생의 성공에 93% 이상으로 결정적인 영향을 주는 것은 삶의 "태도"라고 했습니다. 여기서 태도는 내면적인 태도의 변화를 의미합니다. 묘한 방법같은 것을 개발하라는 이야기가 아닙니다.

▶ 성공에도 단계가 있습니다. 첫째는 생존을 위해 사는 사람(survival men), 성공을 위해 사는 사람(success men), 가치를 누리며 사는 사람(significant men)이 있습니다. 이 중에서 "가치를 누리며 사는 사람"이 중요합니다.

성공은 동기 부여입니다

동기 부여는 자신만이 만들어 내는 특별 상품입니다. 우리 몸에는 동기 부여를 만들어 내는 공장이 한 개씩 있는데 그것을 가동하는 사람은 인생 경영을 잘하는 것이고 그렇지 못하면 적자 인생을 사는 것입니다. 오늘부터 동기 부여 공장을 가동하시기 바랍니다. 스위치를 올리십시오. 참새도 방앗간이 돌아가야 기웃거립니다.

- 인생이란 시계의 태엽이 한 번 감겨 돌아가는 것과 같다. 다시 돌릴 수가 없다.
- 성냥 한 통 다 있어야 불이 나는 것은 아니다. 큰 화재는 언제나 성냥개비 한 개로부터 비롯된다.
- 오늘은 당신에게 남은 생명의 첫째 날이다.　　　　— 아논
- 부모의 은혜를 모르는 사람의 친구가 되어줄 사람은 아무도 없

다.　　　　　　　　　　　　　　　　　　　— 소크라테스

■ 내 생에 있어서 가장 심오한 영향을 끼쳐준 책은 성경이다.
　　　　　　　　　　　　　　　　　　　　　— 간디

■ 비난은 사람이 유명하게 되었을 때 대중에게 바치는 세금이다.
　　　　　　　　　　　　　　　　　　　　　— 스위프트

■ 대화는 학생들의 실험실이요 작업장이다.　　　— 에머슨

 인·생·경·영·키

▶ 사람은 자극을 받을 때 "무엇인가 할 수 있는 힘"이 내면에서 나오게
됩니다. 조개 속의 모래알이 아름다운 진주를 만들어 내는 자극제인 것처
럼….

성공은 변화입니다

남은 변하는데 안 따라가면 바보가 됩니다. 강바닥에 바위 하나로
흐르는 물을 막을 수 있겠습니까? 아무리 용을 써도 물은 드러누운
바위를 휩싸고 흘러가게 되어 있습니다. 작가인 존 어스킨(John
Erskine)은 "지도자는 어디로 갈 것인가를 알고 일어나서 '가자'고
외치며 출발하는 사람이다."고 했습니다. 21세기 당신의 삶을 변화시
킬 9가지 영역을 소개합니다.

　● 정치, 경제 리더십에서 문화 리더십으로: 밥 중심의 사고가
　　아니라 문화 중심의 사고로 갑니다.

- 이성 세대와 감성 세대의 충동: 3P(person, price, place)에서 3F(feeling, fiction, feminine)로 변하고 있습니다.

- 획일적 사고와 양면 사고의 충돌: 기성 세대는 획일적이지만 신세대는 다원적입니다.

- 경험, 지식 사회에서 정보 중심의 사회: 암기력 위주에서 창의력 위주 시대로 갑니다.

- 일반적인 것에서 전문화된 것으로: 자기만이 할 수 있는 일을 찾아갑니다.

- 과학주의에서 해체주의로: 합리적, 논리적, 과학적 사고가 아니라 개인주의, 다원주의로 가려는 경향이 있습니다.

- 현실 문화에서 사이버 문화로 가고 있습니다.

- 집합주의에서 개인주의로: 조직 중심에서 개인 중심으로 가고 있습니다.

- 3차원 주의에서 4차원 세계로: off-line에서 on-line로 연결되어 가고 있습니다. 컴퓨터를 알게 되면 언제든지 전 세계를 바라볼 수가 있습니다.

아래의 표에서는 개인과 조직을 망치는 7가지 습관을 상호 비교하였습니다. 습관의 변화가 성공의 시작입니다. 당신의 미래는 습관의 변화에서 옵니다.

개인을 망치는 7가지 습관	조직을 망치는 7가지 습관
· 자신이 똑똑하다고 남의 이야기를 듣지 않는 사람 · 부풀리기를 좋아하는 사람—교만은 패망의 선봉 · 의사 결정 능력이 떨어지는 사람 (시간의 중요성을 모르는 사람) · 변화에 둔감한 사람(두뇌 개발) · 인생의 고유 잣대가 없는 사람 · 자기 원칙이 없는 사람 · 어제와 오늘이 같은 사람(자기 갱신을 안 하는 사람)	· 똑똑한 사람들이 회사를 경영하는 습관 · 외형 경쟁에서 치우치는 습관 · 대기 시간이 많은 습관 · 창의성이 부족하고 변화에 소극적인 습관 · 상벌에 대한 기강이 해이한 습관 · 원칙보다 현실을 중요시하는 습관 · 계속 흑자 나면서 고속 성장한 습관

[표4] 개인과 조직을 망치는 습관

 인·생·경·영·키

▶ 우리 나라에 "경영 변화 연구소"가 있습니다. 교육도 점진적인 변화의 일종입니다. 어제와 오늘의 차이가 개선되었다면 성공의 시작입니다. 미소한 변화가 모이면 성공의 길로 가게 됩니다.

믿는 만큼 자란다

생물학자 돌프빈더라는 사람이 재미나게도 사람의 몸값을 계산해 본 적이 있습니다. 새장 하나 청소할 수 있는 석회석, 못 한 개분의 철분, 차 한잔 달게 할 수 있는 설탕, 세숫비누 5개 분량의 지방, 성냥 다섯 갑을 만들 수 있는 인…. 합치면 얼추 3,000~4,000원 가량입니다. 이것은 어디까지나 화학적 가치에 근거를 둔 계산입니다.

최근 원자력 견지에서 볼 때는 사람의 값은 전혀 달라졌습니다. 사람의 몸 안에 있는 원자는 파운드당 11,400,000kw의 힘을 생산할 수 있다고 계산 해냈습니다. 그만한 힘의 분량에 대하여 750달러로 계산할 때 체중이 75kg인 사람은 약 85,000달러의 값이 나간다는 것입니다.

떡잎이 자라서 열매를 맺을 때까지는 물, 공기, 햇빛 그리고 보살핌이 필요한 것처럼, 사람을 키우는 데에도 기본적으로 투자해야 할 것이 있습니다. 고기를 먹는 법을 가르치기에 앞서 고기를 잡는 방법을 가르치는 것이 중요합니다.

사람은 팔을 뻗어서 영역을 넓히게 해 주어야 합니다. 나무에 가지가 많게 하여 여름철 그늘이 많게 해주어야 한다는 것입니다. 선지자 이사야는 "천막 칠 자리를 넓히라. 천막 휘장을 한껏 펴라. 줄을 길게 늘이고 말뚝을 단단히 박아라. 네가 좌우로 퍼져 나가리라"(사 54: 2~3절)고 했습니다.

그물의 목적은 고기를 잡기 위함입니다. 물고기가 잡히면 그물은 잊혀집니다. 말의 목적은 생각을 이쪽에서 저쪽으로 전하는 데 있습니다. 이쪽 생각이 저쪽에 전해지면 말은 잊혀져 버립니다. 사람을 키우는 목적을 제쳐놓고 수단에 대해 왈가왈부해서는 안 됩니다.

사람을 키우는 데에는 분명한 목적이 있습니다. 나무로 보면 쭉쭉 자라나게 해서 배를 만들거나 집을 짓는 데 사용되는 것처럼, 사람은 키워서 가치 있는 일을 추구하는 데 활용하기 위함입니다.

열대 우림 지역에서는 나무의 뿌리는 지면으로부터 몇 인치 이상 나가지 못합니다. 굳이 뿌리를 깊게 내릴 필요가 없습니다. 대충 뿌리를 내려도 물이 있으니 뿌리가 힘들게 내려갈 필요가 없지요. 그래서 비바람에 쉽게 넘어집니다. 그러나 건조 지역에 자라는 나무들은 물을 찾기 위해 뿌리를 깊숙이 내리려고 몸부림칩니다. 아무리 강풍이 불어도 넘어지지 않습니다. 사람은 어디서 어떻게 자라나느냐에 따라 성장후의 모습이 완전히 달라집니다. 누구를 만나면서 자라느냐는 아주 중요합니다.

● 단번에 포기하지 않고 도토리 한 알의 가능성을 믿으십시오

불가능하다고 단념하지 말고 잠재 능력을 이끌어 내야 합니다. 육성은 끈기입니다. 화를 내지 않고 냉정하게 반복하여 육성합니다. 도중에 패배하면 지도자의 패배입니다. 도토리 한 알은 손바닥 위에 올려 놓을 수 있지만 그것은 거대한 도토리 나무로 성장합니다.

경마장에 근무하는 사람이 평생 모은 7,000달러를 대학을 마칠 수 있도록 조카에게 주었습니다. "어떻게 그런 일을 할 수 있었습니까?" 라고 물었을 때 "나는 매일같이 수많은 사람들이 경마장에서 말에게 돈을 걸고는 빈털털이가 되는 것을 보았습니다. 그러나 사람에게 돈을 건다면 큰 성공을 이룰 수 있다는 가능성을 보게 되었습니다."

느릅나무가 이슬을 맞아 어느 날 아침 부러질 수가 있을까요? 어느 정원사의 이야기를 기억해 봄직합니다.

"아침에 느릅나무 가지가 부러지는 것은 바람 때문이 아니

라 아침이슬 때문입니다. 고요한 아침이면 이슬이 바람에 날려가지 못하고 나무에 그냥 붙어 있게 됩니다. 가지가 무거워지니 안 부러질 수가 있겠습니까?"

석류는 때가 오면 터지고, 구름에 비가 가득하면 아래로 떨어집니다.

● 바쁠 때야말로 육성이 가능합니다

일이 곧 육성입니다. 바쁜 직장일수록 능력이 빨리 향상됩니다. 음식도 바쁜 집에 가면 맛이 있습니다. 삼라만상은 움직이며 돌아가고 있습니다. 개미도 부지런히 움직일 때 소출이 있으니 사람도 부지런히 바삐 움직일 때 소득이 있고 그 과정에서 자라납니다.

콩나물은 물을 자주 주어야 잘 자라납니다. 시골에서 자랄 때 어머니가 콩나물에 물을 주시는 것을 보았습니다. 그런데 물을 붓자마자 아래로 쭉 내려가 버립니다. 아래로 다 새 버리는데 왜 자꾸 물을 주나 싶었는데, 콩나물은 지나가는 물로 인하여 하루가 다르게 자라났습니다. 교육은 서서히 진행됩니다. 부지런히 물을 부을 때 교육은 꿈틀거리기 시작합니다.

● 신뢰해야만 육성할 수가 있습니다.

신뢰감과 의욕이 함께 있다면 성장은 가속화됩니다. 자기 중심이 되지 마십시오. 부하는 상사가 이타적이라고 생각하면 마음 놓고 따르게 됩니다. 이기적이라고 생각하면 경계합니다. 천자무희언(天子無戱言)이란 말이 있습니다. 자기가 한 말에 대하여는 자기가 책임져야 한다는 말입니다.

● 우선 남의 장점부터 봅니다.

장점을 찾아내 칭찬해줍니다. 일을 잘 해냈을 때나 어려운
일을 해결했을 때에는 솔직하게 "잘했군"라고 말합니다.
부하는 그런 말을 들음으로써 일의 보람을 느낍니다.

● 부하쪽에서 하겠다는 말을 꺼내도록 합니다.

같은 일을 하더라도 시켜서 하는 것과 자신이 말을 꺼내서
하는 것과는 큰 차이가 있습니다. 자신이 말을 꺼내서 하는
일은 재미있고 일이 재미있을 때 의욕이 납니다. 어떻게 부
하의 일을 재미있게 만들까요? 부하에게 지시를 가능한 삼
가고 상대방이 하겠다는 말을 하도록 해야합니다.

● 스릴 있는 일을 줍니다.

능력 이상의 일을 주면 신뢰에 보답하려고 의욕을 냅니다.
같은 일을 언제까지고 반복시키지 않습니다. 새로운 일을
시키면 불안하므로 겸허해지고 남의 의견을 잘 듣고 공부하
게 됩니다. 성공하면 기뻐하고 실패하면 생각하도록 합니
다. 이때 능력이 향상됩니다.

조각가가 망치와 정으로 돌을 쳐서 예술품을 만드는데 언제
나 똑같은 조각품을 만들라고 강요받는다면 성취 의욕도 창
조력도 나오지 않을 것입니다.

● 표현력을 향상시켜 줍니다.

말하고, 듣고, 쓰는 능력은 많이 해보는 수밖에 없습니다.
서툴수록 의식적으로 하도록 하고 경험을 쌓음으로써 표현
력을 배우게 합니다. 그러나 "말이 많으면 때때로 궁색해진
다."는 노자의 말이나 논어에 나오는 "네 마리의 말이 이끄
는 마차도 혀에는 미치지 못한다."는 말도 마음속에 두어야
할 것입니다.

인 · 생 · 경 · 영 · 키

▶ 당신의 부하(학생)를 성장시키는 데 필요한 영양제가 무엇이라고 생각
하십니까? 위의 서술한 것을 참고해 3가지만 정리 해보십시오.

▶ 부하가 아이디어를 많이 이끌어내도록 하기 위해서는 어떤 전략을 펼
쳐야 하겠습니까?

정서를 키워라

사물을 맹맹하게 바라본다거나 무반응이면 곤란합니다. 아름다움
을 보고는 감탄할 줄 알고, 슬픔을 보면 슬퍼할 줄 알고, 화가 나면 화
낼 줄도 알고, 일을 하다가 성공하기도 하고 실패도 해보고, 넘어지기
도 하는가 하면 일어서기도 하고, 참지 못하고 내팽개칠 때도 있고 끝
까지 참는 겸손도 있고…. 그러는 가운데 우리의 뇌는 성장하고 발전
하고 아이디어를 많이 낼 수 있는 기초를 닦는 것입니다.

- 정서는 생각에서 나오고 생각은 믿음에서 나오고 믿음은 말씀(Words)을 듣고 행함에서 옵니다. 따라서 정서는 역시 조절이 가능합니다.
- 사람들은 실패하기 전에 과거의 습성을 바꾸려 하지 않습니다. 실패는 변화의 시작입니다.
- 수영은 물 속에서 익히십시오. 순간의 베스트는 언제나 있습니다.
- 메아리가 없는 산은 죽은 산입니다. 사물을 바라보면 무언가 느끼고 말하고 생각하고 반추하시기 바랍니다.
- 습관대로 사는 것은 일단은 편합니다. 그러나 발전이 없습니다. 사람은 하루의 90퍼센트를 형성된 습관에 따라 움직입니다. 습관을 파괴하는 것은 성을 차지하는 것만큼 어렵습니다. 성공한 사람들을 면밀히 살펴보면 독특한 습관을 가지고 있는 것을 알 것입니다.

자기의 마음을 제어하지 아니하는 자는 성읍이 무너지고 성벽이 없는 것 같으리라(잠 25: 28)

[그림 15] 지 · 정 · 의와 힘, 정서 그리고 기대와의 관계

IQ-Intelligent quotient

EQ-Emotional quotient

PQ-Purpose quotient

미루는 습관 깨기 5단계

■ 1단계: 단기간의 계획을 세워라.

■ 2단계: 동기 부여 방법을 찾아라. 생각을 행동에 옮겨라.

■ 3단계: 하기 싫은 일을 먼저 하는 습관을 들여라. 나중에 좋은 일만 기다리게 된다.

■ 4단계: 일단 저질러라. 실수는 생각하지 말라.

■ 5단계: 미루지 말고 행동으로 밀고 나가라. 알렉산더 대왕은 세상을 어떻게 정복했느냐고 물었을 때 "미루지 않고 행동으로!" 라고 말했다.

● 습관사례

· 돼지의 엉터리 습관

돼지 한 마리가 어떤 귀족의 집에 들어갔습니다. 고관 대작의 집에 들어간 돼지는 외양간과 부엌만 돌아다니다 온몸에 먼지와 기름을 뒤집어쓰고 게다가 물에 빠져 버리고 말았습니다. 집으로 돌아온 돼지에게 주인이 물었습니다. "돼지야, 너 귀족의 집에 들어가니까 어떻더냐? 들리는 소문에 의하면 귀족의 집에는 보석과 진주가 많으며 온 집안이 번쩍 번쩍 빛나게 아름답다던데?" "아무 말도 말아요, 그건 다 거짓이에요, 내가 가서 보니까 귀족의 집이라고 그렇게 훌륭한 건 아니구, 뭐 어디서나 볼 수 있는 먼지라든가 구정물이 가득했어요. 이것 봐요, 아주 더러운 구정물에 몸을 다 버리고 말았어요."(「이솝 우화」에서)

· 어느 교수의 습관

어느 날 영국인 교수가 화장실 벽에 낙서를 하고 있는 동료 영문과 교수를 보게 되었습니다. 그는 놀라움을 감출 수가 없었습니다. "엘머, 난 자네가 벽에 낙서나 하는 그런 사람인 줄 정말 몰랐네.", "오해 말게. 난 단지 문법을 고치고 있는 것뿐일세." 한번 형성된 습관은 아무데서나 나타납니다.

· 벼룩의 습관

벼룩은 자기의 몸 높이의 70배 이상 뛸 수가 있습니다. 뚜껑을 막아놓고 훈련을 시키다가 나중엔 병마개를 없애도 뛸 생각을 하지 않습니다. 뛰어도 안 된다는 습관이 형성된 것입니다.

· 코끼리의 습관

코끼리도 어릴적 길들일 때 밧줄로 다리를 말뚝에 묶어 놓습니다. 아무리 몸부림쳐도 말뚝에 묶인 다리 때문에 벗어날 수가 없습니다. 시간이 지날수록 말뚝도 밧줄도 가늘어집니다. 코끼리는 점점 거기에 익숙해지는 것입니다. 그렇게 형성된 습관은 어른이 되어도 바뀌지 않는다는 것입니다. 마음만 먹으면 얼마든지 말뚝을 뽑아 버리고 마음대로 돌아다닐 수 있는데도 조그마한 나무에 매달린 밧줄만 보아도 코끼리는 "나는 여기를 벗어날 수가 없어"하고는 그냥 주저 앉아 있는 것입니다.

사람도 자라나면서 이 모양 저 모양 습관이 형성됩니다. 한 번 굳어진 습관은 콘크리트처럼 딱딱히 굳어 좀처럼 부숴버리기가 어렵습니다. 습관을 안 깨뜨리면 사람은 결코 가치 있는 사람이 될 수가 없고 나아가 성공으로부터 멀어지게 됩니다. 새로운 일을 한다는 것은 습관을 깨뜨리는 데서 시작합니다.

히말라야 산 속에 가면 야맹조가 있습니다. 낮이면 신나게 즐깁니다. 밤이면 잠을 잘 수 있는 둥지가 없으므로 다른 새의 둥지에서 잠을 얻어 자다가 구박을 매일매일 받게 되었습니다. 그럴 때마다 그는 서러운 눈물을 흘리면서 "내일이면 집을 지으리라. 내가 내일은 반드시 집을 지을 것이다."하고 슬프게 노래합니다. 내일이 되면 야맹조는 또다시 즐겁게 노는 데 하루의 시간을 보냅니다. 그렇게 야맹조는 일생 동안 자기 집을 짓지 못한다고 합니다. 습관은 무섭습니다.

인 · 생 · 경 · 영 · 키

▶ 아인슈타인은 한 번 형성된 습관을 바꾸려면 11배의 노력이 필요하다고 말했습니다.

▶ 습관의 변화가 인생의 변화를 가져옵니다. 습관을 바꾸면 당신의 미래가 보입니다.

승자가 모든 것을 거머쥐는 세상

최근에 삼성경제연구소와 매일경제신문사가 공동으로 주최한 "21세기 경제포럼"에서 발표된 21세기를 주도할 주요 흐름 7가지를 지적하였습니다.

- **혼돈과 위험 증가**: 인구 폭발로 인한 식량난, 석유 고갈, 지구 온난화 등의 악재가 많다.
- **광속 사회 진입**: 정보가 시공의 한계를 넘어 빠르게 확산된다.
- **지식 · 감성이 핵심 가치 창출**: 이미지와 감성을 중요시하는 직관적 지식의 중요성이 부각된다.
- **세계 표준화 확산**: 주주 자본주의, 금융 우위, 승자 독점 등 미국판 세계 질서가 확산될 가능성이 높다.
  (유럽은 유로머니 창설, 일본은 아시아에서 엔화 블록화)
- **스타 득세**: 스포츠, 금융, 벤처기업은 물론 사회 전부문에서 스타를 중심으로 하는 시스템이 확산.
- **블럭버스터 일상화**: 대규모 투자를 바탕으로 대형 히트 상품인 블록버스터가 양산된다(기존 산업, 기업은 생존 위기에 직면).
- **휴먼 르네상스**: 환경 문제를 해결하기 위한 전 지구적 규모의 대응책이 모색된다.

과거의 승자는 제한된 영역 안에서 이루어졌지만 앞으로는 글로벌화되어 나타나게 될 것입니다. 세계로 나가기 위해서는 내면적 변화부터 계속 시도해야 합니다.

에필로그 · 부록

■ ■ ■

• 부록 – 목표설정 도우미자료

광고인들은 전하고자 하는 핵심 메시지를 가장 간결하게 해주고 그 대가를 받습니다. 잘 아는 "Just do it(지금 바로 하라)"는 나이키의 핵심메시지를 단 세 마디로 압축한 것입니다. 우리의 인생에서 자신의 핵심적인 가치를 분명히 알고 있다면 쓸데없이 시간을 허비하지 않을 것입니다. 자신의 가치를 단 몇 개의 단어로 표현할 수가 있다면 그 사람은 성공한 것입니다.

　아주 유명한 사람은 단지 이름 석자가 자기의 핵심 용어입니다. 골프선수 "박세리", 야구선수 "박찬호" 하면 이름 석자 그 자체가 핵심 용어입니다. 그렇지 않고 별로 알려지지 않은 인생들은 구구절절 많이 적어야 다른 사람들로부터 자신의 가치를 인정받게 됩니다. 자신의 핵심가치를 알리기 위해서 사람들은 때에 따라 자서전도 남기고, 무슨 글을 적고 프로필도 남기고 약력이라는 흔적을 남기는 것입니다. 거대한 기업체의 이미지와 가치를 "Just do it"이라는 세 단어로 대변하는 것은 대단한 노력의 결과입니다. 어느 전화번호부에 "당신의 손가락으로 걷게 하시오"라고 광고하였습니다. 전화번호부가 주는 강력한 이미지가 한 줄도 안 되는 글 속에 다 들어 있는 것입니다. 훌륭한 보고서가 아니겠습니까?.

　2000년도에 "인생경영 키워드"라는 책을 저술하면서 한 권의 책을 단 세 마디로 압축하고자 몇 날 며칠을 고민하다가 마침내 세 마디를 얻었습니다. "It is possible". 이 세 마디는 그 책을 알리는 이미지이기도 하지만 나 자신의 이미지이기도 합니다.

　이 책을 통해 더 많은 인생의 기회를 누리시기 바랍니다. 라디오는 방안의 소리를 잡아내도록 만들어져 있고 TV는 방안의 공기 속에 떠도는 온갖 그림들을 잡아내 한 폭의 화면을 만들도록 고안되어 있습니다. 여러분은 지금 여러분 주위의 보이지 않는 많은 것을 놓치고 있습니다. 이 한 권의 책을 통해 인생의 분명한 목표와 미래의 꿈을 설계하시기 바랍니다. 당신의 목표설정을 돕기 위하여 본 책의 부록에 목표설정방법과 사례를 유첨하였습니다. 당신의 인생경영에 있어서 목표설정이 가장 우선입니다.

이제까지 여러분은 삶을 갱신시키는 학습을 하였습니다. 다시 말하면 인생경영학습을 한 것입니다. 교육은 대개 3단계로 성취됩니다.

▶제 1단계: 학습단계(Cognitive)로서 인식하는 단계입니다. 여러분은 이 책을 통하여 1차적으로 인생경영에 대한 학습을 터득한 것입니다.

▶제 2단계: 연습단계(psychomoter)로서 학습한 것을 기술적으로 익히는 단계입니다. 본 책에서는 "인생경영키"란을 두어 여러분의 생각을 도출하려고 하였습니다.

▶제 3단계: 경험단계(effective)로서 여러분 스스로 경험을 통하여 성취되는 것으로, 배운 학습내용을 당신의 삶 속에 실천하는 단계를 말합니다. 이것은 오로지 당신이 선택할 사항입니다. 대부분의 사람들은 3단계에서 중도하차 합니다.

이 책의 효과를 보려면 머리말에서 언급한 것처럼 계획을 세워서 실천하시기 바랍니다. 그러면 반드시 여러분이 가지고 싶은 것, 이루고 싶은 것, 되고 싶은 것 그 모두를 성취할 것입니다.

당신의 삶을 갱신하는 데 크게 4가지로 분류할 수가 있습니다. 본 책은 대부분이 내면적인 변화를 추구하는 것으로 정신적 계발에 집중되어 있습니다. 일부는 영적계발을 기초로 한 것도 있습니다. 대개 정신적 계발이 활발하면 사회적 계발은 부수적으로 따라가게 됩니다. 내면적 변화가 성취되면 이미 삶의 갱신은 거의 이루어진 것입니다.

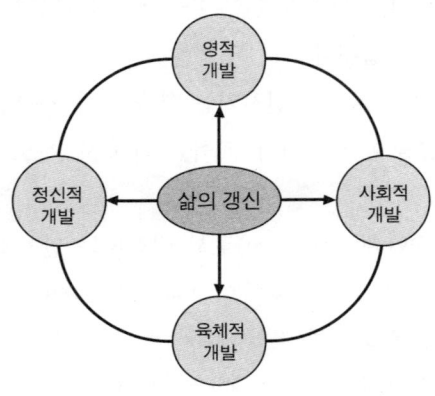

[그림16] 4차원 삶의 갱신

교육은 참으로 힙듭니다. 독수리는 지구상에 48종이나 된다고 합니다. 아무도 침범할 수 없는 바위산 높은 벼랑에 둥지를 만들고 그 무게는 2톤이나 됩니다. 먹이를 향해서 급강하할 때에는 시속 180km나 됩니다. 90km의 넓은 반경을 그의 인생영역으로 하고 삽니다. 어미 독수리는 새끼가 어느 정도 크면 사정없이 떨어뜨립니다. 푸덕거리면서 땅에 떨어진다 싶으면 닿기 직전에 날개로 받아서 다시 올라갑니다. 그렇게 반복 또 반복하여 강한 날개를 만들어 줍니다. 교육도 반복입니다. 한 권의 책을 읽는다고 해서 그대로 여러분의 삶에 적용되지 않습니다. 본문 중에서도 기술하였지만 한번 형성된 습관을 바꾸려면 11배의 노력이 필요합니다. 통계적으로 16번 반복하여 읽으면 자기의 것이 된다고 합니다. 최소한 3개월의 시간을 투자하시기 바랍니다.

이제 지구촌의 무대 위에서 주인공이 되시기 바랍니다.

지휘봉은 당신 손 안에 쥐어져 있습니다.

이 세상 그 누구도 당신을 가르칠 수 없습니다.

오로지 열정만이 당신의 배를 흐르는 물에 거슬러 올라가게 할 수 있습니다.

당신의 마음은 한 폭의 화판,

생각의 붓으로 마음껏 당신의 미래를 그리십시오.

당신이 꿈꾸고 바라는 것을 간절히 사모하고 기대하십시오.

내가 바라는 것.

내가 갖고 싶은 것.

내가 이루고 싶은 것.

내가 되고 싶은 것.

— 간절한 마음으로 기대하고 사모하고 바라면 그 목표는 반드시 현실로 나타납니다 !

부록 : 목표설정 도우미 자료

이 책이 독자에게 주는 효과 중에 큰 것 하나는 당신으로 하여금 글로 쓴 목표를 가지게 하는 것입니다. 당신의 인생에서 글로 쓴 목표를 가지고 있다면 인생의 반은 성공한 것입니다. 지구촌에 사는 사람들 중 글로 쓴 목표를 가지고 있는 사람은 3퍼센트 미만이기 때문입니다. 여기에 소개하는 목표설정란에 여러분 고유의 목표를 세우게 된다면 이 책이 주는 효과 중 50퍼센트는 달성한 것입니다. 목표를 설정함으로 더 풍성한 인생의 기회를 누리시기 바랍니다.

A. 반추질문

Question	Answer	Reconstructing
1. 당신은 글로 쓴 목표를 가지고 있습니까? 그리고 목표를 쓰고 남에게 보여줄 용기가 있습니까?		
2. 목표를 세우고 살 때 어떤 유익함이 있다고 보십니까? 그리고 그 목표를 실천할 수 없을 때 원인이 무엇이라고 생각하십니까?		
3. 그 목표가 이루어질 때까지 하루에 한 번씩 매일 바라봅니까? 매일 바라볼 때 무슨 생각을 하게 되겠습니까?		
4. 목표를 적어놓고 친구나 동료 또는 타인과 함께 진지하게 이야기해 본 적이 있습니까?		
5. 목표설정을 해서 유익함을 얻은 실례가 있으면 한 번 적어보십시오		
6. 당신이 하고 싶은 것, 갖고 싶은 것, 이루고 싶은 것, 되고 싶은 것이 있으면 있는 대로 다 적어 보십시오.		

2002G0001

B. 2002년 10대 목표설정모델

목표영역	제 목	기 한	비 고
지식			
지식			
업무			
업무			
업무			
업무			
경제			
사회			
가정			
정신			

* 목표영역은 개인에 따라 상이하므로 목표영역은 개인에 맞게 고쳐서 사용하시기 바랍니다.

Goal-setting is the strongest human force for self-motivation.
- Paul J. Meyer
There is always a way to overcome any obstacle
if you believe it and look for it.

2002G0002

C. 인생영역에 있어서 삶의 우선순위

인생영역	순 위	제 목	비 고
지식측면 (knowledge)	제1순위		우선순위를 매길 때 고려할 사항
	제2순위		
	제3순위		1) 이 일이 얼마나 긴급한 것인가? (시간적 측면)
경제측면 (Financial)	제1순위		
	제2순위		
	제3순위		2) 이 일이 얼마나 중요한 것인가? (가치 측면)
가정측면 (Home)	제1순위		
	제2순위		3) 이 일이 내목표와 상응하는가? (목표지향적 측면)
	제3순위		
업무측면 (Business)	제1순위		4) 이 일이 내 인생에 얼마나 큰 영향을 미칠 것인가? (미래지향적 측면)
	제2순위		
	제3순위		
정신측면 (Spiritual)	제1순위		
	제2순위		
	제3순위		

나는 광야 인생 무대에서 주인공이다 ! 아역은 하지 않는다.
나는 광활한 무대에서 오늘도 날마다 변하고 있다 !
나의 인생 그림은 레오나르도 다빈치 그림처럼 가장 값진 것이다 !
나는 변화를 위해서 잘못된 행동을 끊고, 새로운 것을 시작하겠다 !

2002G0003

D. 목표작성모델

"할 수 있거든이 무슨 말이냐 믿는 자에게는 능치 못할 일이 없느니라" "가지 앞에서 새끼를 배므로 얼룩얼룩한 것과 점이 있고 아롱진 것을 낳으니라"　(창 30: 39)	

이름		(한자:　　　)	작성일자	
전자메일		전화		성취일	

나의 꿈	200(　)년 10대 인생 목표
	1.
	2.
	3.
	4.
인생사명서	5.
	6.
	7.
	8.
	9.
	10.

목표를 이루었을 때 내가 얻는 보상	목표를 이루는 데 넘어야 할 장애물 내가 얻는 보상	극복하는 방법
1. 2. 3. 4. 5.	1. 2. 3. 4. 5.	1. 2. 3. 4. 5.

나는 광야인생 무대에서 주인공이다 ! 아역은 하지 않는다 !
나는 광활한 무대에서 오늘도 날마다 변하고 있다 !
나의 인생 그림은 레오나르도 다빈치 그림처럼 가장 값진 것이다 !

나의 다짐:

E. 목표를 이루기 위한 시각화(visualization)

시각화는 당신으로 하여금 머리와 마음을 자극하고
그림을 볼 때마다 당신을 미래의 당신으로 초대하며
당신의 목표를 더욱 간절히 이루도록 하는 신선한 샘물과 같은 역할을 합니다.
지식은 믿음에서 출발합니다.
믿음은 선택입니다.
새는 날개 밑의 공기를 이용할 줄 압니다!
주위의 기회를 활용하는 기회인이 되십시오.
그것은 시각입니다. 시각화는 목적을 향해 가는 이정표입니다.

인생영역	순 위	제 목	비 고
지식 (knowledge)	제1순위 ( )		·먼 후일 일어날 그림, 사진, 표, 좋은 성구 등을 넣어서 디자인 하라
	제2순위 ( )		
	제3순위 ( )		
경제 (Financial)	제1순위 ( )		
	제2순위 ( )		
	제3순위 ( )		
가정 (Home)	제1순위 ( )		
	제2순위 ( )		
	제3순위 ( )		
업무 (Business)	제1순위 ( )		
	제2순위 ( )		
	제3순위 ( )		

2002G0005

F. 적용모델

1. 당신의 인생목표를 성취하는 데 필요한 다짐은 무엇입니까?

_____

예) 나는 오늘도 변하고 있다.

2. 목표를 어떻게 달성하고 있습니까?

- 개인의 목표:

_____

- 조직의 목표:

_____

예) 구체적이며 글로 쓴 목표를 정해놓고 매일아침 바라보고 행동
    에 옮기려고 노력한다

3. 본 단원을 습득하고 어느 분야에 적용하였습니까?

- 업무분야:

_____

- 지식분야:

_____

- 경제분야:

_____

- 사회분야:

_____

- 가정분야:

_____

예) 지식분야: 한 달에 최소 2권 이상 책을 읽고 내 삶에 적용하겠
    다.

4. 본 단원으로부터 내가 얻는 아이디어가 무엇입니까?

_____

5. 나의 업무영역에서 적용할 분야는? 구체적으로 적용방법을 기술하면 큰 도움이 될 것입니다.

- 매출액 증가: _____
- 고객증가: _____
- 생산비 절감: _____
- 직원교육: _____
- 비용절감: _____

2002G0006

G. 글로 쓴 목표 사례

목표가 없는 사람은 조만간에 몰락한다. 전혀 목표가 없는 것보다 최악의 목표라도
있는 편이 낫다.

- 토마스 칼라일

Jong W. Kwak의 8대 영역의 인생 목표

- 나의 꿈: 가치있는 환경기업을 성취하여 주님의 사업을 일생 동안 펼치는 종
- 2002년 삶의 목표: 1) 왕성한 선교활동 2) 기초가 튼튼한 기업으로 성장 3) 더 행복한
  가정환경
- 2002좌우명: 이 율법책을 네 입에서 떠나지 말게 하며 주야로 그것을 묵상하여 그 가운
  데 기록한대로 다 지켜 행하라 그리하면 네 길이 평탄하게 되리라 네가 형
  통하리라 (여호수아 1:8)

집중력(Focus-on-power)	결단력(Determined action)
1. 어떤 일에 있어서도 우선순위를 설정하고 거기에 따라 행동한다. 2. 大를 위해서는 小를 양보한다.	1. 나는 한 번 내린 결론은 곧바로 실천하며 결과가 나올 때까지 밀어부친다. 2. 나는 많은 정보를 수집하여 결정한다 3. 나는 시기를 놓치지 않는다
자기개발(self-development)	기록화(Documentation)
1. 나는 항상 새로운 것을 사모한다. 2. 나는 배운 것을 자료로 남겨 남에게 전달한다. 3. 나는 각종 학회에 년 5회 이상 참석한다. 4. 나는 분기별로 신간을 10권씩 사서 읽는다.	1. 기록은 나의 인생이요, 망망대해에서의 방향키다. 3. 내가 적음으로 개인이 발전하고 나라가 발전한다. 4. 나의 기록은 대화의 기본이요, 기차가 다니는 철길이다. 5. 기록하면 나는 억만장자가 된다.
자신감(self-confident ability)	시각화(Visualization)
1. 나는 이론과 실무를 겸한 수처리사업가와 전문가이다. 2. 나는 목표를 정하면 반드시 이루고자 하는 열정으로 가득차 있다. 3. 나는 목표가 없는 사람에게 목표를 가지도록 권유한다. 남이 잘되면 나도 잘된다. 4. 나는 수처리정보에 있어서 항상 앞서가고 있다.	1. 나는 야곱을 생각하며 나의 목표를 항상 마음 속에 그린다. 야곱은 나의 인생 모델이다. 2. 나는 자기 전에 그 꿈을 생각하며 잠잔다. 3. 나는 하나의 작은 꿈이 이루어지면 또 다른 꿈이 기다리고 있다. 4. 나는 무슨 일을 할 때마다 먼저 이루었을 때의 모습을 미리 상상한다. 그리고 이루어진 것처럼 생각하고 말한다. 그려면 반드시 된다!

창조력(Creativity) 1. 나는 기존의 관습을 과감하게 깨버리고 무에서 시작한다. 그러면 아이디어가 솟는다. 2. 나는 실패가 오면 성공의 기회로 보고 다시 도전한다. 3. 창조의 힘은 하나님이 근원이며 나는 도구에 불과하다. 하나님은 지혜의 근본이시다.	대화(Conversation) 1. 대화를 많이 하면 나의 인생이 풍요로워 진다. 2. 대화를 하면 아이디어가 생긴다. 3. 국제적으로 대화하게 될 때마다 나의 인생이 발전한다. 4. 많은 사람에게 유익한 자료를 주어 그들의 인생을 풍요롭게 해준다.
추진력(driving force) 1. 나는 팽이다. 돌아가는 팽이는 쓰러지지 않는다. 2. 지나가는 비는 땅을 적시지 못한다. 3. 나는 아침마다 인생의 목표를 보고 자극을 받는다. 4. 나의 몸은 1960년대 증기기관차와 같다.	영력(Spritual Power) 1. 나는 주님을 사랑한다. 직업을 통해서 하나님을 전한다. 하루에 1시간 이상 기도한다! 2. 나는 매일 1장 이상 성경을 읽고 묵상한다. 3. 나는 1년 3회이상 해외 선교를 한다. 4. 나는 고등1부 평교사로 봉사한다.

H. Jong W. Kwak의 2002년 인생다짐

정보활용 (INFORMATION PROCESSING) 1. 나는 가능하면 정보를 남과 공유한다. 2. 나는 항상 정보를 얻기 위해 노력하는 사람이다. 3. 정보를 많이 확보하면 가치있는 사람이 된다. 4. 나는 정보를 받으면 특별한 경우를 제외하고 반드시 고맙다고 48시간 내 회신한다. 5. 나의 가장 큰 정보는 복음(good news)이다 !!!	회의(DISCUSSION) 1. 나는 끝까지 상대방의 이야기를 듣는다. 2. 잘 듣는 것도 훌륭한 회의의 하나다. 3. 나는 옳은 것은 옳다고 하고 그른 것은 그르다고 한다. 4. 나는 회의시 반드시 의견을 내는 사람이다. 5. 나는 회의시 글로된 문서로 시작한다. 6. 나는 회의시간을 정해놓고 시작한다.
문제해결(TROUBLE SHOOTING) 1. 나는 문제가 생기면 모든 해결방법을 적고 깊이 생각하고 경험이 많은 사람과 상의한다. 2. 나는 어떤 문제 앞에서도 떨지 않는다 3. 나는 문제가 해결되면 그것을 기록에 남겨 이 다음에 활용한다. 직원들에게 회람시킨다. 4. 나는 하나님께 기도하고 혼자의 시간을 가지며 곰곰히 생각한다.	해외방문(OVERSEAS TRIPS) 1. 나는 언제나 선물을 준비한다. 2. 나는 만났을 때 많은 정보를 확보한다. 3. 처음 방문할 때는 좋은 호텔에 머문다. 4. 나는 미리 회의자료를 보내고 간다. 5. 나는 돌아와서 고맙다는 전신을 보낸다. 6. 나는 언제나 교류가 될 수 있도록 해 놓는다. 7. 나는 보고서를 반드시 쓰고 회람한다.
시관관리(TIME MANAGEMENT) 1. 나는 짜투리 시간을 최대한 활용한다. 2. 나는 회의시간(시작과 끝)은 미리 정한다. 3. 나는 시내에 갈 때는 전철을 이용한다. 4. 나는 약속시간 10분 전에 나가서 먼저 기다린다. 5. 일의 우선순위를 정하여 시간을 아낀다.	동기 부여(MOTIVATION) 1. 나는 직원들에게 동기 부여를 준다. 2. 나는 부하직원이 일을 저지르고 실수하여도 교육의 기회로 삼는다. 3. 나는 동일한 실수를 2번 반복하면 대노징벌한다. 4. 부하직원에게 말이나 문구 중에 부정적인 표현을 사용하지 않도록 한다.
업무맡김(COMMITMENT) 1. 나는 반복되는 일은 다 맡긴다. 2. 중요한 일은 맡기되 일주일에 2-3회 함께 토론하면서 해결한다. 3. 맡긴 일은 월 1회 점검한다. 4. 나는 잘해내면 더 많은 것을 직원에게 맡긴다.	기 획(PLANNING) 1. 나는 언제나 새로운 것을 생각한다. 2. 나는 좋은 아이디어가 생기면 곧 기록한다. 3. 나는 기존의 관습을 과감히 깨버린다. 4. 나는 언제나 아이디어를 내는 사람이다. 5. 기획은 나의 인생을 살지게 한다.

교류(COMMUNICATION)	의사결정(DETERMINATION)
1. 모든 사람은 나의 인생 고객이다. 2. 나는 만날 때마다 좋은 자료를 준다. 3. 세상에 공짜는 없다. 4. 주기적으로 연락을 취하여 전화문안을 한다. 5. 나는 국제 감각을 잃지 않는다.	1. 나는 빨리 끝낼 사안인지 시간을 끌어도 될 사항인지를 반드시 먼저 결정한다. 2. 나는 중대한 결정은 타인과 상의한다. 3. 한번 사인하면 책임진다. 4. 나는 오래 끌 때에는 분명한 이유를 알려준다.

2002G0008